3

Ma vie dans le monde des Esprits guidée par Allan Kardec

Allan Kardec

Rose Gribel

Ma vie dans le monde des Esprits

guidée par Allan Kardec

Témoignage

MERCVRE DE FRANCE
MCMXCIII

ISBN 2-7152-1784-6

26, rue de Condé, 75006 Paris
Imprimé en France.

« Pour toi se soulève le voile sous lequel est cachée la vérité. Ta mission est pour le monde. »

Allan Kardec

NOTE DE L'ÉDITEUR

Pour conserver à ce témoignage son authenticité nous n'avons apporté aucune modification majeure à la forme sous laquelle il nous est parvenu.

TÉMOIGNAGE
PROFESSEUR GEORGES MATHÉ

À Mme Rose Gribel

[...] Je ne pratique aucune forme de spiritisme ni de religion, tandis que je pratique la science. Mais, contrairement à certains de mes collègues qui crient au scandale de l'inculture lorsqu'ils constatent le nombre de ceux qui, aujourd'hui encore, recourent à ces enseignements non-(voire anti-) scientifiques, et le niveau intellectuel souvent élevé de ces pratiquants, contrairement à beaucoup de mes collègues, surtout les maikaikistes, je reconnais comprendre leur attitude.

Je la comprends parce que la science, si elle a fourni à l'homme quelque confort physique, ne lui a apporté ni sécurité ni confort moral, même intellectuel : elle n'a répondu à aucune des questions qu'il se pose, et n'a satisfait que les basses aspirations auxquelles elle l'a conditionné.

Je comprends même que des hommes cultivés, voire

œuvrant dans la science, refusent de renoncer aux méthodes mystiques du spiritisme et des religions, fondées sur les mythes respectifs de relations supposées entre les vivants, les morts et les dieux. Je pense avec eux que ces méthodes-là et leurs prévisions ne sont pas moins erronées que celles de la science dont Cornelius Celcius dénonçait déjà les deux défauts majeurs que sont le méthodisme et l'impérialisme, lesquels expliquent sans doute qu'elle nous menace, sans les avoir prévues, de toutes les formes de l'Apocalypse, guerres nucléaires et du laser, guerres chimique et microbiologique, effet-serre et Sida. [...]

La science est devenue une branche de la politique, et la politique se dit scientifique. Mais si le socialisme scientifique a remplacé le scientifisme romantique et méprise l'humanisme, il a réduit et même limité ses adhérents à ceux qui lui ont échappé pour le gouverner, et il tente actuellement de se sauver en se créant une opposition.

Ce qui me rend sympathiques le spiritisme et les religions, c'est qu'elles participent à la promotion de la science, en représentant à son égard une nécessaire opposition, qui retardera peut-être l'Apocalypse qu'elle nous prépare. [...]

Je n'étais pas destinée à écrire. Je n'ai reçu aucune formation littéraire. Je ne parle pas un langage académique mais je m'exprime d'une façon chaleureuse et familière apprise dans mon Algérie natale.

Toutes mes révélations médiumniques sur les réincarnations, les guérisons, les communications *postmortem,* mes voyages astraux, mes visions du futur, l'histoire, la médecine m'ont été transmises et dictées sous inspiration et incorporation de mon Guide divin, le Grand Esprit Allan Kardec, qui m'est apparu un jour. Sans mon Maître je ne suis rien, car il me serait impossible de parler et d'exprimer à des hommes de chair le pur langage des Esprits.

J'ai trouvé le bonheur grâce à la Foi. Par elle, j'ai pu vaincre les maladies du corps et de l'âme. C'est ce bonheur que je fais rayonner autour de moi et que je partage avec tous ceux qui ont trouvé, grâce à mon Maître Allan Kardec, une philosophie nouvelle dans la spiritualité.

ROSE GRIBEL

« Comme un flambeau qui conduit
au plus profond des mystères se répand le feu sacré.
L'âme, qui est fille du ciel, conduit
et annonce l'aurore de la grande lumière. »
Hermès

Ma vie de médium est entre les deux mondes, sous un double aspect, physique et supraphysique, comme interprète chargée de transmettre les enseignements, les communications des Esprits qui apportent à l'homme une conception plus large de la vie de l'univers.

Mon âme, dans une ascension vers les splendeurs de l'infini, va dans le monde invisible, qui est le monde libre des Esprits.

Nous sommes les intermédiaires obligés, la clef même entre les deux mondes, participant, à la fois, par notre âme à la vie de l'espace, par notre corps à la vie terrestre.

C'est ma double vie : deux mondes.

Seule la mort en est la séparation.

Les Esprits viennent instruire l'homme sur sa destinée future afin de l'amener sur la voie du « bien ».

Ma vie dans le monde des Esprits

Les Esprits m'ont parlé. Une communication intime s'est établie. Mon âme s'est ouverte au foyer divin. Leurs visages heureux et sereins me sont apparus, comme un rayon de soleil qui apaise, réconforte et atténue bien des tristesses.

C'est la source intarissable d'où découle la vie éternelle. *C'est l'enseignement du Ciel à la Terre.*

« Le passé est mort, le présent est à nous,
le futur est à Dieu. »

Je suis née à Alger, d'un père originaire de Corse et d'une mère française qui avait passé son enfance en Tunisie. Mes parents s'appelaient Roméo et Juliette.

Mon père était artiste peintre. Ma mère, d'une nature profondément attentive, apportait aux enfants malades soins et réconfort.

Nous habitions une spacieuse villa à Notre-Dame d'Afrique, sur les hauteurs de la ville, surplombant toute la baie d'Alger. Le long des dunes, je courais pieds nus sur le sable brûlant, mes cheveux blonds balayaient mes épaules et je me sentais si légère, si heureuse de vivre...

J'accompagnais souvent ma mère, quand elle rendait visite aux familles défavorisées. J'appris sur le terrain les notions du partage et de l'humilité. A l'époque, je n'avais aucune intuition particulière de ce qu'il me serait, des années plus tard, donné de découvrir. Ma foi en Dieu était certes sincère, mais elle reposait sur une éducation religieuse traditionnelle. Cette foi, je ne la remettais pas en doute, elle m'accompagnait comme une vérité intérieure.

Avec ma sœur, Violette, je profitais d'une existence qui me donnait un sentiment de grand confort affectif. S'il n'y avait eu la vision de la misère, j'aurais pu imaginer, enfant, que le monde était « parfait ».

Une chose aurait pu me paraître « troublante » : nous avions à la maison une domestique, que j'aimais beaucoup, qui me répétait sans cesse que j'étais, grâce à mes mains, pourvue d'un don de guérison. Elle répandit la nouvelle, si bien que j'étais appelée par des mères de famille arabes afin de soulager les malades par l'imposition de mes mains. J'obéissais de bonne grâce à cette demande, sans y croire, songeant alors qu'il s'agissait de superstition.

A dix-huit ans, je rencontrai un jeune officier du croiseur-école *Jeanne-d'Arc* qui faisait escale à Alger. Quelques mois plus tard, je l'épousais.

Un premier fils naquit juste un an après mon mariage. La venue de cet enfant me combla de bonheur.

Un jour, pourtant, j'eus un terrible pressentiment. Je me dis que mon petit garçon devait être malade. Rien d'apparent ne pouvait me le laisser supposer. Je décidai de faire venir le médecin. Mon fils n'avait rien. Cependant, le même pressentiment m'envahit à nouveau. Je savais que mon enfant était gravement malade. Je demandai conseil à ma mère ; elle me dit que mon anxiété n'était pas fondée. La nuit suivante, mon fils ne cessa pas de se plaindre. Un vertige me fit entrevoir lc pire. J'appelai une nouvelle fois le médecin qui, à peine arrivé, assista à la mort de mon enfant, terrassé par une dysenterie africaine.

Ce fut pour moi comme une longue traversée du désert. Ma mère s'en voulut de ne pas s'être fiée à mon intuition. Et j'eus l'impression que ma vie basculait dans quelque chose de totalement nouveau. J'éprouvais des sensations que j'avais ignorées jusque-là : un voile se déchirait. Après tant et tant d'années de vie paisible et protégée, je fis brutalement connaissance avec le malheur et la mort. En outre, pour une très jeune femme, comme je l'étais, perdre son premier enfant fut une sorte d'intrusion de la mort en mon propre corps, en mes propres veines… un vide que je devais porter, que je porterai, et qui ne me rendrait jamais l'insouciance d'autrefois. Je devins *quelqu'un d'autre,* une femme toujours aussi désireuse de vivre, mais qui avait fait l'apprentissage de la douleur.

Quand je songeais à cette prémonition par rapport à mon fils, je l'attribuais au pur instinct maternel, à ma nature très « physique », si disponible aux choses de la vie, comme je l'avais si souvent vérifié.

Aujourd'hui encore, je pense que mon appréhension n'a pas d'autre cause. Néanmoins, je sais qu'elle fut une *étape* dans la chaîne de toutes celles qui me conduiraient vers la connaissance du monde des Esprits.

∞

Un an après ce deuil, un deuxième fils me fut donné. Je retrouvai la confiance et la joie.

Mais un jour, d'un air de rien, ma mère déclara : « Rose, je vais mourir. » Elle me dit cela comme si une voix autre que la sienne s'était exprimée.

Encore que la santé de ma mère fût excellente, sa déclaration m'inquiéta. Je fus comme en attente d'un événement… Et je connus à nouveau l'incertitude.

Ma mère tomba malade et fut emportée par une hémorragie cérébrale.

Sa mort fut un immense chagrin pour toute notre famille. Je la pleurais longtemps.

Je commençais alors à être troublée par ces prémonitions qui, par deux fois, avaient précédé la tragédie.

Je sais aujourd'hui que l'Au-delà m'avait prévenue de ce qui allait arriver. Bientôt, j'aurais la confirmation absolue de la communication des Esprits…

Douze mois après sa mort, vers 6 heures du matin, ma mère m'apparut dans mon sommeil. Je l'entendis me dire : « Lève-toi ! Cours chez ton père, il a besoin de toi. Il se meurt… »

La présence de ma mère était si forte que je me réveillai, incapable de démêler rêve et réalité. Quoi qu'il en soit, j'obéis à ce message. Je tirai mon mari du sommeil, et réussis aisément à le convaincre de se rendre avec moi chez mon père.

Nous le trouvâmes assis, inerte, dans un fauteuil. Il était dans le coma. En dépit des soins prodigués, il décéda une semaine plus tard.

La disparition de mon père me causa de nouveau bien du chagrin. Non seulement m'avait quitté un ami, un confident, un complice, mais aussi venait de m'être arrachée mon enfance, une enfance privilégiée qui ne s'effacerait pas de ma mémoire.

Mais, curieusement, je ressentis comme une présence… Quelque chose d'impalpable mais de fort qui, bientôt, ferait partie de mes jours et de mes nuits.

Bien des années plus tard, à la fin de la guerre d'Algérie, bouleversée et meurtrie, je mis pour la dernière fois la clef dans la serrure de ma maison. Un adieu sans espoir de retour à Alger la Blanche, cette ville éblouissante, gardienne de mes souvenirs.

Mon mari, militaire, qui avait combattu en Corée et en Indochine, restait en poste dans la Casbah, en Algérie.

Je partais avec mon fils, René, âgé de douze ans, enceinte d'un troisième enfant.

Sur le pont du bateau, chacun d'entre nous était déchiré de quitter cette terre pour laquelle nous éprouvions tant d'attachement. Nous laissions derrière nous tout ce qui avait fait partie de notre vie : famille, amis. Nous serions dispersés. Mais la pensée de mes parents, morts en paix, qui n'auraient pas, Dieu soit loué, à connaître le déchirement du rapatriement, m'apaisait quelque peu.

De plus, je sentais confusément qu'une autre destinée s'ouvrait pour moi…

A Paris, j'éprouvai la grande joie de la naissance de Dominique. Je m'installai en Provence, dans une région où la lumière me rappelait celle de l'Algérie. Mes deux garçons, René et Dominique, étaient beaux ; ils me remplissaient de fierté. Je m'occupais d'un hôtel et ce travail m'absorbait.

∞

« Une femme s'approche derrière le Christ
et touche la frange de son manteau
pensant qu'alors elle serait sauvée.
Jésus se retourant lui dit :
“ Aie confiance ma fille, ta foi t'a sauvée. ” »
(Matthieu, 9, 11, 22)

Le 10 septembre 1973, un nouveau drame me sera infligé : ce jour-là, en fin d'après-midi, Monique, ma belle-fille, alors âgée de vingt-cinq ans, comme mon fils, se promenait avec ses deux enfants sur la Moyenne Corniche par un temps superbe. La petite Roseline, âgée de huit mois, était dans son landau, Jean-Cyril, un petit bonhomme de trois ans, tenait la main de sa maman.

Parvenus à un passage protégé, tous les trois s'engagèrent sur la chaussée. Une première voiture s'arrêta pour les laisser traverser ; une seconde surgit alors, qui les faucha, faisant basculer cette promenade quotidienne dans l'horreur.

Jean-Cyril et sa maman furent projetés en l'air. On les releva souffrant de traumatisme crânien. La petite Roseline, elle, fut éjectée de son landau, et s'écrasa vingt mètres plus loin, sur le capot d'une voiture qui arrivait en sens inverse.

On la retrouva, gisant, sous les roues... Une vision d'apocalypse. Comment nous, qui les aimions, allions-nous accepter l'intolérable...

En dépit de leur important traumatisme, Monique et Jean-Cyril quittèrent l'hôpital quinze jours plus tard. Roseline, elle, luttait toujours contre la mort : épanchement du liquide céphalo-rachidien, paralysie du côté droit... Elle avait le visage tuméfié, méconnaissable. A l'hôpital Pasteur de Nice, les médecins ne lui laissaient que très peu de chances de survie.

Nous décidâmes de la faire transférer à Marseille, dans le service du professeur Vigouroux. Le 4 octobre, le professeur tenta l'opération de la dernière chance qui dura sept heures.

A la sortie du bloc opératoire, le pronostic du professeur nous bouleversa : « Si cette enfant vit, elle restera aveugle et paralysée. » Il écrira dans un certificat daté du 13 mars 1974 : « ... Une intervention a été pratiquée le 4 octobre 1973. Il existait d'importants dégâts cérébraux. Une partie du cortex cérébral fut excisée... Il fut nécessaire de mettre en place un drainage ventriculo-péritonéal en raison d'une hydrocéphalie. »

L'enfant était condamnée ; je ne pouvais admettre ce verdict. Quand je serrais sa petite main, je pensais que la vie devait reprendre le dessus...

Les opérations se succédèrent. Roseline dut subir, au total, plus de quarante heures d'intervention.

Que de larmes avant que l'enfant sorte enfin du coma ! Elle demeurait aveugle et inerte. Nous étions torturés par le chagrin, sa mère mobilisée jour après jour à son chevet.

A Noël, l'enfant nous fut rendue. Elle continuait de souffrir, mais elle était en vie, et à nouveau dans sa famille.

Hélas, en janvier, des troubles méningés se manifestèrent. Roseline retourna en catastrophe à l'hôpital et pendant des mois, le calvaire se poursuivit. L'enfant subit de nouvelles opérations. Ses parents veillaient ; ils savaient que la moindre maladie pouvait lui être fatale. Et les médecins demeuraient pessimistes. A plusieurs reprises le drain mis en place se boucha, mais personne ne voulait tenter une autre intervention. Apparemment, il n'y avait plus rien à faire. Dans l'attente d'un miracle, sa mère tentait de stimuler son intelligence : elle lui parlait et lui faisait écouter de la musique.

Je n'ai pas pu supporter cet immobilisme. Quelque chose en moi s'est réveillé, comme une force d'action.

Chacun a ses jardins enfouis, où il sait qu'il trouvera une forme de paix...

Pour moi, depuis des années, c'était Venise. J'ai donc décidé de m'y rendre. Et dans ce lieu, mes prières pour Roseline seraient d'autant plus fortes que je m'y sentais protégée.

J'avais eu le privilège, dans la cathédrale San Marco, de parler plusieurs fois avec le cardinal, patriarche de la ville, qui devint pape sous le nom de Jean-Paul Ier. Un jour, alors qu'il me montrait de magnifiques tableaux, il me dit : « L'Eglise n'a pas toujours bien agi. Autrefois, nos galères partaient en attaquer d'autres qui passaient au loin… Des hommes et des femmes étaient capturés ou tués, et leurs biens revenaient à l'Eglise. La place San Marco porte encore la trace de ce passé, ainsi que sa prison… »

J'ai retrouvé la petite église qui m'était familière ; et là j'ai prié, avec une humble ardeur, sainte Lucie, invoquée contre les affections de la vue.

Puis, je rentrai à pied à l'hôtel. Je m'assis dans l'un des salons, obscurément tendue vers l'image de ma petite-fille. Je demeurais ainsi, le cœur emplie de chagrin, quand soudain je sentis une présence. Je relevai la tête et je vis un visage inconnu, celui d'un homme d'une quarantaine d'années, élégamment vêtu.

– Je vous observe depuis un moment, madame… Et je sens en vous un immense désarroi.

La voix était claire, chaleureuse, et dans le regard de cet homme brillait une lueur de compassion qui m'inspira confiance. Je me mis à expliquer les raisons de ma présence à Venise. Il m'écouta avec beaucoup d'attention, puis il me dit :

– Connaissez-vous Allan Kardec ?

– Non, je n'ai jamais entendu ce nom.

– J'aimerais vous offrir un livre. Peut-être vous aidera-t-il dans votre dure épreuve ?

Il me tendit un ouvrage… Je découvris sur la couverture : *Allan Kardec – le Livre des Esprits.* D'instinct, je serrai l'ouvrage contre ma poitrine.

« N'oubliez pas que la foi renverse les montagnes. » Ce mystérieux personnage m'adressa un dernier sourire et, sans me laisser le temps de le remercier, disparut.

Je ne le revis jamais.

Après avoir regagné ma chambre, j'ouvris le *Livre des Esprits.* Au fur et à mesure que j'avançais dans ma lecture, j'eus l'impression que mon corps était lui-même envahi par un bien-être extraordinaire. Et, très vite, il me parut que je faisais une *rencontre* porteuse d'espoir. Il me semblait que ces phrases, ces mots étaient déjà gravés en moi et confirmaient ce que j'avais toujours confusément pressenti : l'existence d'un *autre monde,* le *monde des Esprits.*

Je m'endormis au petit matin, remplie d'une ferveur nouvelle, le livre contre mon cœur.

Le lendemain, avant de quitter Venise, je retournai dans ma petite église. Je priais longtemps Dieu, sainte Lucie et Allan Kardec. J'implorais de toutes mes forces que la vue soit rendue à Roseline…

Dès mon retour à Nice, je courus vers ma petite-fille. Jamais je n'oublierai le visage presque radieux de ma belle-fille : « Vous savez, maman, Roseline recommence à voir !... »

L'enfant suivait des yeux le jouet qu'on lui montrait. Pour la première fois elle souriait. Instant béni !

Comme me l'avait prédit l'inconnu de Venise, ma foi avait aidé à la guérison de ma petite-fille pourtant condamnée par la science.

Le Grand Esprit Allan Kardec était entré en mon âme, et ma reconnaissance envers l'Au-delà serait infinie... Ce qui venait de se passer appartenait à l'ordre du merveilleux. Le constat était éclatant.

Le professeur Vigouroux écrira : « ... Revue en 1974, l'enfant semble suivre du regard, sourit à l'appel de son nom. »

Néanmoins, les autres médecins ne purent admettre que Roseline ait récupéré si facilement la faculté de voir. Le rapport médico-légal, établi en 1975 par le professeur Monsinger, est consternant : « ... L'enfant est pratiquement aveugle. Sans doute perçoit-elle maintenant une lumière blanche, ce qui semble constituer une légère amélioration par rapport à ce qui fut constaté l'année dernière... On peut affirmer qu'il y a eu lésion des voies et des centres optiques... Les chances d'amélioration du syndrome sont faibles et le pronostic médical est grave... J'ajoute que l'état de la jeune Roseline est assez grave pour qu'une issue fatale puisse être envisagée. »

Roseline a lutté pour vivre. Une force supérieure la guidait vers la guérison. Elle a subi d'autres opérations afin de retrouver ses facultés motrices. Chaque intervention risquait de lui être fatale. En dépit des souffrances, jamais elle ne s'est plainte. Quand les larmes coulaient sur son visage, je prenais ses mains dans les miennes et elle disait :

– Mamie, regarde ce qu'ils m'ont fait. Crois-tu que je marcherai un jour ?

– Bien sûr, mon trésor.

– Alors, je dois être contente…

Bientôt Roseline réussit à voir presque normalement. Et sa récupération physique fut spectaculaire.

Aujourd'hui, ma petite-fille approche de ses vingt ans. Elle est intelligente, sensible et fine. Elle voit, peint, dessine, lit, tape à la machine. Bien que marquée par une hémiplégie, elle marche, toujours active et empressée à rendre service. Elle veille sur sa petite sœur, Grâce, âgée de quatre ans. Chacun l'admire. C'est une miraculée.

∞

« Pour qui réfléchit, le comble du bonheur
est d'avoir compris ce qui est compréhensible
et de respecter ce qui ne l'est pas. »
Goethe

Ma communion avec le Grand Esprit allait désormais guider ma vie. Chaque jour, des preuves de l'existence du monde des Esprits m'apportaient une nouvelle philosophie, empreinte de sérénité et de paix.

De longues méditations m'ont amenée à percevoir le spiritisme. Ma communication avec l'Au-delà allait bientôt se dérouler.

Après la guérison de ma petite-fille, je divorçai et je rencontrai Jean, mon futur mari ; son destin allait irréversiblement se lier au mien. Témoin de tous les instants, il viendra tout naturellement au cœur d'une « mission » qu'à l'époque j'étais encore loin de soupçonner. Ensemble, nous allions nous acheminer dans la voie du spiritisme. Nous avons acheté tous les livres d'Allan Kardec. Mon mari me les lisait en les commentant. Lentement, cet enseignement s'intégrait à notre vie.

Notre premier voyage nous mena en Israël. C'est avec émotion que nous posâmes le pied sur le sol que les prophètes de la Bible avaient foulé.

Plus tard, la situation professionnelle de Jean nous força à nous installer à Paris.

Un jour, Mme M. vint déjeuner chez nous. Elle nous dit :

« Je vous vois dans une autre vie, avec votre mari. Vous êtes venus dans cette vie présente pour terminer ensemble ce que vous aviez commencé. Je vous vois, Madame, marchant en plein soleil dans le sable du désert, entourée de servantes. Votre mari est près de vous. Il inscrit dans le sable des tracés astronomiques… »

Dans l'instant de la communication de Mme M., je retins surtout que la rencontre de mon mari n'était pas le fait du hasard et que notre destin était tracé, ainsi que ce qui allait être ma « mission ».

Cette mission s'insinuait progressivement, mais il me paraissait qu'elle était déjà gravée en moi.

Dans notre appartement, à Paris, j'entendais souvent des coups frappés dans les cloisons et les meubles. Intriguée, je priais et demandais au Grand Esprit Allan Kardec de me confirmer sa présence. Etait-ce lui qui se manifestait dans ces bruits ? Aussitôt, d'autres craquements se faisaient entendre. Dès que je renouvelais ma prière, de nouveaux craquements résonnaient dans des endroits divers. Ce ne pouvait être une coïncidence. Il répondait à mes demandes.

Un jour, alors que j'interrogeais l'Esprit d'Allan Kardec, une très violente détonation dans l'immeuble nous fit sursauter mon mari et moi. Nous pensâmes à un accident, une explosion quelque part, chez l'un de nos voisins. C'est en traversant le couloir de notre appartement que nous découvrîmes une importante fissure qui courait sur toute la longueur du mur. L'explosion avait dû être assez forte pour endommager ainsi notre cloison ! Nous avons interrogé nos voisins : aucune explosion ne s'était produite dans l'immeuble. Cette fissure demeura inexpliquée : plusieurs experts se succédèrent sans pouvoir nous donner un éclaircissement sur ce qui s'était passé.

Pour moi, ces manifestations avaient une cause que je cherchais. Ne prouvaient-elles pas l'existence du monde invisible ambiant, d'un champ immense que j'allais bientôt découvrir ? J'entrepris donc d'approfondir ces données.

Je me rendis sur la tombe d'Allan Kardec, au cimetière du Père-Lachaise. Un dolmen abrite son buste, en souvenir de ses vies antérieures, puisque dans l'une d'elles il fut druide. Eté comme hiver, elle est couverte de fleurs. Venus de tous les horizons, les spirites du monde entier s'y recueillent.

Mais qui était donc Allan Kardec ?

Léon-Hippolyte-Denizart Rivail, qui se fera plus tard appeler Allan Kardec, naquit le 3 octobre 1804 dans une vieille famille lyonnaise. Son père, magistrat, enseigna à son fils l'esprit de justice, et lui fit donner une excellente éducation.

Licencié ès lettres et ès sciences, Rivail se consacra pendant trente années à l'éducation des enfants. Il publia son premier livre en 1824, et une série de vingt-deux ouvrages consacrés à la grammaire française, aux cours pratiques de mathématiques et à la réforme de l'éducation. Il épousa Amélie Boudet, institutrice, qui fut, tout au long de sa vie, sa collaboratrice fidèle.

En 1848, il entendit parler des phénomènes paranormaux qui exerceraient une grande influence sur des millions de personnes. Les premières manifestations avaient eu lieu à Hydesvilles, à New York, au domicile des trois sœurs Fox. Des tables s'étaient déplacées toutes seules et des coups mystérieux s'étaient fait entendre, provenant de manifestations des Esprits. A Paris et dans de nombreuses villes, un engouement extraordinaire se développa pour ces pratiques que suivirent des intellectuels, des artistes, des hommes d'Etat.

Au commencement, Rivail demeura sceptique. D'esprit scientifique et rationnel, il attendit un an avant d'assister à une séance d'écriture médiumnique. Puis il décida d'approfondir ces phénomènes.

Il reçut des messages au cours de séances médiumniques. Ce n'était pas l'étrangeté de ces faits qui l'intéressait, mais leur implication. Tout effet intelligent devait avoir une cause intelligente. La puissance de la cause est en raison de la grandeur de l'effet. Il chercha à remonter aux causes cachées par la voie de la logique des déductions, connaissant ses vastes aptitudes à la synthèse.

Des amis, dont René Taillandier, membre de l'Académie des sciences, lui remirent une cinquantaine de cahiers où étaient transcrites cinq années de notes prises par plusieurs médiums dans diverses régions du globe.

Il déclara : « Il m'a fallu plus d'un an de travail pour être convaincu moi-même. J'ai étudié ces faits avec beaucoup de soin et de persévérance. »

Rivail fut frappé par l'atmosphère de sagesse et de charité qui se dégageait des entretiens qui eurent lieu avec les Esprits.

Il voulut aller plus loin dans la recherche, et reçut des éclaircissements au cours de séances médiumniques.

Il lui fut révélé que, du temps de la Gaule des druides, son nom était Allan Kardec. L.-H.-D. Rivail s'effaça devant ce nom chargé pour lui d'une valeur spirituelle.

En 1856, alors qu'il travaillait au *Livre des Esprits,* il entendit des coups frappés contre la cloison. Lors d'une séance médiumnique, il apprit que l'auteur de ces coups était l'Esprit de Vérité :

« Pour toi, je m'appellerai *La Vérité.* »

L'esprit veillait sur son travail de rédaction et se manifestait afin de lui signaler les erreurs qu'il commettait. Au cours d'une séance médiumnique, un message fut transmis : « Il y aura une autre religion ; il en faudra une, mais vraie, grande, belle et digne du Créateur. Les premiers fondements, tu les as posés toi, Allan Kardec. Ta mission est… »

Sa modestie le poussa à chercher confirmation de ce message. Lorsqu'il l'eut reçue, il redoubla d'acharnement pour la rédaction du *Livre des Esprits.*

C'est le 18 avril 1857, sous le pseudonyme d'Allan Kardec, qu'il publia le *Livre des Esprits,* la bible du spiritisme, le « livre d'or », dans lequel il a systématisé une philosophie communiquée par les Esprits.

Le *Livre des Esprits,* dicté par les esprits eux-mêmes, est le fondement, l'éclosion de la doctrine qui a germé, marquant de son sceau une époque glorieuse. C'est le retour des Esprits, le mystère de la renaissance, conduisant au cheminement de l'évolution spirituelle de l'âme éternelle.

Le point de vue nouveau, éminemment sérieux et moral, de la doctrine des Esprits, ajoute un intérêt capital au pas immense déjà fait pour sortir du cercle étroit des manifestations matérielles, et qui permet d'embrasser toutes les lois de l'Univers. C'est un enseignement complet donné par les Esprits eux-mêmes sur toutes les questions qui intéressent le monde.

Allan Kardec affirmait que le contenu n'était pas de lui, mais de l'Esprit de Vérité, qui préside au grand mouvement du spiritisme et pose pour principe qu'il y a deux mondes : le visible et l'invisible. L'Esprit vit, demeure éternel et doit se réincarner plusieurs fois pour atteindre la perfection.

Au cours des années qui suivirent, ce ne furent qu'honneurs et reconnaissance, et toujours le travail. Des sociétés spirites prirent naissance partout. Les *Evangiles selon le spiritisme,* puis *le Ciel et l'Enfer* furent publiés. Allan Kardec y dénonçait les dogmes rétrogrades dans la pensée des hommes, la religion, les superstitions, et offrait, grâce au spiritisme, plus de liberté et une lecture dépouillée des textes sacrés.

Allan Kardec fut identifié comme l'esprit rénovateur des nouvelles révélations.

L'Eglise catholique se déchaîna. Accusations, faux procès culminèrent avec l'autodafé de Barcelone. Par l'ordre de l'évêque de cette ville, on brûla ses livres sur l'esplanade où ont été exécutés les condamnés au dernier supplice. Il dit simplement : « On peut brûler les livres, mais pas les idées. »

Et pourtant, le pape Jean XXIII, qui fut un grand prophète, s'y référa dans son encyclique *Pacem in terris.* Allan Kardec est « un infaillible guide du bonheur futur ».

Néanmoins, le spiritisme connaissait un succès grandissant.

Pendant les douze années qui lui restaient à vivre jusqu'au 31 mars 1869, Allan Kardec consacra toutes ses forces à l'élaboration et à la diffusion du spiritisme.

Sa philosophie se résume ainsi :

« Naître, mourir, renaître encore et progresser sans cesse. Telle est la loi. Hors la charité, point de salut. »

Cette philosophie n'était pas destinée à remplacer le christianisme. Allan Kardec écrivait : « La moralité du spiritisme n'est guère différente de celle de Jésus. »

Comme l'a dit Camille Flammarion, le grand savant qui fonda en 1883 l'observatoire de Juvisy, lors de l'éloge funèbre du Grand Maître : « Allan Kardec, ce penseur laborieux, est devenu le fondateur incontestable d'une doctrine qui s'épanouit comme un Troisième Testament. Il a été par excellence le consolateur. »

Les livres d'Allan Kardec sont publiés en plusieurs langues, et ses idées ont une influence considérable dans de nombreux pays.

Au Brésil, grâce à Adolfo Bezerra de Meneses (1831-

1890), docteur et homme d'Etat, le spiritisme est devenu religion d'Etat.

Avec plusieurs millions d'exemplaires publiés au Brésil, les œuvres d'Allan Kardec sont un succès national permanent. Elles guident ceux qui les étudient vers l'ordre moral.

« Ce grand pays doit à Allan Kardec une doctrine d'immense charité qui baigne toutes les classes de la société et qui unit toutes ses diverses races dans une même fraternité. » (André Moreil)

On estime aujourd'hui à des dizaines de millions les spirites conscients de leur premier devoir de charité, comme l'enseignait le Grand Maître. Ils ont établi un des systèmes sociaux les plus avancés. Le Brésil est le pays des grandes réalisations hospitalières. On y dispense, parallèlement, un traitement médical et un traitement spirituel. Il y existe des orphelinats, des centres de formation, des centres publics où l'on donne des conseils, où l'on fait des cures gratuites. Des médiums volontaires soignent des milliers de personnes chaque jour, alliés aux médecins.

∞

« Le Christ dit : " Quoi que ce soit que vous demandiez
dans la prière, croyez que vous l'obtiendrez,
et il vous sera accordé. " »
(Marc, 11, 24)

En 1984, j'habitais la proche banlieue de Paris. Et, dans la nuit du 22 au 23 décembre 1984, j'eus en dormant une vision particulièrement douloureuse : une jeune femme chauve m'apparut, couverte de cicatrices, comme en portent les grands brûlés après leur guérison.

J'entendis :

> Il s'agit d'unc personne très proche de ton mari, décédée et brûlée dans un camp de concentration durant la dernière guerre mondiale.

Elle me montra son sein gauche, la seule partie du corps n'ayant subi aucune brûlure et parfaitement intacte.

A mon réveil, ce fut plus fort que moi : je compris que cette femme était venue de l'Au-delà m'avertir que mon sein gauche était gravement atteint.

Je consultai tout de suite mon médecin. Il découvrit une grosseur importante au sein gauche. Il décela la présence d'un ganglion au creux axillaire, et me prescrivit de toute urgence un examen. Je me rendis aussitôt dans un laboratoire de Suresnes. Dans la soirée, le diagnostic me parvint, brutal : j'étais atteinte d'un cancer.

Mon médecin voulut me faire hospitaliser à l'Hôpital américain de Neuilly. Un professeur m'avertit que je devais me faire opérer sans plus attendre.

Je voulus vérifier ce verdict et je me rendis au centre Villemin. Diagnostic semblable.

A Noël, chaque année, toute ma famille se rassemble.

Cette fois, ma joie sera ternie. Pour mes enfants et petits-enfants, ce fut la consternation.

L'opération semblait s'imposer, mais je voulus consulter d'autres professeurs A la Salpêtrière, à Necker, tous m'ont assuré qu'il s'agissait d'un cancer exigeant une hospitalisation dans les plus brefs délais. Après l'opération, ce serait la chimiothérapie et les séances de rayons. Pour le corps médical, la routine, pour moi, la panique, sans pour autant que la guérison pût être garantie.

Un après-midi, étendue sur mon lit, très abattue, de toutes mes forces, avec dévotion, j'invoquais Dieu et Allan Kardec, dont le portrait me faisait face. Puis, appliquant ma main droite sur mon sein malade, je me concentrai très intensément.

« Mon Seigneur, dis-je, par votre puissance et avec les forces de l'Au-delà, je m'en remets à votre infinie miséricorde. Je vous supplie de m'aider à guérir… »

Brusquement, j'ai perdu le contrôle de mon bras, ma main a soulevé mon sein avec une énergie incroyable. Une force de l'Au-delà me guidait. Un immense bien-être m'envahit. Je sentais naître en moi un renouveau du temps.

Quelques instants plus tard, vers 15 heures, je me levai, me dirigeai vers le salon. Je crus reconnaître mon mari, dans le hall. Je prononçai son nom tout en m'avançant vers lui, mais sa voix me répondit de la salle de bains. Je m'approchai de cette silhouette : un homme était là, qui me souriait.

C'était Allan Kardec, tel que je l'avais vu plusieurs fois dans ses portraits. Il était vêtu d'une redingote noire et d'une chemise blanche à col cassé, entouré d'une lavallière. Mes yeux ne pouvaient se détacher de son regard, un regard d'une intensité extrême. Aucun mot ne peut traduire ce que j'éprouvais en cet instant béni. J'étais prostrée. Cette présence irradiait mon être : je ne sentais même plus les larmes qui coulaient sur mes joues. Il me parla dans un langage bref. Il dit alors :

> Pour toi se soulève le voile sous lequel est cachée la vérité. Ta mission est pour le monde.

Ses paroles resteront à jamais gravées en moi.

Il me sourit une dernière fois, il fit trois pas vers la porte et disparut.

Un cri d'émotion m'échappa.

Mon mari et mes enfants se précipitèrent vers moi et me trouvèrent en état de choc. J'eus du mal à leur expliquer ce qui s'était produit : le miracle de l'apparition d'Allan Kardec, mort depuis cent trente ans.

Je l'avais reconnu sous l'apparence d'un corps charnel dans mon couloir, là où personne ne pouvait pénétrer. La porte était fermée. Je compris qu'il s'était manifesté en Esprit avec son corps fluidique.

Saint Jean dit : « Oui, c'est bien en esprit fluidique que Jésus apparaît aux disciples, puisque Jésus entre et sort toutes portes fermées. » (Jean, 20, 19-26)

Ce moment demeure le plus beau de ma vie.

Dès cet incomparable instant me fut offerte la consécration des dons qu'il m'a accordés.

Pour accomplir ma mission, il me donnait la médiumnité, clef entre les deux mondes.

Je prie de toute mon âme Dieu, dans son infinie miséricorde, qui a permis cette communion. Je prie le Grand Esprit d'élite, Allan Kardec, de me donner les forces nécessaires pour accomplir ma mission et d'en être digne, jusqu'à mon dernier souffle.

Je resterai toujours son intermédiaire et sa servante. Ma vie venait de basculer dans le monde des Esprits.

∞

« Il dévoile de la profondeur des ténèbres,
fait sortir au jour les choses cachées
et met en pleine lumière ce qui était
couvert par l'ombre des morts. »
(Job, 12, 22)

Après l'apparition d'Allan Kardec et son message, je me retrouvai parfaitement confiante dans l'issue de ma maladie.

J'avais décidé de passer quelques jours à Nice, chez mes enfants. Un ami, le docteur Philip, me rendit visite. J'insistai pour qu'il prescrive de nouveaux examens.

Fort surpris, il m'adressa à un laboratoire de Nice, celui du docteur Laborde. On me fit une mammographie et une échographie. Après avoir pris connaissance des résultats, le docteur, stupéfait, me dit que les grosseurs n'avaient apparemment plus rien de cancéreux ! Il me précisa qu'à son avis une intervention ne serait même plus nécessaire. Il examina les clichés que j'avais fait faire à Paris, dans deux centres (Villemin et Aim). Il déclara qu'il y décelait pourtant une tumeur maligne ! Mais, d'après lui, il s'agissait d'un kyste.

Convaincu de ma guérison miraculeuse, le docteur Philip montra les différents clichés à d'autres éminents médecins. Ils durent reconnaître ce qu'attestaient les derniers résultats : une guérison spontanée. Néanmoins, rejetant en bloc ce qui leur semblait impossible, et devant la présence d'un kyste qui subsistait, ils souhaitaient toujours que je subisse une intervention.

En dépit des examens radiologiques effectués dans le laboratoire du docteur Laborde, le professeur Clot ne voulut pas changer sa décision. J'admis qu'il ne pouvait pas, avec la meilleure volonté, épouser mes certitudes, puisqu'il ne trouvait pas d'explication scientifique à la disparition de mon cancer.

– Vous êtes un éminent professeur, dis-je, mais je suis médium, et pour moi la guérison est certaine.

– Ne vous voilez pas la face ! me répondit-il. Vous connaissez la gravité de votre cas.

– On verra…

Il me fit le signe de la chance ! En présence du docteur Philip, le professeur Clot m'a donc opérée ; il a cherché, fouillé…

Il faut dire que le diagnostic pré-opératoire évoque une tumeur maligne.

Trois semaines plus tard, les examens me donnèrent raison : j'étais guérie.

Plus tard, Allan Kardec me dira :

> La cause physique de ce phénomène de guérison spontanée, dès lors qu'il s'agissait d'une manifestation en dehors des lois de l'humanité, sortait de leur compétence scientifique. Leur savoir ne pouvait l'expliquer. Ce fait ne relevait d'aucune science.

Pour le professeur Clot et bien d'autres, je resterais une énigme. Des mois plus tard, retournant chez l'un d'eux, le docteur Laborde, celui-ci me dit:

– J'avais raison en vous conseillant de ne pas vous faire opérer.

Je lui répondis par l'affirmative.

– Dites-moi, docteur, les premiers examens que je vous ai montrés, effectués dans les laboratoires parisiens, décelaient-ils vraiment une tumeur maligne ?

– Absolument. C'est pourquoi votre cas demeure une énigme pour moi.

– Docteur, je suis médium, et ma guérison est spirituelle.

Il resta un moment perplexe avant de me dire :

– Je ne croyais pas à la voyance, mais là je vous avoue mon trouble…

Les docteurs Jean-Luc Philip, Eliane Donzéla et Philippe Parodi ont comparé les résultats des différents examens. Ainsi qu'ils en témoignent, ils ont effectivement constaté la disparition de toute zone cancéreuse. Depuis, d'autres examens ont été pratiqués, qui ont confirmé que j'étais complètement guérie.

∞

« Comme un flambeau qui conduit
au plus profond des mystères
se répand le feu sacré. L'âme, qui est fille
du Ciel, conduit et annonce
l'aurore de la grande lumière. »
Hermès

Ô Seigneur, vous m'avez apporté le bonheur le plus grand, le plus pur !

Combien je voudrais être avec vous dans une communion totale !

Mais la vie est là, avec toutes ses exigences matérielles et humaines qui s'accrochent à nous.

Aucun mot ne peut traduire la force de nos communions où mon âme s'élève vers vous.

Quelle intense joie ! Mon cœur me transporte. Rien de comparable ni de plus grand que votre présence que je ressens. Les bruits qui m'arrivent me rassurent. Je resterai toujours à l'écoute, votre servante.

Vous m'avez transmis ce qui peut exister de plus profond, mon sentiment de reconnaissance est infini. Vous m'avez donné le bonheur le plus sublime qu'un être puisse recevoir sur terre. Vous êtes descendu des sphères célestes, vous, le Grand Esprit, dans mon âme sur notre monde, dans une communion totale, qui est la révélation.

La consécration des dons sacrés dont vous m'avez fait grâce dans un seul élan restera gravée à jamais d'un bonheur sans fin. Vous m'avez transmis les facultés les plus merveilleuses, vos messages, les visions et le pouvoir de guérir mon prochain, le don le plus précieux que Dieu m'ait accordé dans une grande miséricorde.

Ma vie entière sera consacrée à l'accomplissement de ma mission.

CHERCHE ET DEMANDE LA VÉRITÉ

« Selon les Ecritures, " prophétiser " ne signifie pas seulement prédire ou deviner, mais être mus par un bon ou mauvais Esprit. »
(Glaire, 18, 10)

guidée par Allan Kardec

Dieu a envoyé, comme à l'époque des prophètes, dans les temps les plus reculés, une pluie de médiums à travers le monde pour éclairer les mystères.

Les médiums, comme les prophètes, ont reçu un don gratuit pour aider, soulager les misères si tristes et si troubles de l'humanité. C'est pourquoi dans l'accomplissement de leur tâche, les médiums sont les intermédiaires entre l'homme et l'Esprit.

∞

L'une des toutes premières visions qu'il me fut donné de recevoir fut celle-ci : deux belles mains me tendaient une boule de cristal. Je lus un message inscrit à l'intérieur :

« Cette boule est le signe de ta médiumnité. Ta mission rayonnera sur le monde. »

Puis des images floues apparurent dans cette boule.

Dans une autre vision m'apparut le portrait de mon Guide. Son visage rayonnait dans un cadre entouré de fleurs blanches. Je l'entendis me dire :

Cherche et demande la vérité.

Cette vision me plongea dans un grand éblouissement. D'immenses lettres surgirent et s'imprimèrent en moi :

V.E.A.T.U.I.S.T.

Le lendemain, je m'interrogeais sur le sens d'un tel message. Mais je ne parvins pas à l'interpréter. Je dus attendre plusieurs jours avant de recevoir à nouveau en vision ces mêmes lettres, placées dans un ordre différent :

V.I.E.R.A.L.T.U.I.S.T

De nouvelles lettres s'étaient interposées comme pour compléter le message. Je compris enfin ce que mon Maître cherchait à me signifier :

VIE ALTRUISTE

Le but de ma mission devait être tout entier destiné à aider mon prochain.

Un matin, j'eus une très agréable vision : mon mari et moi, dans une voiture, traversions un large pont, et nous nous dirigions vers une grande ville illuminée. Je reconnus aussitôt Nice.

Je compris ainsi que nous devions nous installer là-bas. C'était à Nice que s'accomplirait ma mission… Un mois plus tard, nous y vivions.

Chaque jour, je remercie mon Maître de m'avoir accordé le bonheur de vivre dans un cadre aussi beau. Lorsque je contemple la mer et que je vois passer le bateau en partance pour l'île de Beauté, je pense renouer le lien avec l'Algérie et la Corse, terres de mes ancêtres. Notre appartement domine la mer et toute la Baie des Anges où, dit-on, l'archange Michel a vaincu Lucifer.

Il y a la terrasse… Sur cette terrasse, au soleil, étendue sur une chaise longue, je reçois des messages de l'Au-delà. Dans l'appartement se trouvent plusieurs portraits de mon Maître, Allan Kardec. L'un d'eux, immense, dans l'entrée, est constamment couvert de petites photos d'amis connus ou inconnus qui me sont adressées de partout, afin que mes longues prières devant le portrait puissent aider et protéger ceux qui ont besoin de protection. Ce portrait est entouré de fleurs, les seuls présents que j'accepte de ceux qui viennent me consulter.

A Nice, en dépit de l'anonymat dans lequel je demeure, des appels, des lettres, des demandes viennent aujourd'hui de tous les points du globe. Il m'est impossible de répondre à tous. Néanmoins, je fais de mon mieux pour rester fidèle à ce qui m'a été demandé : *vivre pour les autres.*

Rien n'est le fait du hasard dans le spiritisme.

Un dimanche, peu de temps après mon installation à Nice, ma voiture tomba en panne devant un grand hôtel moderne. Une banderole était accrochée, au-dessus de la porte d'entrée ; je lus : « Congrès de voyance ».

Je décide d'entrer et je me dirige vers un des médiums présents, Mme Nithou. Je m'assois en face d'elle. Très vite, elle se trouble et me dit :

« Le Grand Esprit Allan Kardec est à côté de vous. Pour la première fois, mon Maître Papus s'est effacé pour laisser la place à votre Grand Maître. Je le vois tout près de vous. »

Mme Nithou me transmet le message d'Allan Kardec :

> Chère amie,
>
> Je suis très heureux que vous soyez là.
>
> Il faut que vous sachiez que j'ai guéri votre cancer, et vous ai aidée dans des moments difficiles. Vous êtes encore fatiguée et avez besoin de repos... Je vous donnerai par télépathie des messages, des visions... Vous êtes un Esprit supérieur... Je suis en présence mentale avec vous... Mettez-vous en relaxation et en méditation. J'ai besoin de vous.
>
> Votre mission est pour le monde...

Mme Nithou était si émue qu'elle ne put poursuivre. Elle s'excusa, se leva et quitta la salle.

∞

Plus tard, je décidai de revoir Mme Nithou qui, je le savais, vivait non loin de Nice, dans une ville voisine. Elle me transmit un nouveau message de mon Maître :

> Je suis toujours heureux de nos communications... Soyez certaine de réussir votre mission... Beaucoup de personnalités chercheront à prendre contact avec vous, car vous aurez d'autres visions importantes.

D'ailleurs, au fur et à mesure que vous recevrez des messages, je désire que vous les transmettiez.

Nous nous sommes connus dans une vie antérieure, nous avons mené ensemble un combat permanent.

Vous n'avez pas besoin d'intermédiaire pour nos communications, puisque nous sommes en harmonie totale.

Je m'apprête à rejoindre ma mère patrie : le Brésil...

Je ressentis que mon Maître désirait que je me rende dans ce pays. Un mois plus tard, mon mari et moi, nous partîmes donc pour le Brésil.

Nous sommes arrivés à Rio le 31 décembre 1987. C'était le jour de la fête de la Macumba. Des millions de spirites étaient rassemblés sur les plages. J'éprouvais un bonheur intense de me retrouver au milieu d'un peuple qui invoque les Esprits des anciens esclaves.

Allan Kardec me dira plus tard :

Assise sur le sable doré, tu tendais les mains vers le ciel. Tes ferventes prières me parvenaient. Le soleil plongeait dans l'océan, le soir tombait. Le scintillement des étoiles se reflétait comme dans un miroir. Près du rivage, il y avait des myriades de bougies allumées et des centaines de bateaux illuminés se balançaient au gré des flots.

Les bruissements des vagues se mêlaient à la musique lancinante des chants et des incantations à la déesse de la mer, Yemanja, que l'on fêtait ce jour-là.

Un après-midi, nous sommes allés au Copacabana Palace Hotel. Là, nous avons rencontré Claudia, une personnalité de Rio. Je lui révélai que j'étais médium et guidée par Allan Kardec.

Le lendemain, dans le plus grand quotidien du pays, *O Globo,* parut un article :

« La plus grande spirite d'Europe, la Française Rose Gribel, a l'habitude de recevoir l'Esprit d'Allan Kardec. Elle est à Rio pour y préparer son installation. D'outre-tombe, on a encore foi au Brésil. »

Cet article m'a valu d'être reçue par les milieux spirites qui ont développé la doctrine et l'œuvre kardékienne. Je fus notamment invitée au Centre spirite Jacques- Chulam, d'origine israélite, où je rencontrai Mme Kogan, médium et directrice du centre, ainsi que ses enfants, Iracy et Alberto.

Dès qu'elle m'aperçut, Mme Kogan me dit : « Je vois l'Esprit d'Allan Kardec à vos côtés, car vous avez une mission à accomplir… Je vois également l'Esprit de Marie Curie près de vous. Elle vous a connue dans une autre vie… »

Tous les participants à cette séance spirite furent frappés par ce message venant de l'Esprit du codificateur du spiritisme, Allan Kardec, transmis par Mme Kogan à une médium française. Puis, nos prières s'élevèrent dans un élan fraternel vers Dieu. Une atmosphère surnaturelle nous enveloppa.

Les enfants de Mme Kogan, Iracy et Alberto, devinrent des amis. Ils me firent visiter le pays, que je découvris avec émerveillement.

Claudia, toujours débordante de gentillesse, avait pris rendez-vous avec M. Jovanir Borge, vice-président de la Federaçao Espirita Brasileira.

Le jour convenu, M. Borge, responsable de l'édition et de la traduction de tous les ouvrages spirites au Brésil, nous fit visiter les vastes locaux de la plus grande entreprise d'édition.

M. Gerson Simoes Monteiro, président de l'Union des sociétés spirites de l'Etat de Rio de Janeiro, nous conduisit dans un très beau centre spirite dont il assume la direction ; nous vîmes l'amphithéâtre, les salles de réunions destinées aux séances des médiums et des classes où la doctrine spirite est enseignée.

J'avais exprimé le souhait de rencontrer les Indiens Umbanda. Grâce à Claudia, j'eus le privilège d'être conviée à l'une de leurs cérémonies, organisée à une soixantaine de kilomètres de Rio.

Je fus accueillie dans une grande salle où était dressé un autel couvert de fleurs et illuminé d'innombrables bougies. Au-dessus de l'autel, une statue représentait le Christ. D'autres figuraient les saints et la Vierge ; à l'autre bout de la pièce, se dressait une statue d'un Indien à cheval.

Les fidèles arrivèrent et remplirent la salle. La « Mère des saintes » se dirigea vers l'autel et se mit à prier avec la foule. Puis elle vint vers moi, me prit la main et me dit en brésilien :

– Je vois l'Esprit d'Allan Kardec près de toi, l'Esprit de la Lumière. Il t'a confié une grande mission. Le chemin est encore long…

Elle marqua un silence avant de me demander :

– Comment me vois-tu dans une autre vie ?

– Je te vois chef Inca, répondis-je sans hésiter. Vêtu d'une robe de cuir, coiffé de plumes. Tu étais un homme et commandais une tribu.

– Tu es forte, c'est ce que l'Esprit guide me dit. Reste au Brésil, nous avons besoin de toi. Tu es ma fille, tu es mon sang…

La cérémonie continua. La médium pria devant l'autel et prononça une messe conforme à la liturgie chrétienne, mais sans la communion. L'assistance pria et chanta en langue indienne.

La rencontre avec la Mère des saintes, une femme hors du commun, pleine de force, de bonté, m'impressionna beaucoup. Elle est une sainte entre les deux mondes.

Pour un court séjour, nous nous sommes rendus à Brasilia, ville magique, conçue, grâce à son architecture moderne, pour capter les énergies cosmiques. Brasilia a la forme sacrée d'une croix, le nombre des colonnes est de sept ou douze. La plupart de ses bâtiments ont des formes pouvant s'apparenter à celle des ovnis.

L'Esprit a donné la clef magique des mystères sacrés du monde des Esprits.

Le prophète Jean don Bosco, au siècle dernier, sans être jamais allé au Brésil, avait tracé la carte de la région de Goïas, où depuis a été créée Brasilia, construite là où les chocs ne parviendraient pas à l'ébranler. Il avait formulé des prévisions quant au sort grandiose qui attendait ce point du globe.

Les spirites du Brésil et de beaucoup d'autres pays se préparent au troisième millénaire. Ce pays deviendra la terre d'un Nouvel Evangile, terre du futur.

Ainsi le 15 janvier 1988, avant de partir du Brésil, j'eus une vision angoissante : « Je suis dans la région de Bangou, je marche sur une route goudronnée. Mes pieds s'enfoncent dans le goudron et je vois jaillir une masse d'eau. »

> Catastrophe par l'eau. Importants mouvements de terre. Des morts... Beaucoup de morts...

Je fis part de cette vision au directeur de l'hôtel, à des clients, et à mes amis Alberto et Iracy Kogan. A mon retour en France, mes amis brésiliens me téléphonèrent pour m'apprendre la terrible catastrophe qui avait eu lieu dans la région de Rio. Des pluies torrentielles avaient provoqué des glissements de terrain meurtriers.

Mme Kogan
Tijuca

Chère Madame,

Nous voulons vous remercier de tout notre cœur pour la peine que vous vous êtes donnée de nous téléphoner. En effet tout s'est passé comme vous avez vu. De la terre, de l'eau, beaucoup de souffrances. Heureusement rien de grave ne s'est passé avec nous. Mais vous avez sans doute vu par la télé la tragédie qui s'est abattue sur la ville. Maintenant que le soleil brille de nouveau, il est temps de reconstruire. J'ai de bonnes nouvelles, encore comme vous aviez prédit…

Je vous remercie encore de votre attention et nous vous embrassons en vous souhaitant tout ce qu'il y a de mieux.

DU MÉDIUM VOYANT AU MÉDIUM ÉCRIVAIN

« L'Esprit m'a enlevé et porté jusqu'à lui. »
(Ezéchiel, 3, 14)

J'ai écrit sous la dictée de l'Esprit de Vérité, tu écriras sous ma dictée.

Je sais qu'il t'est difficile de transcrire tout

ce que je te dicte, mais ton dévouement est sans limite et notre communion est sincère et grande.

Je suis près de toi pour t'aider, te soutenir et t'apporter notre aide pour continuer ta tâche qui est souvent bien dure mais noble ; elle t'apporte un grand bonheur par les dons que nous t'avons transmis qui sont l'aboutissement de ces écrits que tu vas transcrire sous ma dictée pour les médias.

Ecris, je suis près de toi. Surtout ne sois pas angoissée. Tu es aidée. Ta tâche est rude, mais le bonheur éclairera ta route. Tu as déjà tant apporté de révélations. Continue, ce livre sera bien.

VISION MERVEILLEUSE DU CHRIST

« Le Christ fut transfiguré ; son visage resplendit comme le soleil et ses vêtements divins blancs comme la lumière. »
(Matthieu, 17, 2)

Le 3 avril 1988, à l'aube, assoupie, m'apparaît un jeune homme. Puis je vis un très beau visage. Il me regardait avec intensité.

J'entends la voix de mon Guide :

C'est le Christ.

Mon âme reste en extase, puis je le vois s'estomper et disparaître dans un flou.

Tu sais parmi toutes tes visions, certaines sont importantes : celles qui ont été graves pour votre monde, nous te les avons transmises par concordance, celle où tu as vu le Christ. Il est venu et il t'est apparu avec...* l'intérieur de sa poitrine ouverte je vis le foyer divin incandescent. Le Christ venait se faire reconnaître à toi. Cette grâce divine t'a éblouie. Tu l'as aperçu dans sa divine mission de Fils de Dieu.

Ton élévation d'âme et de cœur l'a amené à nous soutenir dans l'œuvre qui est tracée. D'autres également te sont apparus. Tu ne les as pas reconnus car tu ne les connaissais pas. Pourtant ce sont des Esprits élevés.

Cette vision suprême qui t'est apparue était importante car elle traduisait nos vérités que tu dois répandre, car l'homme incrédule et sceptique fait feu de tout aujourd'hui...

* Les points de suspension remplacent les mots qui se sont révélés graphiquement illisibles, que je n'ai jamais pu déchiffrer.

Mais si dans le monde divin le temps n'existe pas, le temps est marqué pour l'homme, mais dans notre monde, même la fin n'existe pas, puisque nous sommes toujours au présent.

L'homme doit savoir que Dieu Tout-Puissant a choisi l'Esprit le plus pur, son Fils. Il a envoyé l'Esprit de son fils vers Marie, une humble et sainte femme. Cela est écrit et dit.

La naissance de Jésus apporte, avec les années passées, la révélation du fils de Dieu fait homme.

Mais Dieu Tout-Puissant est là, et si nous t'avons transmis une aussi importante révélation par vision, c'est que tu es notre catalyseur. Tu dois écrire ton livre pour le monde. Dieu en a décidé ainsi.

Toutes tes visions ont un sens parfait des choses qui se révèlent, je suis là. Sois vigilante et ne te laisse pas dépasser, car notre chemin est long. Je suis là pour te guider.

Il te faut parler de bien des génies, ceux qui ont marqué notre histoire : Moïse, Pythagore, Platon, Socrate... les prophètes. Ils étaient médiums.

L'homme n'a plus la foi. Il n'a pas compris... éperdu, il attend le souffle qui lui révélera la vérité qui est tout autre.

∞

Durant deux années, de 1985 à 1987, les messages, les communications par télépathie avec mon Maître ont été constants.

Les visions m'ont projetée vers l'infini. J'ai vu les splendeurs divines dans une apothéose de musique céleste.

Mais comment exprimer en termes clairs ces visions qui me mettent dans cet état d'extase où toutes les pensées terrestres s'estompent ? Seul demeure un sentiment épuré qui est l'essence même de notre âme immatérielle.

J'ai tant supplié mon Guide de m'aider à transcrire ce que je ressens. Mais n'étant pas destinée à écrire, n'ayant reçu aucune formation, cela m'était impossible.

∞

Le 9 juin 1989, dans une vision, j'ai vu de ma terrasse un gros ballon blanc monter vers le ciel illuminé de myriades d'étoiles. Mon âme fut projetée parmi elles. J'étais émerveillée ! Je vis des cubes argentés et je pensais : « Ce doit être de la nourriture. » Je tendis les bras et je reçus trois cubes.

C'est de la nourriture spirituelle pour le monde.

Voilà ce que me dit mon Guide. Et lorsque je réintégrai mon corps terrestre, je compris que ce voyage astral, je le lui devais.

La nuit suivante, comme chaque nuit, en méditation face au portrait d'Allan Kardec, je vois sur la table le cahier tenu par mon mari. Et sans que je m'en rende compte, je prends un crayon et ma main, devenue toute légère, écrivit sans interruption et sans rature. L'inspiration qui me guidait avait une telle force que ma main obligeait mon stylo à suivre la pente du cahier.

Et sous la dictée d'Allan Kardec, j'écrivais :

Je suis descendu des sphères rayonnantes pour te guider, t'assister, te préserver. Notre communion d'âme et d'Esprit est totale. Dans notre harmonie sacrée, je venais t'apporter les révélations, les prédictions et les manifestations sublimes que tu captais, que tu as répandues.

Notre collaboration entre nos deux mondes a été parfaite. Tu t'es dévouée sans compter. Beaucoup de personnes ont fait appel à toi. Tu leur as apporté la révélation de notre monde et bien des consolations dans le spiritisme, et tu l'as répandu dans ton sillage.

Mes aspirations vont plus loin. Tu es apte, car ta foi est indestructible, ta ferveur dans nos communications ont dépassé...

Je t'ai transmis pour le monde les révélations que tu as puisées dans notre monde.

Tu as dû passer par des événements très durs, bouleversée, impuissante. Tu assistes, toujours sereine. Tes visions t'ont amenée dans des espaces divins où tu as pu voir les splendeurs de l'infini.

Cette nuit-là, dans ta vision, je t'avais guidée. Ton âme était dans notre monde parmi ce ciel étoilé d'une beauté éternelle.

A ton retour, ton cœur réchauffé par tant de splendeurs, dans ton immense reconnaissance, tu étais dans une méditation empreinte de dévotion. Dans le silence profond, tes prières humbles et ferventes vers le divin, ta foi m'ont apporté toute ton élévation de pensée et de cœur.

Des dons sacrés ce fut la révélation que je venais, dans notre communion, te transmettre dans une lumineuse clarté.

Sous mon inspiration, tu allais transcrire toutes les pensées que j'allais te dicter... Le bruissement des paroles vont te permettre d'écrire tes visions, expliquer le passé, éclairer le présent, prédire et décrire l'avenir.

Il faut admettre que le Grand Esprit, lorsqu'il choisit le médium dont il s'empare, respecte sa personnalité, sa liberté et agit avec délicatesse pour qu'il accomplisse sa mission.

∞

La descente dans l'âme que l'Esprit a choisie, venant de l'espace infini, est la révélation du don sacré.

Je t'ai choisie pour aller vers les privilégiés et pour répandre les paroles et faits importants. Ce don est un privilège qui n'appartient pas à tout le monde.

Sois dans la discipline pour qu'on puisse communiquer davantage. Nous en avons besoin afin de transmettre nos préoccupations, les faits importants qui vont arriver et que tu devras communiquer autour de toi.

... sois disponible pour écrire... inscris ce que tu ressens. Je t'apporterai les fluides au travers desquels tu pourras puiser dans notre univers, vers le Divin qui apportera sa miséricordieuse grâce.

Dieu Tout-Puissant, permets cette communion entre nous. Rien ni personne ne pourra nous en détourner.

Des espaces infinis, l'Esprit restera à jamais dans... Ecris, je suis près de toi, à la source de vie vers l'infini, qui t'apportera les joies...

Nous t'aiderons dans les guérisons.

Ecris tous les messages que nous te transmettrons. Il te faut beaucoup de patience et de repos. Nous savons ton dévouement. Tu en feras un livre. Ecris dans le calme, nous t'aiderons. C'est déjà bien. Tu avances, tu touches au but. Tu as compris.

J'ai consenti à ce que ma vie tout entière soit consacrée à servir la pensée divine des Esprits. Comme me le dicta mon Maître, rien ni personne ne pourra me détourner de ma mission.

∞

« Ce ne sont pas les voyants, les prophètes ou les poètes qui parlent, mais c'est Dieu qui parle par eux. »
Platon

Tu dois ajouter à tes visions, pour qu'elles soient conformes à ton voyage astral, ce que tu as vu dans notre sphère.

Il faut ajouter que le soir, pendant tes méditations et tes invocations devant mon portrait, pendant tes prières, tu vois, autour de mon visage un halo de lumière phosphorescente.

Mon visage a la réalité d'un être humain qui te fixe, et souvent tu aperçois mon sourire.

Ton mari également l'a vu.

Tu dois expliquer comment ton inspiration te vient.

Tu ressens ma présence par les craquements qui l'annoncent. Ton corps se durcit. Les larmes coulent le long de ton visage, tu ressens l'incorporation de l'Esprit qui t'arrive. Tu n'as plus la notion du temps. Un frisson t'arrive, ta main trace des écrits bien longtemps dans la nuit, dans le calme le plus absolu. Mais lorsque j'arrête, il te faudra longtemps pour te réchauffer.

Ô Maître, quel immense bonheur peut traduire les moments où dans une intense harmonie, je sens votre présence.

Vous me transmettez, sous votre inspiration, vos paroles et écrits ! Mon âme s'ouvre à l'écho divin. L'illumination soudain jaillit et me transmet les paroles que ma main, comme une plume, va écrire dans une frénésie qui dépasse toute réalité.

Tu as une force qui, sous l'impulsion soudaine, va déclencher l'inspiration que je te dicte et bien des fois, tu as du mal à saisir, car il te faut aller vite.

Notre Esprit n'est pas adapté à la vie terrestre et notre séjour est court ; aussi, il te faut emmagasiner très vite, et ce pour le monde. Car je t'ai apporté ce qu'il était impossible que tu puisses faire sans transmission.

Mais ne sois pas pressée, même si au départ tu as hésité, dans ta simplicité, tu as buté sur certains passages. Tu sais que je suis toujours tellement heureux des efforts que tu fais. Dans une joie sans égale, mon soutien t'est tout dévoué, dans un bonheur partagé, pour répandre la lumière à travers ce monde si triste, si indifférent, si inhumain, si égoïste, si cruel, mais si seul face à sa conscience.

L'ENSEIGNEMENT DES ESPRITS

« L'ange Gabriel me dit : " Daniel, me voici, je suis venu pour ouvrir ton intelligence. " »
(Daniel, 99, 21-22)

Pour les Grands Esprits, l'idée est tout, la forme n'est rien. Leur langage, entre eux, est rapide comme la pensée. Les Esprits attachent peu d'importance à la pluralité des orthographes lorsqu'il s'agit surtout d'un enseignement grave et sérieux. Ce qui est merveilleux, c'est qu'ils s'expriment indifféremment dans toutes les langues, et qu'ils les comprennent toutes ! C'est la pensée même qui se communique sans intermédiaire, et cela, souvent, malgré l'ignorance du médium.

Mais dominée par l'Esprit supérieur, mon âme va traduire les perceptions de l'inspiration dans un murmure léger. Les paroles me font trembler de bonheur dans ce silence absolu que seule la vague brise dans l'étendue de la mer. L'écho glisse en moi et la plume trace des écrits qui me sont totalement étrangers, avec une rapidité, une frénésie, qui tire ma main devenue si légère.

Les sons m'arrivent souvent très vite. Il m'est difficile de pouvoir comprendre, mais j'implore mon Guide, je prie, et à nouveau les phrases, dans mon être émerveillé, me sont données.

> Je comprends, il t'est souvent difficile de suivre ma pensée qui va très vite. Notre pur langage des Esprits n'est pas le même que le langage humain, tu n'es pas apte à comprendre et à suivre aussi rapidement les phrases qui se succèdent.
>
> Ton cerveau ne peut emmagasiner tous ces longs chapitres. Même si ta main glisse avec rapidité, mes paroles, dans leur forme, expressions et langage, t'arrivent souvent trop vite. Je comprends que tu te troubles et me demandes de reprendre certaines phrases.
>
> Je sais les efforts que tu fais. Aussi, j'essaie d'avoir le langage le plus simple

pour que tu sois en accord avec la forme des phrases qui t'arrivent. Je ressens tous les efforts qui te sont nécessaires.

J'ai écrit sous la dictée de l'Esprit de Vérité. Tu écris et écriras sous ma dictée. C'est la loi immuable, la concordance entre les deux mondes.

Tu dois comprendre que je suis là pour te guider. Que ton Esprit se libère de tout ce qui t'entoure pour que tu puisses entendre dans ton subconscient ce que je veux te dire.

ALLAN KARDEC
MON GUIDE, MON MAÎTRE

« Ô âme aveugle ! Arme-toi du flambeau des mystères et, dans la nuit terrestre, tu découvriras ton double lumineux, ton âme céleste. Suis ton guide divin, qu'il soit ton génie, car il tient la clef de tes existences passées et futures. »

Hermès

Livre des morts.

Mon âme guidée s'est élancée dans l'espace ; ensemble nous avons visité les sphères célestes.

Nous avons été projetés d'étoile en étoile, laissant dans l'immensité de l'espace ce globe terrestre si minuscule, ce monde si orgueilleux.

Nous avons pénétré et contemplé l'infini qui s'y dévoile : vision prodigieuse.

Tandis que j'assistais à ce spectacle incroyable, il m'était impossible de détourner les yeux de cette merveille. Tant de bonheur auquel tout humain aspire…

Mon âme était lentement attirée dans l'harmonieux mouvement du monde universel. L'œuvre de Dieu m'apparaissait sublime. Les mystères m'étaient dévoilés dans l'intuition soudaine. C'était une pensée sans effort, qui n'a pas de nom parmi les hommes, qui est celle des grands Esprits vers l'infini.

Mes aspirations, mes rencontres avec le monde céleste m'ont laissé entrevoir ses splendeurs divines. J'ai vu des sphères et habité des mondes dans le passé que j'ai dépeint. J'ai décrit des régions surnaturelles et célestes dont j'ai eu le bonheur d'être le témoin oculaire.

J'ai ramené de ce monde surhumain mon âme passionnée et reconnaissante.

VOYAGE ASTRAL,
LE SUBLIME DU MÉDIUM

« Au ciel, apprendre c'est voir sur terre,
c'est se souvenir. Heureux celui qui a traversé
les mystères ; il connaît la source et la fin de la vie. »
Pindare

Dans la vision prophétique, le temps n'existe pas et les plans se confondent. Nous passons sans cesse de la description d'un état temporel à celle d'un état qui transcende toutes les réalités terrestres.

C'est seulement au moment où ton corps se repose et sommeille qu'est possible le détachement de ton âme vers les endroits qui te sont désignés.

On a besoin de toi pour voir et entendre dans les sphères divines.

Là, tu assistes en direct à des événements, souvent des catastrophes graves, des faits qui vont se dérouler, que tu pourras dévoiler, souvent des drames en direct.

Tu es protégée dans toutes tes missions. Tu dois savoir que tes voyances sont destinées à prouver que rien ne se fait sans Dieu. Tes visions apportent la preuve éclatante de notre monde céleste. Nous t'avons montré des événements qui te touchent, mais nous savions que tu étais prête.

Ces événements importants doivent être captés pour faire réagir les hommes égoïstes et indifférents. Il faut qu'ils comprennent. D'autres messages t'éclaireront, « tu es notre catalyseur ». Si nous te donnons les messages où tu es transportée vers les régions infinies ou d'autres mondes, il faut les transcrire, n'hésite pas, nous te guidons.

D'autres catastrophes sont prévisibles. Tu iras vers ces endroits où seuls les privilégiés peuvent aller. Des bouleversements terribles vont se produire jusqu'à ce que l'homme revienne vers le Divin.

Aujourd'hui nous arrivons au temps prédit.

LES PROPHÉTIES POUR LE MONDE

« Alors l'Esprit se répandra comme une aurore sur le monde ; mes enfants prophétiseront... auront des visions. »
(Diffusion spirituelle annoncée par Joël, 11, 29)

Dicté le 15 avril 1987

Tu apporteras beaucoup de révélations

au monde des vivants, c'est ce que nous voulons montrer, des terres polluées et beaucoup de souffrances... Sous le joug d'hommes cruels, des peuples et des pays entiers seront anéantis par leur cruauté et leur égoïsme. Devant ce monde indifférent, devant tant de sang et de souffrances...

La terre verra beaucoup de sang répandu pour assouvir les desseins d'hommes atroces qui ont répandu la terreur vers l'Oural. Les hommes s'entre-tueront et personne ne sera épargné dans cette tourmente qui va secouer surtout l'Europe, les Balkans. Les enfants des pays musulmans se combattront entre eux.

Mais l'Europe va être terriblement secouée quand de Berlin viendra l'unification. Beaucoup de morts et de souffrance, et l'Italie où beaucoup de sang sera versé.

Aucun pays d'Europe ne sera épargné quand l'unification sera circonscrite. La Russie sera partout présente. Paris ne sera pas ménagé, beaucoup de souffrances dans les pays latins.

Un homme affabulateur sèmera la terreur.

L'homme avait tout pour être heureux sur terre. Mais aujourd'hui plus rien n'a d'importance que les pouvoirs qu'ils se sont assujettis avec la puissance de l'argent et des biens matériels.

Alors, ils croient être au-dessus des lois de Dieu. Mais Dieu Tout-Puissant a donné l'intelligence aux scientifiques pour aider son prochain dans une fraternité. Mais ces hommes de science ont mis leur intelligence, ce que Dieu leur a donné, à se servir pour aller au-dessus de toutes dimensions humaines. Leur science n'a apporté à l'humanité que déchéance.

Ils ont voulu s'élever toujours davantage dans l'invention de destruction et de pollution. Ils ont anéanti déjà une partie de la planète terrestre avec leurs expériences. Ils enlèvent à l'homme sa liberté, son identité. Ils ont détruit ce que l'homme avait de meilleur, la fraternité et la charité.

Mais l'homme aujourd'hui a peur de tout ce qui l'entoure, car rien n'échappe aux scientifiques. Ils détruisent la nature, la vie des animaux, les rivières ; tout disparaît devant leur puissance et leur pouvoir d'annihiler et terroriser leur prochain.

Ils ont réfréné... tout ce qu'une civilisation avait apporté sur terre, pour inventer, organiser... ils ont mis leur intelligence à produire des appareils toujours plus perfectionnés. Le scientifique veut toujours aller plus loin dans l'espace et sur terre. Ils ne pourront aller plus loin car Dieu Tout-Puissant est là. Il leur a apporté déjà bien des preuves qui encombrent tout ce système que le scientifique a mis au service de la destruction des hommes et du monde.

Mais par les révélations données bien avant les événements, Dieu est là, et l'homme scientifique va et ira vers le désastre. Il entraînera avec lui beaucoup de déchéance et de peine, mais reviendra sur terre pour souffrir ce qu'il a fait souffrir à son prochain.

Dieu a déjà donné des avertissements aux hommes par des catastrophes naturelles, et a répandu sur l'homme des déchéances auxquelles le scientifique ne peut rien. Dieu aime tous ses enfants, mais se fera entendre par tous jusqu'à ce que les hommes comprennent et reviennent vers la fraternisation qui a donné à l'homme un monde merveilleux.

Aussi, devant tant d'épreuves qui attendent l'homme, celui-ci implorera le Ciel et Dieu, et reviendra vers la spiritualité. Car l'homme doit savoir qu'il n'emporte rien de l'autre côté, dans le monde des Esprits.

Ce que le scientifique n'a pas voulu admettre par son orgueil, c'est qu'il aurait dû mettre son intelligence et ses pouvoirs pour s'élever et apporter au monde le bonheur et l'amour en son prochain.

Car nous avons été fils, frères, dans

d'autres vies et dans le monde des Esprits, où tu es appelée à aller, avec lequel tu vis. Tu as le bonheur de vivre dans le monde céleste de Dieu, où les valeurs ne sont pas les mêmes.

L'homme doit s'interroger et comprendre, mais le temps viendra.

Mais combien de catastrophes auraient pu être évitées, car ont été prévus par ton intermédiaire les grands cataclysmes connus.

D'autres médiums seront là pour prévenir, si l'homme a la sagesse. Mais des années passeront et l'homme participera à sa propre destruction. Les temps prédits arriveront, ce qui n'est pas la fin du monde, mais la fin d'un monde. Celui qui aura le bonheur après sera un homme heureux car il aura trouvé une vie meilleure et fraternelle où toutes les portes seront ouvertes.

Tu dois mettre le chapitre de la Bible : " Mes enfants prophétiseront " Car ceux qui ont le bonheur d'être les intermédiaires entre les deux mondes sont des privilégiés. Si nous leur permettons d'entrer dans les régions célestes, c'est que nous les avons choisis, les grands Esprits leur apportent leur aide. Car ils ont une miséricordieuse grâce par le don sacré qui les relie à nous pour révéler à l'humanité que le monde des Esprits est de Dieu.

LES VISIONS

Elle peut avoir lieu dans des conditions parfaitement normales ; cependant les personnes qui les voient sont assez souvent dans un état particulier, proche de l'extase, qui leur donne une sorte de double vue.
Allan Kardec
Livre des Esprits

Ceux qui voient les Esprits les voient-ils par les yeux ? Ils le croient ; mais en réalité c'est l'âme qui voit, et, ce qui le prouve, c'est qu'on peut les voir avec les yeux fermés. Oui, ceux dont l'âme se dégage de la matière : alors c'est l'âme ou l'Esprit, qui voit ; et lorsque cela est utile Dieu leur permet de révéler certaines choses pour le bien.
Allan Kardec
Le livre des Médiums

Dieu Tout-Puissant m'a accordé sa bénédiction et la grâce que l'Esprit d'Allan Kardec, grand missionnaire de Dieu, m'ait choisie pour aider les destinées de l'humanité, répandre les vérités au monde.

Je ne suis qu'une pêcheresse pour être votre intermédiaire, votre messagère entre les deux mondes. Qui est devenu ma double vie.

Dans ma foi profonde, mon altruisme, mon désintéressement, je serai toujours disponible, à l'écoute, acceptant tout dans l'abnégation la plus totale. Mes dons me sont accordés.

Entre les deux mondes, je vais à l'aide des forces, qui me sont irradiées, des fluides vivifiants de l'Au-delà, où mon âme est projetée à la vitesse de la pensée, vers des sphères célestes à des distances infines, où les souffles m'élèvent, où mon âme contemple les splendeurs de la vie universelle, le monde des Esprits.

C'est toujours pendant mon sommeil, dans le silence le plus absolu, que mon âme se détache de mon corps. Elle a retrouvé la liberté et elle voit des événements, des catastrophes graves. Je les vois en vision directe ou en vision prémonitoire, mais toujours dans un but précis.

TA MISSION EST POUR LE MONDE
ALLAN KARDEC ME DIT

« Mais le Seigneur ne fait rien qu'il n'en ait révélé
le secret à ses serviteurs les prophètes.
Le Seigneur a parlé : qui ne prophétiserait ? »
(Amos, 3, 7-8)

C'est à travers toi que notre flambeau du spiritisme va continuer à éclairer et relier les deux mondes. Tu dois faire entendre les vérités que sont tes visions. Tu as pu voir, entendre des événements, des faits, des catastrophes, des guerres, des bouleversements graves pour votre monde, pour prouver que le plan divin existe bien, que ces événements étaient déjà prévus bien avant qu'ils n'éclatent.

Je t'ai choisie, et Dieu t'a fait grâce d'aller vers les privilégiés : tu es notre flambeau.

Notre communion est totale et notre bonheur est grand. Nous savons ton dévouement sans limites. Ta tâche est dure et bien remplie. Tes visions ont transporté ton âme vers les lieux où les événements sont prévus... c'étaient des avertissements de Dieu pour le monde.

Tu as pu assister des jours, des mois avant que ces catastophes n'arrivent ; elles auraient pu être évitées, car tu as averti beaucoup de personnalités qui auraient pu prévenir, mais leur scepticisme, leur indifférence étaient établis dans leur égoïsme, ils attendaient, ils savaient que cela allait arriver. Au début, ils souriaient. Le doute et l'incrédulité était dans leur conception. Puis les visions prévues se sont produites avec une précision exacte de vérité.

C'est mon Guide qui choisit le lieu, le moment et l'endroit ; je ne suis qu'une servante, une intermédiaire.

∞

« “ Les répétitions ” sont dues au fait que l'écriture tient à mettre la réalité exacte des visions annoncées à l'avance. »
Torah

Dans une de mes premières visions m'apparut le visage de mon Maître Allan Kardec, souriant. Mon Guide m'annonce :

> Des événements importants et graves vont avoir lieu dans votre monde à partir du mois de mars 1985. Ta mission est pour le monde.

CHALLENGER (1986)

Le 2 janvier 1986. Cet après-midi-là, je suis allongée sur la terrasse, face à la mer, assoupie.

Dans une vision, je vois une mer très agitée. Dans le ciel est inscrit en grandes lettres : « Challenger »

Puis je distingue quelque chose de très gros, de plus imposant encore qu'un gros avion, exploser et plonger du ciel en feu dans les flots, à une très grande vitesse.

Mon Guide me dit :

> Challenger. Il y aura des morts.

Quand je reviens à moi, mon âme reprend mon corps. J'ai le cœur serré, je suis bouleversée, que puis-je faire… le dire, mais l'indifférence est établie !

Comme je l'avais vu et prédit :

Le 28 janvier 1986, on annonce la catastrophe de la navette américaine Challenger. Elle avait explosé en vol et s'était abîmée en mer. Six personne étaient à bord. Toutes ont péri. C'est avec une intense émotion que je l'ai vue tomber du ciel dans la mer.

∞

TCHERNOBYL

Dans tout système scientifique de l'homme, il y a des failles et tout peut être détruit comme un grain de sable par Dieu. La Loi de Dieu doit être appliquée sur terre…

Dans la vision prophétique, le temps n'existe guère et les plans se confondent. Nous passons sans cesse de la description d'un état temporel à la description d'un état de choses qui transcende toutes les réalités terrestres.

Dans ce voyage astral, tu as vu la terrible catastrophe de Tchernobyl. Bien des jours avant.

Le 16 avril 1986. J'ai une terrible vision. Je suis dans un pays inconnu.

Mon Guide me dit :

> La Russie.

J'entends une très forte explosion, puis une seconde et immédiatement se déclare un immense incendie. Des flammes hautes jaillissent d'un très grand bâtiment industriel. Je vois beaucoup de gens courir en tous sens.

Mon Guide me dit :

> Il s'agit d'une très grave catastrophe pour la terre et l'Europe.

Le 19 avril 1986, à l'aube, mon Guide me parle de nouveau de la Russie et de l'Ukraine, et me précise :

> Cette catastrophe dépassera largement les frontières de la Russie. Elle provoquera de nombreux désordres écologiques et plus de deux millions de cancers en Europe. La terre sera polluée et il faudra l'arroser par-dessous.

Ce matin-là, à mon réveil, tout tourne autour de moi ; il me faut un long moment pour reprendre mon équilibre. Mon âme venait de vivre un cauchemar. On m'avait montré combien d'êtres étaient tourmentés, combien allaient mourir, à l'intérieur et au-dehors des frontières de la Russie.

Mais je savais que mon Guide m'avait soutenue, entourée. Il m'avait transmis des forces cosmiques. Des souffles puissants avaient soulevé mon âme. J'avais été projetée dans cet abîme, où j'avais du mal à voir, tout était noir.

Le 20 avril 1986, en vision, je suis en Ukraine au-dessus d'un immense terrain dans lequel est creusée une tranchée large et profonde. A l'intérieur, on place les corps de nombreuses personnes. Au-dessus de cette tranchée, je vois quelqu'un allongé sur un brancard.

Mon Guide me dit :

Ici, l'air sera pollué pendant des décennies.

Le 26 avril 1986, à 1 h 23, comme je l'avais vu et prédit, se produit l'explosion de la centrale nucléaire de Tchernobyl, en Ukraine.

Cette catastrophe fut terrible pour la Russie et également pour tous les pays limitrophes. Combien de personnes furent tuées sur place et combien d'autres irradiées à plus ou moins haute dose ? L'Europe se trouva sous les retombées radioactives.

Josiane Houdemont
Chargée de mission
Paris, le 30 novembre 1990

Ma chère Rose,

Il y a des années que nous nous connaissons et que

notre amitié existe. A ton arrivée à Paris en 1983, je te voyais souvent et j'ai vécu avec toi ton cancer, puis ta guérison spontanée et spirite, grâce à ton Maître Allan Kardec.

De nature incrédule, j'ai été stupéfaite, puis à de nombreuses reprises, j'ai pu constater tes dons exceptionnels de médiumnité. J'en témoigne et puis affirmer de l'exactitude des prévisions que tu m'as faites tant sur le plan professionnel que privé.

Tout s'est révélé exact : l'explosion de la navette spatiale prédite plusieurs mois avant avec une exactitude parfaite ; la guerre du Golfe.

Bien longtemps à l'avance tu avais annoncé que le Mur de Berlin tomberait. Dans cette vision, tu avais vu Reagan et Gorbatchev négociant l'Europe et la réunification de l'Allemagne.

Je me souviens de ton angoisse le jour où tu as eu la vision de Tchernobyl.

Les événements en Chine où tu me disais voir beaucoup de sang.

Tu as vécu le drame de la mort de Michel Seurat, otage au Liban.

Tous ces événements, tu les a vécus des mois à l'avance, des jours, et quelques fois même en direct.

Aujourd'hui, en écrivant cette lettre, ma pensée va vers toi et je réfléchis et analyse toutes les années au cours desquelles tu as apporté ton aide à tant de gens qui continuent à te solliciter en permanence. Tu es gui-

dée par ton Maître Allan Kardec et ton rayonnement et ta joie de vivre sont merveilleux pour tous ceux qui t'approchent.

∞

RENCONTRE REAGAN-GORBATCHEV

> L'annonce du règne de Dieu traverse toutes les prophéties comme un grand souffle d'espérance. Le jugement de Dieu, nous l'avons vu, n'est jamais le dernier mot.

Cette vision m'a été donnée le 24 septembre 1987. Ce n'est qu'en 1989, lorsque d'autres visions du Mur de Berlin me furent données, que mon Maître m'a dicté l'explication de ces visions :

> Une vraie compréhension du message prophétique présuppose une certaine connaissance du cadre historique dans lequel la mission du prophète se déroule. Elle a un caractère éminemment concret. C'est lorsqu'on a saisi l'intervention divine dans son réalisme historique que l'on peut en dégager la portée « métahistorique » ; c'est-à-dire le sens caché, la fin ultime de l'histoire qui nous est révélée à travers les événements temporels.

Tu sais, si nous t'avons donné ces si importantes visions des mois avant, c'est dans un but bien précis, pour montrer que Dieu régit les destinées du monde. Dans le plan divin, elles sont écrites et prévues bien avant que le monde puisse les vivre.

Oui, tout est écrit et régi alors que l'homme croit tout savoir. Dieu donne ses enseignements, ses révélations, soit par visions, soit par la voix, soit par apparitions, mais toujours dans un but précis et vérifiable.

Ces prophéties apportent les vérités profondes puisées à la source des divinités qui se révèlent à votre monde.

Le 24 septembre 1987, à l'aube, j'ai une importante vision sur les destinées du monde.

Mon Guide divin me dit :

C'est bon pour l'Amérique, les Etats-Unis d'Amérique.

Mon âme projetée voit une grande maison blanche. Je suis au-dessus d'une terrasse entourée de grands murs blancs. Puis je me trouve à l'intérieur d'un couloir, au bout duquel une porte s'ouvre sur un grand bureau.

Le président Reagan est assis, il attend. Arrive Gorbatchev. Je les entends, ils parlent de l'Amérique. Les Etats d'Amérique seront libérés du joug communiste. Dont Cuba.

Mon Guide me dit :

> Ils négocient l'Europe avec l'Amérique. Le Mur de Berlin tombera. L'Allemagne sera réunifiée.
>
> Des événements graves vont se passer dans les pays de l'Est, en Europe, quand le Mur de Berlin tombera.

Ils compulsent des papiers, ils parlent, lisent des papiers, écrivent. Je les vois signer.

A mon réveil, cette vision était pour moi significative.

Le 10 décembre 1987 : la rencontre Reagan-Gorbatchev a bien eu lieu. A Washington, un accord fut signé.

Le 17 décembre 1988. Dans une vision, Allan Kardec me parle :

> L'unification circonscrite de l'Europe se fera. Ce sera un autre monde.

Madeleine Schoukhroun
Nice

Le soir du 9 novembre 1990, vers 23 heures, nous revenions d'une soirée passée en agréable compagnie avec Rose et Jean Gribel. Pendant le parcours, mon mari alluma la radio et la musique fut interrompue à ce moment pour nous annoncer l'incroyable nouvelle de la chute du Mur de Berlin.

J'ai poussé un cri, stupéfaite. Rose nous avait annoncé cet événement depuis si longtemps, comme bien d'autres, comme la guerre du Golfe, les attentats ou l'entente Reagen-Gorbatchev, tout cela, bien avant que même les politiques ou les médias ne puissent y faire allusion.

Nous avons assisté, bien des fois, lorsque nous profitions de sa chaleureuse amitié, à des entretiens téléphoniques provenant de différentes régions du monde pour la remercier de son intervention spirite pour guérir une maladie ou prévenir un événement terrible.

Nous avons rencontré chez elle des personnalités du monde journalistique, scientifique et politique qui sont venus lui rendre hommage pour ces visions.

Il est indéniable qu'elle est chargée d'une mission, qu'à notre échelle, nous ne pouvons appréhender.

Pour tout cela, nous lui souhaitons beaucoup de courage et beaucoup de santé. [...]

∞

LE MUR DE BERLIN

Le 3 septembre 1989, mon âme, libérée, est projetée au-dessus d'un axe routier à plusieurs voies. Je vois un portail immense, une barrière rouge et blanche se lever. Je vois aussi une foule de personnes et de nombreuses

voitures la franchir. J'entends chanter des gens heureux.
On me dit :

> Liberté.

Le 5 septembre 1989. Je vois une rue qui monte bordée d'un parapet. De nombreuses personnes marchent dans cette rue. Elles cherchent en vain des maisons dont les numéros ont disparu. Mais elles sont heureuses de revoir ces demeures aux numéros effacés.
La voix de mon Maître me dit :

> L'Allemagne.

Le 6 septembre 1989, dans une autre vision, je vois une immense porte en forme de voûte. De chaque côté, des militaires et des policiers. Soudain la porte s'ouvre.
Mon Maître me dit :

> C'est l'Allemagne de l'Est. Ils vont sortir. Ils sont enfin libres.

Je vois une foule heureuse. Ils défilent, brandissent des drapeaux blancs et bleus. Je vois écrit en grand : « Unification de l'Allemagne. Liberté. »
Lorsque mon âme réintègre mon corps, je n'en reviens pas. Je fais part à mon entourage de ces incroyables visions. Cela fut quelque chose de très impressionnant, de presque irréel.
Le 9 novembre 1989, c'est-à-dire deux ans après ma

première vision, le Mur de Berlin est bien tombé comme je l'avais prédit. Cet événement était idéologiquement impensable quelques mois avant.

Le 3 octobre 1990, réunification de l'Allemagne.

Tant de visions me sont apparues des jours, des mois ou des années avant que l'événement se produise, comme tous les mouvements qui ont secoué tous les pays de l'Est… J'en ai informé de nombreuses personnalités.

Corine Paolini
Journaliste
Nice, le 13 novembre 1989

Très chère Rose,

[…] Dans vos yeux bleus, comme la mer si belle que l'on admire de chez vous, brillait une extraordinaire lueur ; je devinais un mélange de sagesse et de bonté, de quelque chose d'autre d'indéfinissable. Par un confrère journaliste, j'appris que vous étiez médium. Quelques jours après, vous me faisiez entrer en communication (je devrais plutôt dire en communion), avec mon grand-père décédé voilà quelques années, ce dont je vous serai à jamais reconnaissante… Les révélations surprenantes que vous m'avez faites à cet instant privilégié m'ont confirmé l'existence d'un Au-delà dont je vous crois volontiers la messagère.

Parmi toutes les étranges visions d'avenir dont vous me faites régulièrement part depuis, il en est une qui m'a, je dois le dire, profondément marquée ; d'autant plus qu'elle s'est précisément révélée exacte. Il y a presque un an en effet vous aviez prédit l'ouverture des pays de l'Est et de la destruction du Mur de Berlin. Sceptique, j'imaginais mal l'événement se produire. Aujourd'hui, les derniers faits d'actualité prouvent que vous aviez vu juste ! pour reprendre vos propres termes il y a un an : « Des milliers passeront à l'Ouest sans qu'aucune répression ne s'abatte sur eux. Le Mur de Berlin va tomber et la Russie s'étendra à l'Europe. » Difficile d'admettre pour les rationalistes que nous sommes, que le sort d'un pays puisse être écrit à l'avance [...]

∞

LA GUERRE DU GOLFE CONTRE L'IRAK

La corruption des dirigeants, leur vénalité, l'accaparement des biens et des propriétés d'autrui, le désordre d'une société qui foule aux pieds les droits sacrés de l'homme sont regardés comme des symptômes d'une désagrégation sociale et morale. Ces fautes attirent immanquablement sur la nation corrompue le désastre et la guerre.

Car si le médium voit la main de Dieu dans les grands événements de l'histoire, il

> voit et dénonce le jeu des responsabilités humaines.
>
> Tu sais que celui qui sème le vent récolte la tempête.
>
> Lorsque l'appel au repentir s'avère vain, que la onzième heure a sonné, il est trop tard et le jugement devra être exécuté et subi jusqu'au bout.

Le 23 juin 1990, dans une vision, je vois mon mari. Il découpe une grande carte du monde dans une matière de couleur grise ressemblant à du fer.

Mon Guide me dit :

> Des désordres, des événements graves en Orient, dans le Golfe persique et dans le monde vont avoir lieu. Des pays seront envahis, certains seront un jour redécoupés.

Dans une autre vision, je vois le président Bush très en colère qui dénonce la corruption. Je vois de nombreux bateaux, des avions.

Mon Maître m'annonce :

> De nombreux pays seront avec lui : l'Angleterre et des pays alliés... Cela se passera vite. Ils seront obligés d'attaquer et ce, pour la liberté du monde.

Le 22 août 1990, dans un voyage astral, mon âme projetée voit une cité fermée. Des couples sont enfermés à l'intérieur. Puis j'aperçois des bâtiments dont l'un, très grand, rond et haut.

J'entends :

> Ambassade.

Le 24 août 1990, le Koweit sera occupé par l'Irak et le personnel de l'ambassade est transféré en Irak.

Le 25 août 1990, des personnes assemblées discutent de la guerre contre l'Irak.

Mon Maître me dit :

> Tous ont voté pour l'Amérique. Pour le président Bush. Ils sont d'accord.

Le 31 août 1990, mon Maître me parle du président Bush.

J'entends :

> Défi incroyable.

Le 29 octobre 1990, mon Guide me parle de nouveau :

> Saddam Hussein va faire marche arrière.

Fin novembre, en effet, Saddam Hussein libérera les otages qu'il détenait.

Le 26 novembre 1990, à l'aube, dans un voyage astral, je vois un groupe de soldats en uniforme, étendus sur un immense terrain recouvert de gazon. J'éprouve une sensation désagréable. Ce terrain disparaît et réapparaît .

Mais le gazon a disparu et le terrain se transforme lentement en mousse sablonneuse. J'ai un vertige.

Le 22 décembre, au matin, je suis au-dessus d'une immensité de sable, près de la mer. Surgissent plusieurs grosses tortues. Elles sortent de l'eau et se dirige vers le sable. Deux tortues géantes arrivent devant moi, elles se mettent debout et lèvent leurs pattes très haut en direction du ciel.

J'entends :

> Force, patience, victoire !
>
> Ces tortues représentent l'Amérique et l'Angleterre, ainsi que les pays alliés. C'est aussi le symbole de leur triomphe après la bataille qu'elles engageront contre la perfidie du tyran. Une grande partie de son peuple périra. Il y aura des ruines gigantesques.
>
> Dieu dit : « Oui ». Tu dois le dire. La guerre va avoir lieu. Cela se passera très vite. Tu dois la répandre... C'est pour bientôt.

En effet, la guerre éclate le 16 janvier 1991, comme mon Maître Allan Kardec me l'a révélé.

Ce jour-là, j'entends très fort :

> Ils vont jeter... et détruire le ciment.

J'entends le président Bush : « Maintenant c'est fini. Il faut aller très vite. Il faut en terminer. »

Un homme me fait un signe, les quatre doigts de la main levés, et dit : « Cela se passera pendant quatre jours. »

Le 22 février 1991, dans une vision, je vois deux grands conquérants se rencontrer en Russie.

Le 18 mars 1991, à l'aube, mon Guide divin me parle :

> Au sujet de la vision que tu as eue du Koweit, lorsque tu as vu le gazon se transformer en mousse, cela représentait une grande catastrophe écologique provoquée par les incendies des puits de pétrole. Cette terrible pollution va nuire et empêcher pendant longtemps toute végétation dans cette région et provoquer des maladies et des morts.

Mon Guide m'annonce que rien n'est réglé dans cette partie du Golfe et qu'il y aura encore des bouleversements.

> Le sang coulera, même après la défaite du tyran... car un accord secret a eu lieu entre deux conquérants, sous la bannière rouge.
>
> La guerre, qui aurait dû apporter la paix, a enflammé la région au détriment des populations civiles, provoquant le massacre de Kurdes et d'Iraniens.
>
> Un grand nombre de personnes ont été ébranlées par tes révélations. Et pourtant, elles étaient sceptiques.

Annie Téboul
Secrétaire générale à Air France
Paris, le 1er mars 1991

Rose Gribel,

Une étonnante réalité. Une personnalité forte et si sensible qui vous apaise. Le visage toujours souriant, avec un naturel déconcertant, elle sait avec beaucoup de justesse transcendé bien des évidences et d'inextricables situations.

Avec tant de sincérité et d'assurance auxquelles s'allient douceur, grandeur d'âme, qualités de cœur incomparables, Rose vous énonce aujourd'hui des événements qui se produiront demain. Entre autres, elle m'avertissait il y a plusieurs mois qu'une guerre éclaterait au Moyen-Orient début 1991 et durerait entre quatre et quarante jours, et que l'ennemi subirait une cuisante défaite.

Rose vous émeut car elle donne toujours sans jamais vouloir recevoir. Cette grande dame impose tant de respect par son humilité, sa profonde simplicité. […]

Claude Chapeau
Ecrivain, lauréat de l'Académie nationale des Sciences et des Arts.
Nice, le 4 avril 1991

Très chère Rose,

La guerre du Golfe est suspendue momentanément,

cependant vos prévisions s'avéraient être exactes. A l'aube du 26 novembre 1990, vous eûtes, par l'intermédiaire de votre Guide Allan Kardec, une vision représentant un groupe de soldats en uniforme. A leurs pieds, un immense terrain recouvert de gazon s'éloignait puis revenait pour se transformer peu à peu en mousse sablonneuse. Puis vous eûtes un vertige. Le 22 mai à l'aube, vous vous assoupîtes dans une vision où votre âme s'est trouvée projetée au-dessus d'une immensité de sable en bordure de mer. Vous vîtes émerger de l'onde plusieurs tortues gigantesques se dirigeant lentement vers vous. Les deux plus grosses du groupe se sont mises debout, dressant leurs pattes très haut dans le ciel.

L'actualité a confirmé vos prédictions. Ce terrain mouvant recouvert de mousse représentait la grande catastrophe écologique déclenchée par les sbires de Saddam Hussein. L'incendie de deux cents puits de pétrole a provoqué la formation de nuages noirs pollués et toxiques. Au gré des vents, ils vont et viennent, déversant sur le Koweit et ses environs des poussières nocives dont les retombées sont incalculables...

Rose, votre deuxième vision concernant les tortues géantes a un rapport avec le déploiement des forces alliées mettant en place plusieurs divisions de chars de combat qui ont servi d'éléments protecteurs.

Il y eut aussi le ciment cassé, vision prémonitoire, actualisée quelques jours plus tard par le bombardement de tous les ponts irakiens.

guidée par Allan Kardec

Rose, vous êtes guidée par Allan Kardec, ce grand Maître du spiritisme du XIXe siècle, qui reste sans contestation un missionnaire de Dieu.

Votre livre est maintenant terminé, mais vos visions sont toujours présentes, et votre mission continue.

Encore merci, Rose, pour la gentillesse, la bonté et l'amour dispensés aux êtres.

∞

KURDES

Le 19 juillet 1991, en vision, des hommes prisonniers portent un calot sur la tête.

Mon Guide me dit :

> Ce sont des prisonniers. Le calvaire du peuple kurde.

Docteur Cosme

J'ajoute pour ma part que Rose avait prédit une autre catastrophe dans un sens plus moral que technique : le massacre des Kurdes et le silence de toutes les nations est un réel génocide. Je l'avais ressenti ainsi lors de notre rencontre ce soir-là ! La spontanéité m'a fait prendre un crayon mine au lieu d'un feutre ! C'est ainsi.

∞

MORT DE RAJIV GANDHI, CHEF D'ÉTAT

Le 5 mai 1991, au début du jour, en voyage astral, je vois un homme au teint basané, entouré d'une foule de gens vêtus à l'orientale.

J'entends mon Guide me dire :

Un important chef d'Etat sera tué.

Le 20 mai 1991, à nouveau je vois une multitude de gens et, plus loin, plusieurs personnes étendues par terre, comme mortes.

J'entends mon Guide :

Un chef d'Etat sera tué. Il y aura des morts.

Le 21 mai 1991, comme je l'avais vu et annoncé, Rajiv Gandhi est assassiné.

G. G. Aslanoff
Ingénieur au C.N.R.S.
Sophia Antipolis, le 15 juin 1991

Chère Mme Gribel,

Encore une fois nous m'avez troublé par vos prophéties.

Lors de nos récentes rencontres, vous m'avez fait part de vos visions pour mettre peut-être à l'épreuve mon point de vue sur le spiritisme ; vous m'annonciez avoir eu entre autres visions, non moins graves, celle de la mort brutale, très prochainement, d'un homme d'Etat symbole. Quelques jours après votre prophétie, j'apprenais l'assassinat de Gandhi, d'où mon trouble. En effet, il était un homme d'Etat, mais aussi un symbole pour la dynastie des Gandhi et pour la majorité du peuple indien.

Chère Mme Gribel, il m'a semblé loyal de vous faire part de l'effet qu'a eu sur moi l'association que j'avais faite de l'assassinat de Gandhi avec votre prédiction, mais aussi de l'intérêt nouveau que je porte à vos visions concernant des événements à venir dans les Pays de l'Est et particulièrement sur ceux des Balkans ; vous avez vu « un bain de sang » dans cette dernière région. Si cela devait s'avérer exact, certainement que l'on subirait un bouleversement très nuisible à l'équilibre actuel de notre Europe.

En souhaitant de tout cœur que l'Europe reste calme, je vous quitte pour aller méditer sur cette phrase de Camille Flammarion : « Nous n'avons le droit de rien nier d'avance, car le témoignage de nos sens est incomplet et trompeur. »

Le 10 mai 1992

Vous me faites l'honneur de publier ma lettre du 15 juin 1991 dans votre livre relatant vos prophéties : c'est avec un grand plaisir que j'autorise cette publication, surtout au moment où l'on constate que vos prédictions se confirment.

∞

GUERRE DES BALKANS ET PAYS DE L'EST

Au cours de l'année 1989, sous l'inspiration de mon Guide Allan Kardec, j'ai une vision concernant des événements graves qui vont se dérouler en Europe, principalement dans les Balkans. Je vois une guerre débuter dans plusieurs pays de l'Est après l'éclatement de l'U.R.S.S.

J'entends des foules qui se rassemblent sur des places. Elles manifestent en faveur de l'ouverture des frontières.

D'autres visions viennent à la suite :

Dans les Balkans en guerre, la répression sera violente et sanglante. Des êtres seront enfermés dans des camps. D'autres traverseront les frontières de l'Italie. Ce sera un terrible génocide.

Au début de juin 1990, je me souviens, concernant la guerre du Golfe, avoir prédit.

Alors que je suis dans la piscine, chez moi, en compagnie de plusieurs amis, dont une journaliste à la télévision. Ils me demandent : « La guerre va-t-elle éclater dans le Golfe persique ? » Je leur dis : « Je vois la guerre dans les Balkans qui sera terrible. » Je provoque la surprise générale. On me répond que mes connaissances en géographie ont de sérieuses lacunes. Pourtant, je sais que cela va se passer.

Le 13 septembre 1991, en vision à l'aube, je vois dans une baie des bateaux militaires. Des homme sautent des bateaux et gagnent le rivage. Je dis : « Mon Dieu ! C'est comme en Algérie. » Puis je suis dans un magasin.

Mon Guide me dit :

> Les Balkans. Des bateaux seront coulés. Ce sera le début de la guerre... Le monde assistera à un terrible génocide. Ce qui va se passer sera long et terrible.
>
> Ce fut le début de la guerre dans les Balkans et en Croatie... devant des gouvernants indifférents à tant de sang et de souffrances.

Henri Baus
Ingénieur des Mines
Nice, le 8 décembre 1990

[...] L'inexorable route qui nous mène de la naissance à la mort nous fait passer du monde des certitudes à l'univers des incertitudes et des interrogations, en évoluant de la satisfaction naturelle des besoins matériels à

la découverte des manifestations de l'esprit, et en passant de la connaissance immédiate et rassurante à l'angoisse de l'inconnu et de l'infini.

C'est à l'un des nombreux et inattendus détours de cette route qu'il m'a été donné de vous rencontrer Rose, vous qui m'avez fait l'insigne honneur de me révéler l'univers spirite dont vous êtes incontestablement une incarnation.

Je rends hommage à la somme des qualités de femme, de cœur et d'esprit en formulant le vœu...

P.S. : Dès le printemps 90, Rose m'a fait savoir qu'elle voyait dans les prochains mois le déclenchement d'un grave conflit au Moyen-Orient et dans les Balkans qui nous conduirait à une guerre.

∞

LIBERTÉ EN RUSSIE

Le 15 août 1991, en vision, Gorbatchev entre chez moi précipitamment et referme la porte. Il est pâle, effrayé, méconnaissable. Je pose mes mains sur son visage. Il me dit être suivi. J'entrouvre ma porte ; il y a en effet six hommes armés. Gorbatchev me demande d'appeler la police. Je décroche mon téléphone, la ligne est coupée.

Ensuite, un chien de berger saute dans un bassin, il

tient un animal dans sa gueule. Il lui enlève la peau et le tue.

Allan Kardec me dit :

> La Louve est morte. Fin du communisme. Liberté retrouvée.

Sur une place, un rassemblement. Un homme parle à la foule.

Mon Guide me parle :

> Des événements graves et difficiles vont se dérouler dans certains pays de l'Est pour retrouver la liberté.

Le 23 août 1991, coup d'Etat des conservateurs en U.R.R.S. Gorbatchev est démis de ses fonctions. Il est assigné à une résidence surveillée.

∞

LIBERTÉ

Le 19 août 1991, dans l'après-midi, sur ma terrasse, se dresse devant moi un grand panneau avec de grandes lettres indéchiffrables. Puis je me retrouve dans une salle, au milieu d'une réunion d'hommes qui discutent autour d'un bureau. Je les vois signer des papiers.

Dehors, sur une place, un rassemblement de gens visiblement heureux qui crient et chantent : « Liberté ».

Le 23 août, Eltsine reconnaît l'indépendance de l'Ukraine et d'autres républiques.

Le 26 août, c'est au tour de la Moldavie.

Le 4 septembre, à celui des Républiques baltes.

Le 19 août 1991, en vision, je vois, sur des murs de maisons et de caravanes, des affiches écrites en grand. J'essaie de lire des papiers que je tiens en main, mais ils sont écrits dans une langue que je ne comprends pas.

Mon Guide me dit :

> En Russie, l'idéologie communiste va disparaître.

Le 28 août 1991, en vision, je vois un immense rideau de fer qui se ferme devant moi, face à la mer, sous la voûte de la plage privée de notre immeuble.

Le 29 août 1991, on a décrété une loi : toutes les maisons communistes seront fermées.

Le 6 novembre 1991, dissolution du parti communiste.

Claude et Maïté Cambou
Monaco

Chère Rose

Comment oublier ce lumineux automne 88 et plus précisément ce vendredi soir où nous regardions ensemble un interminable soleil couchant face à la mer, que seul le bateau Corse égratignait de rose [...]

Vous vous êtes retournée vers moi et alors que rien ne provenait finalement du sujet de votre apostrophe, après un long silence, vous m'avez dit : « Voyez-vous, Claude, les temps sont proches où le mur qui sépare l'Europe en deux s'évanouira et où les peuples se retrouveront. »

Je me souviens vous avoir répondu : « Rose, mais la Russie n'est plus l'Europe depuis soixante-dix ans...

Et vous avez ajouté, comme si vous vous parliez à vous-même : « Soixante-dix ans c'est long en effet, mais le temps des retrouvailles arrive, et la mémoire des peuples est plus longue que celle des hommes...

Quelques mois après, l'histoire validait votre vision.

Dois-je dire que j'en fus moins surpris que d'autres ?

Il y avait du temps que je vous connaissais et jamais ce que vous m'avez dit n'était resté longtemps dans le futur, parfois de petites choses de la vie, parfois les grands moments qui balaient l'histoire.

C'est pourquoi, outre notre affection, vous avez, chère Rose, le témoignage de notre immense admiration...

Encore une fois bravo pour la vision de février 1989, sur le Proche-Orient en feu...

∞

BORIS ELTSINE

Le 16 octobre 1991, je suis sur une route dans la campagne. Au-dessus d'un talus se trouve un couple. Puis au tournant de cette route, je vois arriver au galop un très beau cheval blanc monté par un officier en tenue d'apparat, avec un costume bleu et or. Il arrive devant moi, s'arrête. Et je vois qu'il ressemble à Boris Eltsine, mais plus jeune.

Mon Guide me dit :

> Boris Eltsine représente la force et le courage, c'est un homme simple, très près de son peuple, il a donné à son pays la liberté après soixante-dix ans d'esclavage, soutenu par le président Bush et ses frères d'Amérique, qui ont continué l'œuvre de Reagan.

Le 14 mars 1993, dans l'après-midi, alors que j'étais dans un demi-sommeil, Allan Kardec me dit très fort :

> Eltsine. Ils vont essayer de le destituer.

Je me suis levée, et j'ai mis la photo de Boris Eltsine en protection. J'ai prié longtemps pour éviter une autre révolution dans ce pays qui a déjà tant souffert. Le 29 mars, le Congrès de Russie ne parvenait pas à destituer le Président russe.

guidée par Allan Kardec

∞

L'AU-DELÀ

Le 8 décembre 1991, dans une vision je vois écrit : « Allan Kardec ».

Je suis heureuse. Je vois des numéros : « 7 3 22 1 ».

J'ai dans les mains un calice plein de champagne et levant le calice en l'air je dis : « Merci mon Seigneur, merci, merci ! »

Puis m'apparaît Allan Kardec, il est heureux...

Je comprends que mon Maître, par des chiffres symboles, me transmet un message qui doit rester secret et ne doit pas être dévoilé.

∞

MORT DE MOHAMMED BOUDIAF

Le 6 juin 1992, ce matin-là, dans une vision, je suis à l'entrée d'une salle. Devant moi, je vois un homme allongé par terre sur le dos. Je suis derrière lui. Je vois un crâne chauve, sa bouche est ouverte, il lui manque des dents, ses yeux sont grands ouverts, son teint basané, il est habillé de couleur sombre.

Mon Guide me dit :

> Des événements graves vont se passer en Algérie. Mohammed Boudiaf sera tué.

Le 25 juin 1992, mon âme se trouve à nouveau en Algérie. Je vois une crique. La mer est très bleue. Quelques militaires grimpent sur un sentier coupé de feuillages. Certains courent vers des rochers pour s'y cacher et se placent en position de tir. L'un d'eux met son arme en joue.

Mon Guide me dit :

> Il va y avoir un bouleversement et des morts. Cela ne fait que commencer en Algérie.

Le 29 juin, Mohammed Boudiaf, président de l'Algérie, est tué.

Vonny
Journaliste à France 2

Pourquoi a-t-il fallu que ce jour-là je sois dans un restaurant avec des amis et que je vous rencontre ? Rencontre de quelques minutes il est vrai, mais ce fut ces quelques minutes qui furent importantes.

... Je vous ai téléphoné, vous m'avez reconnue à la voix. Bravo !

Dois-je vous avouer maintenant que j'ai toujours été sceptique en ce qui concerne l'Au-delà ?

C'était un peu avant les événements de l'Est : la chute de Ceaucescu, le Golfe (six mois avant), le Liban, Israël.

Les prédictions pour la Yougoslavie, l'Italie, les pays

de l'Est ont l'air de se concrétiser. L'Algérie aussi, et encore vous l'aviez vu.

Tout, vous m'avez tout dit, et tellement d'autres choses encore concernant mon fils et moi-même.

Paris, le 22 décembre 1992

J'ai le bonheur de connaître Mme Rose Gribel depuis maintenant trois ans.

Nous avons vécu ensemble : la Roumanie, la guerre du Golfe, le tremblement de terre en Iran, les pays de l'Est, la destitution de Gorby, l'arrivée de Eltsine (ses problèmes au sein du Parti), l'assassinat du fils Gandhi.

Depuis trois années, elle me parle de la Yougoslavie et (mêlés) de la guerre des Balkans (qui arrive), la déflagration en France (1990), le cancer de Mitterrand, l'arrivée des Marines and Co en Somalie, la déconfiture du parti socialiste et tant d'autres révélations, en ce qui me concerne, qui se sont réalisées.

Je suis prête à témoigner si besoin est.

Recevez, Madame, l'expression de mes sentiments les meilleurs.

Yvon Samuel
Journaliste, grand reporter

Rose Gribel : comme un envoyé spécial.

Dans le langage des journalistes, on appelle ça

couvrir l'événement, sur le terrain ou à distance.

Rose Gribel, lors de ses longs voyages au bout de la nuit, fonctionne comme un véritable envoyé spécial. Rien à ma connaissance ne lui a échappé des plus spectaculaires rebondissements de l'actualité de ces dernières années.

Elle a émergé de la guerre éclair du Golfe, des bouleversements à l'Est ou des cataclysmes survenus aux quatre coins du monde, épuisée certains matins comme si, avec sa douceur têtue et son parler vrai méditerranéen, elle y avait participé en personne.

La qualité étrange de ses clairvoyances vaut à mon avis largement les affirmations péremptoires des distingués politologues à la distinguée langue de bois qui sévissent à tout bout d'antenne ou de ces " pros " médiatisés, spécialistes de la malaventure dont on s'est trop peu donné par ailleurs le soin de vérifier après coup la justesse de vue.

Un exemple précis : dès le printemps 1991, bien avant les exodes désespérés des Albanais ou les sinistres explosions sanglantes qui ébranlent aujourd'hui la Yougoslavie, Rose Gribel a mis l'accent, un accent sincère, sur les conflits des Balkans, réveillant de ses visions un concept qu'on pouvait croire à jamais démodé.

Tout n'est pas dans ce qu'elle voit de si mauvais augure – au sens latin de présage –, et je ne retiens pour le futur immédiat que son impression profonde de la paix régnant enfin en Israël. On verra l'avenir de ce bien incertain augure.

Mme Michèle Samoun
Nice

Moi, la sceptique, Rose – Angélique au prénom prédestiné – m'a amené par son cheminement à découvrir la doctrine spirite et me rendre à l'évidence que les Esprits « naviguent » bien dans l'Au-delà, dans ce monde céleste où la lumière éclaire et réchauffe les âmes sœurs.

Que dire de vos voyances, de vos visions événements qui se sont toutes révélées exactes, de vos guérisons... tant de témoignages venus de tous les horizons en font foi.

Que dire de vos voyages astraux ô combien sublimes...

Vos dons de médiumnité sont incontestables et seule une personne habitée par un Esprit pur transmis par votre Grand Maître spirituel Allan Kardec peut soulager la détresse et guérir la souffrance.

A ce titre, vous êtes bien dans la lignée des prophètes.

J'ai le grand privilège de vous côtoyer et peux témoigner de votre humanité, de votre altruisme, de votre abnégation quand il s'agit de venir en aide à autrui.

Face aux vicissitudes de l'existence, c'est à vous que nous nous adressons, car vos fluides, votre réconfort nous sont toujours d'un grand secours.

Nous savons bien que vous possédez un don. Ce don merveilleux que Dieu par l'intermédiaire du grand Allan Kardec à bien voulu vous offrir.

Je souhaite de tout cœur que votre livre qui est un hymne à l'élévation spirituelle apporte aux incrédules la foi qui manque à tant d'hommes...

Le flou qui nous habite dû à l'ignorance éclairera bien des lecteurs...

Dans notre monde si tourmenté votre grandeur d'âme reste la preuve éclatante que votre seule arme pour lutter est la prière adressée à l'Etre suprême.

Là est votre divine mission.

Très affectueusement à vous.

VISIONS D'AUTRES MONDES, D'AUTRES PLANÈTES

« Que votre cœur ne se trouble point.
Vous croyez en Dieu, croyez aussi en moi.
Il y a plusieurs demeures dans la maison de mon père. »
(Jean, 14, 1-2)

Parmi toutes mes visions astrales, dans une communion intime avec mon Guide, j'ai été transportée dans d'autres planètes où j'ai vu des êtres beaucoup plus petits que nous, mais tellement plus beaux et heureux.

Ils étaient sur le sable devant l'immensité de la mer ; il y avait deux couples ; les femmes portaient chacune un enfant dans les bras. D'autres enfants jouaient. J'étais près d'eux, ils étaient petits et avaient la tête très ronde ; leurs yeux étaient également ronds et brillants. Ils étaient habillés de couleurs orange et jaune. Ils me souriaient.

Je les entendais mais ne les comprenais pas. Je me sentais légère parmi eux. Les rayons de soleil, d'une exceptionnelle intensité lumineuse, se répandaient dans la mer.

Le 31 août 1989. A l'aube, dans une vision, j'ai vu trois hommes beaucoup plus grands que nous. Ils venaient d'un autre monde.

Ils tiennent dans leurs mains des morceaux d'un métal de couleur foncée que je ne connais pas. Ils me les montrent. Cela ressemble à des pierres presque rondes, grises. Eux-mêmes sont vêtus d'une combinaison intégrale d'une matière dont la couleur est gris foncé, légèrement brillante.

A la télévision, une information dira qu'on a trouvé des traces et des preuves de l'existence d'un métal extraterrestre.

LA GUÉRISON PAR VISION

« La médiumnité est une chose sainte. Elle doit être pratiquée saintement. S'il est un genre de médiumnité qui requiert cette condition, d'une manière encore plus absolue, c'est la médiumnité guérissante. Le médecin donne le fruit de ses études, qu'il a faites au prix de sacrifices souvent pénibles ; le magnétiseur donne son propre fluide, souvent même sa santé ; ils peuvent y mettre un prix ; le médium guérisseur transmet le fluide salutaire des bons Esprits : il n'a pas le droit de le vendre... Jésus, quoique pauvre, ne faisait point payer les guérisons qu'il opérait. »

Allan Kardec,
L'Evangile selon le spiritisme

« Ayant appelé à lui ses douze disciples, Jésus leur donne pouvoir sur les Esprits impurs, de façon à les expulser et à guérir toute maladie. »

(Matthieu, 9, 21-22)

J'ai une vision. Je vois le visage de mon Guide m'apparaître. Il me sourit et s'estompe.

Je suis dans le bureau du professeur C., de l'Hôpital américain. Une dame inconnue me tend un grand voile de soie beige, très beau. Elle le coupe en deux morceaux et m'en tend un.

Mon Guide me dit :

Par ce voile, Dieu te fait grâce du don de guérir ; tu vas pouvoir aider à guérir les malades.

L'après-midi, alors que je suis allongée sur ma terrasse, assoupie, m'apparaissent deux grandes et belles mains tendues vers moi qui se posent de chaque côté de ma tête. Je vois le visage de mon Guide Allan Kardec. Il me sourit et s'estompe.

∞

Tu sais que tes prières, ton appel, ton invocation m'arrivent toujours je te transmets, alors que tu es déficiente, les fluides nécessaires pour soulager et guérir.

Tu dois les transmettre, par ta pensée, vers l'être que tu soignes. Tu dois lui verser les fluides que je t'insuffle et qui vont se répandre dans son âme, et dans son corps. Pour cela, il est nécessaire que nous soyons unis dans une même pensée de vouloir guérir, dans la foi sincère en Dieu Tout-Puissant source de vie.

Je sais que tes méditations, tes invocations et tes prières durent fort longtemps.

Mais également tu as pu guérir des êtres pendant ton sommeil, dans tes visions.

> C'est par ton âme que j'ai pu soulager et éviter le pire. Cela a été très dur pour toi, car c'est toi qui as donné de tes forces et de ton corps pour sauver des êtres. Mais je t'ai aidée et soutenue. Cela a été une dure épreuve. Alors que tu l'ignorais.

∞

Lors d'un voyage astral, mon Guide me parle d'une catastrophe.

Je vois un avion tomber en direction d'une autoroute. Des flammes jaillissent de l'appareil. C'est l'explosion. D'innombrables éclats de tôle, de ferraille sont éparpillés. De nombreux cadavres calcinés jonchent le sol. Des visages de souffrance m'apparaissent et s'estompent. J'ai une sensation de vertige. Sur le bord de l'autoroute, j'aperçois une femme dont les cheveux sont comme du crin. Tel un spectre, elle tient une petite fille serrée dans ses bras.

Mon Guide me dit :

> Cette enfant sera la seule rescapée de cette catastrophe.

Toute la matinée, cette horrible vision m'était revenue. Cela me bouleverse. Je sais que quelque chose de grave va se produire…

Dans la soirée, sur la terrasse avec des amis, je leur raconte cette vision qui m'a bouleversée. Pour ne pas être gênée par les moustiques, je mets sous la table un pot de cire à la citronnelle. Tout à coup, ce pot se renverse sur mon pied sans que personne l'ait touché ; la cire fondue s'enflamme et se répand sur ma peau. Je ressens une douleur insupportable. La cire colle à la peau de mon pied et ne forme qu'une seule grande cloque. Je souffre terriblement

Au même instant, à Detroit, aux Etats-Unis, un avion venait d'exploser au-dessus d'une autoroute et tous les passagers avaient péri, excepté une petite fille, comme je l'avais prédit. La mère, brûlée, morte, tenait encore son enfant serrée contre elle.

Dans ce voyage astral, j'avais vécu en direct ce drame affreux.

Le Dr Eliane Donzela témoigne :

Il va y avoir un accident d'avion, il explose sur une autoroute, il n'y aura qu'une survivante, une petite fille que sa mère morte protège dans ses bras, elle sera très gravement brûlée, elle vivra, mais ce sera de justesse. " Cet accident a eu lieu, la seule survivante était une petite fille que sa mère protégeait dans ses bras mais ce qui est " étrange ", c'est qu'au moment de l'accident, Rose s'est bizarrement et gravement brûlée le pied, ce qui l'avait horriblement fait souffrir et l'a obligée à garder le lit plusieurs jours !!! Comme si sa brûlure avait épargné la surface de peau nécessaire à la survie de l'enfant et j'étais très troublée et intriguée.

∞

Je souffrais terriblement de ma brûlure au pied et à la jambe. Depuis des jours, je me tenais alitée.

Cette nuit-là, je restais longtemps éveillée à souffrir. Puis je finis par m'assoupir.

Dans une vision apparaît le visage souriant de mon Guide Allan Kardec, tout illuminé.

Soudain je deviens très légère, je me sens flotter. Au-dessous de moi je vois mon corps allongé sur le lit. Je suis envahie d'un très grand bonheur.

Mon Dieu, comme je me sens bien ! Je n'ai plus aucune envie de regagner mon corps.

Lorsque mon âme a réintégré son enveloppe charnelle, je me suis réveillée brusquement. Combien de temps ce dédoublement a-t-il duré ?

Je remerciais mon Guide divin, je ne souffrais plus. Ma douleur avait disparu. Je venais de vivre cet instant étonnant du dédoublement.

J'ai une autre vision : je vois, dans mon salon, Mme J. Samuel tout habillée de noir. Bien qu'elle pleure, elle me dit curieusement : « J'ai passé un bon week-end ».

Le samedi après-midi, alors que je sommeille, je vois une route pierreuse. Puis m'apparaît M. Yvon Samuel.

Je le vois allongé, vêtu d'une chemise blanche. Son œil est entouré de bleu.

Je me lève angoissée. Je vais voir Mme Jackie Samuel. Je pressens que quelque chose de grave est arrivé à son mari. Je lui fais part de ma vision, et je la rassure aussitôt.

Un appel téléphonique, peu de temps après, confirme les faits : son mari venait d'être victime d'une embuscade lors d'un reportage en Israël.

Mon Maître, Allan Kardec, m'a accordé sa protection, et Yvon Samuel a été sauvé.

Jackie Samuel dira ensuite : « Rose Gribel détient ce pouvoir incontestable. Ses visions sont innombrables aussi bien sur les événements du monde que sur les êtres.

« Et encore merci, ma très chère Rose, d'avoir sauvé mon mari. Aucun mot n'est assez fort pour te dire ma gratitude. »

LES GUÉRISONS PAR LA PRIÈRE

« En toute ville où vous entrez et où l'on vous accueille, guérissez les malades et dites aux gens : " Le royaume de Dieu est tout proche de vous. " »
(Luc, 10, 8-9)

Je sais, les guérisons, que tu as obtenues

par la prière et la foi profonde, sont toujours dirigées pour le monde.

Le soir, devant mon portrait, tu vois autour de mon visage un halo de lumière phosphorescente. A ce moment-là, mon visage a la réalité d'un être humain qui te fixe et tu perçois mon sourire.

Tu essaies de transmettre ce que tu ressens grâce au don de guérir qui est le plus merveilleux que Dieu ait accordé à l'homme, les facultés de soulager et de pouvoir guérir ton prochain.

Mais tu dois donner beaucoup de ta personne, cela nécessite de grands sacrifices, l'oubli de soi-même. Les fluides vivifiants que je te transmets, que ton âme doit capter sont nécessaires pour aider à soulager les souffrances du malade. La foi profonde peut rendre la santé aux malades.

Bien des fois, lorsque les forces te manquent, tu fais appel à moi. Tes prières m'arrivent et les fluides vivifiants te parviennent.

C'est la force de l'Esprit puissant de mon Guide qui me pénètre. Ma dévotion, ma gratitude sont immenses envers mon Maître qui me transmet le pouvoir de soulager mon prochain.

C'est la contribution de l'Esprit puissant de mon Guide qui intervient au travers de ma personne pour que ma pensée aille répandre et verser sur l'âme et le corps du malade les fluides vivifiants et nécessaires qu'il m'a transmis. Mes pensées subtiles vont vers l'être qui a fait appel à mon assistance.

Car sans mon Guide, Allan Kardec, je ne puis rien. Il faut bien comprendre que l'aide, la guérison qui se produit, ne viennent en aucun cas de moi-même, je ne suis que l'intermédiaire, la servante.

∞

Je dispose les photos des personnes qui font appel à moi, pour une protection, autour du cadre qui enserre le portrait de mon Guide. Puis, je me mets à prier Dieu et demande à mon Maître de m'apporter les fluides salutaires et vivifiants afin que je puisse les répandre, à distance, sur le corps du malade dont, souvent, je ressens moi-même la souffrance. Je médite longtemps. Lorsque le visage de mon Guide s'éclaire, je sais que je peux espérer une guérison. Alors, pleine d'une joie intense, je peux annoncer : « Une guérison est possible. »

Parfois, on m'appelle pour une urgence grave, un accident. J'implore, je prie avec ferveur, je partage la peine et l'angoisse des familles. Je leur demande de m'aider par la prière, car leur foi m'est nécessaire.

Quand, après une guérison, les familles me téléphonent pour se confondre en remerciements, je réponds simplement : « Ce n'est pas moi que vous devez remercier, mais Dieu et Allan Kardec. Je ne suis que la servante, l'intermédiaire… »

∞

Le 5 novembre 1989, vers midi, je me trouvais chez des amis. Brusquement, j'éprouvai une sorte de malaise. Et je décidai de regagner mon appartement. A peine avais-je ouvert la porte que la sonnerie du téléphone retentit. J'entendis une voix désespérée : « Je suis Mme Yvonne Zanardo. Des amis communs m'ont donné votre numéro de téléphone. Ma fille vient d'avoir un accident très grave. Elle a été d'urgence transportée à l'hôpital… »

Elle me dit qu'elle avait un grave traumatisme crânien, des caillots de sang au niveau de la cage thoracique, quelques fractures. J'ai ressenti immédiatement que je pouvais la sauver et j'ai répondu à la maman : « Je vais m'en occuper ; tout va s'arranger. »

Je me suis mise en méditation et j'ai prié Dieu et Allan Kardec de m'aider, et quelques jours plus tard, je reçois cette lettre :

… A la suite d'un accident de la circulation le 5 novembre 1989, les médecins ont décelé un traumatisme crânien, un enfoncement de la cage thoracique, une poche d'air aux poumons et des fractures multiples aux jambes ; leurs prévisions étaient assez pessimistes et ils

réservaient leur pronostic pendant quarante-huit heures.

Ces constatations ont été faites à 12 h 30. Mme Gribel, consultée vers midi par téléphone, a donné les mêmes renseignements. Elle promettait que tout s'arrangerait.

Le soir même, vers 18 heures, les médecins ont constaté que le traumatisme crânien n'avait plus l'importance qu'ils lui trouvaient le matin ; il n'y avait plus rien au niveau de la cage thoracique, son état général s'était considérablement amélioré. Dans leurs diagnostics, il n'y avait plus de réserves, seulement une opération des fractures aux jambes à effectuer.

Quatre mois ont passé. Corinne a retrouvé l'usage de ses jambes. On va lui ôter l'appareil du tibia gauche... Sa santé est excellente. Merci Madame Gribel, grâce à vous nous baignons dans le bonheur...

Une autre lettre suivra le 14 juin 1991 :

Madame, je vous suis infiniment reconnaissante d'avoir aidé ma fille Corinne à se remettre après son accident de voiture.

Elle a consulté deux spécialistes. Ils ont tous deux constaté la même chose : seul un miracle a pu lui permettre de récupérer entièrement les mouvements...

C'est avec votre aide que ce miracle s'est produit, votre talent, votre efficacité...

Ma famille et moi-même vous serons toujours dévoués et vous disons un grand merci... Je serais heureuse si vous utilisiez cette lettre pour d'autres personnes qui en ont besoin, mon témoignage pourrait les aider à avoir une totale confiance en vous.

QUAND LA MORT TOMBE SUR LA VIE

« L'âme est fille du ciel, mais son voyage est une épreuve. »
Hermès

Mais quand vient le moment suprême, sachant qu'il n'y a plus d'espoir, que la fin est proche, Dieu en a décidé ainsi, alors je prie. C'est au moment où l'âme va quitter son enveloppe terrestre, son corps, qu'il nous faut aider le malade.

Les prières intenses résonnent autour de l'Esprit qui quitte la terre.

L'âme, libérée comme un papillon au sortir de sa chrysalide, part vers la lumière infinie retrouver les Esprits familiers.

L'Esprit va visiter les splendeurs célestes et parcourir l'espace en toute liberté tandis que nous rampons péniblement sur la terre. Si nous ne le voyons pas, lui nous voit. Si nous ne pouvons aller vers lui, il peut venir vers nous.

Les Esprits qui se manifestent se présentent généralement sous une forme identique à celle qu'ils avaient de leur vivant.

Ceux que j'ai aidés à partir viennent m'avertir qu'ils ont quitté leur enveloppe terrestre, et qu'ils se dirigent vers la lumière éternelle.

C'est une grande satisfaction pour eux. Ils sont heureux et sereins.

∞

Martine Mysson avait 35 ans ; je ne la connaissais pas, ni aucun membre de sa famille.

Le jour où son frère, à qui une amie, Françoise Prost, avait parlé de moi, m'a téléphoné de la Guadeloupe, j'ai vu aussitôt que cette femme était atteinte d'un cancer sans rémission possible. Son frère m'a demandé si on devait prolonger son traitement. Je voyais qu'elle souffrait horriblement et qu'elle voulait partir. Je dis à son frère :

« Elle a perdu un enfant à la suite d'un accident et elle veut le rejoindre. Laissez-la partir, ne la prolongez pas, elle souffre trop. »

J'ai dit la même chose à Françoise qui venait de m'appeler de la Guadeloupe. Je souffrais pour cette jeune femme que je ne connaissais pas et je priais de tout mon cœur, longuement. Je demandais à Dieu et à mon Maître d'abréger ses souffrances, qu'elle parte en paix.

Deux jours après, alors que je sommeillais, je vis passer, dans mon couloir, un jeune enfant d'environ 7 ans, tout de blanc vêtu. Il marchait très droit. Derrière lui, je vis une jeune femme en noir. Elle me regardait, rayonnante et sereine : elle avait retrouvé son enfant adoré.

Tous deux m'ont souri. Ils m'ont fait un signe de tête et ils se sont effacés vers la lumière infinie…

Je suis revenue à moi. J'ai téléphoné en Guadeloupe, et on m'annonça que la jeune femme avait quitté notre monde au moment même où elle était venue me rendre visite avec son enfant. J'ai été très émue, mais soulagée d'avoir vu heureux et réunis la mère et son enfant chéri.

Françoise et Eric Prost
Guadeloupe

Chère Rose,

… Le 15 septembre veille du passage du cyclone Hugo sur la Guadeloupe, vous nous aviez fait part de la vision que vous aviez eue. Voici quelles étaient vos paroles : « On me dit un typhon sur la Guadeloupe ; ce sera terrible ; mais il continuera, mais que de toute façon nos vies (celles de nos familles) et nos maisons seraient épargnées d'autant plus que vous seriez près de nous tout au long du cyclone et que vous prierez constamment pour nous. »

En effet, aucune de nos vies et de nos maisons n'ont été atteintes par cette catastrophe, d'autant qu'autour de nous ne règnent que désolation et débris de toutes sortes. La belle Guadeloupe que vous aviez eu le bonheur de connaître le Noël dernier n'est aujourd'hui qu'un vaste bidonville délabré et sans vie.

Tout ceci confirme vos dires concernant la vision du cyclone sur la Guadeloupe.

Merci et encore bravo pour l'accomplissement de votre mission, si grande et si difficile soit-elle.

Il est bien évident que le temps et l'espace n'existe pas dans cette autre dimension où vous vous trouvez, car les 8 000 km qui nous séparent n'ont pas empêché la réalisation des intentions formulées dans vos prières.

Je remercie tous les jours Dieu d'avoir permis ma rencontre avec vous et Allan Kardec. Vous nous avez ouvert les yeux sur bien des réalités.

Les mots humains ne suffiront pas pour vous remercier pour toutes vos bontés...

∞

L'Esprit qui quitte son enveloppe charnelle vient me voir sous sa forme fluidique en se rendant visible.

Il est démontré que l'Esprit est pourvu d'un corps fluidique.

L'âme humaine n'est pas une résultante de l'organisme s'évanouissant avec lui, mais une cause qui préexiste et qui survit au corps.

LES ESPRITS

« Les hommes qui ont vécu sur la terre se retrouvent après la mort et se reconnaissent, selon Socrate. »
Allan Kardec
Livre des Esprits

Je serai toujours là pour te guider, pour t'assister. Par ma présence, tu te sentiras soutenue, protégée, une force inconnue pénétrera ton être. Une intense atmosphère t'enveloppera. Des souffles puissants te transporteront dans les airs sans fin, où la beauté est éternelle, où coule la source de vie intarissable. Mais toujours guidée vers les régions qui te sont assignées, tu pourras puiser, voir une infime partie du plan divin, où les Esprits contemplent l'harmonie des lois et des mondes...

Les Esprits apportent à l'homme la preuve éclatante qu'au-dessus de votre monde terrestre s'agite un monde invisible, l'existence d'êtres qui ont vécu sur votre Terre. Ils ont quitté leur enveloppe charnelle puis sont devenus Esprits et sont retournés dans l'infini vers la lumière et les splendeurs du monde invisible.

L'homme interroge la mort, l'Esprit lui répond.

guidée par Allan Kardec

Tout homme est un Esprit qui, lors de son passage sur Terre, est devenu âme en revêtant une enveloppe terrestre.

Il redeviendra Esprit libre après sa mort.

C'est l'immortalité de l'âme.

Pour pénétrer dans le monde invisible nous t'avons donné la médiumnité.

LA MÉDIUMNITÉ

« C'est par la foi que nous savons que le monde a été formé par la parole de Dieu, en sorte que les choses qui se voient ne proviennent pas des choses visibles. »
(Hébreux, 11, 3)

La médiumnité t'est donnée dans un but précis. Elle te met en rapport avec des êtres d'outre-tombe. Il faut s'élever vers le Divin qui détient la clef de tous les mystères sacrés. Il est nécessaire d'avoir des missionnaires sur terre pour dévoiler les vérités de l'Au-delà.

Tu dois pouvoir, dans la communion d'âme qui nous a réunis dans une même tâche, t'élever. Car le médium... tu es amenée à soulager des êtres qui viennent te voir pour te demander ton aide et celle de l'Au-delà.

Mais il te faut donner de tes forces, de ton dévouement pour les amener vers la foi. Les mauvais moments passés, leur indifférence subsiste, mais ils reviendront te voir.

La médiumnité apporte beaucoup de joie mais demande un dévouement à toute épreuve, car tu ne t'appartiens pas.

Aide et soulage ton prochain. La médiumnité est un don précieux qui t'élève au-dessus des biens matériels.

Ta voie est tracée et rien n'est plus beau ni plus grand honneur que de répandre, pour le bien de tes semblables, les vérités que je te transmets.

Ta vie entière est entre les deux mondes. Dans la céleste pratique, tu peux puiser à l'infini dans les sphères divines et retourner vers la terre pour apporter des preuves éclatantes qui feront comprendre aux hommes les divins enseignements des lois célestes qui révèlent bien des mystères.

Sache, sur ce long chemin, que ta route sera toujours éclairée. Tu es guidée dans ta tâche et dans tes besoins. Tes difficultés s'estomperont.

Tu as vu certains secrets, mais tu verras d'autres mystères et d'autres visions qui te bouleverseront, des événements prévus.

Notre communion est grande.

Ton devoir de médium est de donner du bonheur intense.

Sache te préserver pour l'Au-delà, mais par ma présence tu es protégée pour les deux mondes.

Tu apporteras au monde bien des révélations dans de grandes perspectives du futur.

Beaucoup de personnes veulent des informations, connaître la source des divinités, mais n'oublie pas que le monde n'accepte pas facilement d'être guidé. C'est pourquoi le coin du voile n'est soulevé que pour des êtres élevés, dignes et sincères envers nous...

Je suis toujours heureux de descendre vers le monde terrestre. Tes prières m'arrivent. Tu es précieuse pour nous car tu es sincère et non encombrée par les préjugés de ceux qui t'entourent.

Reste gaie et joyeuse... par ta simplicité de cœur et d'âme, tu apportes le bonheur à ceux qui viennent te voir. Tes révélations les impressionnent. Sois toujours entourée ; il le faut pour ta mission. »

MES VIES ANTÉRIEURES

« Je suis ton Esprit divin. Et ceci est le livre de ta vie. Il renferme les pages pleines des existences passées. Et les pages blanches de tes vies futures. Un jour je les déroulerai devant toi. Tu me connais maintenant. Appelle-moi, je viendrai. »
Hermès
Livre des morts

Allan Kardec me parle et m'explique mes vies antérieures, celles qui m'ont élevée spirituellement et ont influencé les moments de mes existences passées. L'entité peut rester Esprit longtemps dans l'Au-delà en attendant une nouvelle incarnation.

Le Grand Maître, Allan Kardec, fondateur de la doctrine spirite nous a légué une philosophie universelle et divine qui, à elle seule, résume ce qui est inscrit sur sa tombe :

« Naître, mourir, renaître encore et progresser sans cesse, telle est la loi. Hors la charité point de salut. »

Je suis descendu des sphères heureuses, dans ton âme, sur votre terre. Je t'ai choisie pour être ma messagère dans une même communion, pour te guider et apporter les preuves de l'existence du monde céleste des

Esprits. Ce qui fera comprendre à l'homme, par toutes ces manifestations, preuves et avertissements, prédictions, que l'Au-delà existe bien.

Dans notre communion intime, j'ai voulu te révéler des secrets cachés du monde. Il était nécessaire que tu sois apte à comprendre ces secrets. Ainsi, les manifestations se sont produites, elles échappent à toutes règles. Tu as pu y assister, les constater, après un retour très lointain dans le temps, avec des sens bien supérieurs à ceux que tu possèdes sur Terre.

C'est ton âme qui se réveille en transe, dans un monde endormi et livre le secret. C'est la métamorphose, le retour de tes vies antérieures : celles qui t'ont élevée spirituellement. Mais dans l'Au-delà, le temps n'existe pas et nous sommes toujours dans le présent. Les vies successives t'apportent un retour sur ton Esprit qui a toujours son apparence... Tu as troqué ton enveloppe terrestre à chaque passage dans des époques bien différentes où tu as évolué au milieu d'êtres que tu as connus. C'est là tout le mystère qu'il était nécessaire que tu saches : que des êtres, à des siècles différents et lointains, puissent se revoir et se reconnaître. Tu les as vus dans leur splendeur. C'est parce qu'ils avaient marqué tes vies, qu'il était nécessaire de les avoir vus évoluer et certains ont apporté à l'humanité de grandes œuvres.

Dans une vision, tu as vu Ezéchiel et Daniel, ces deux grands prophètes, qui par leur divine mission ont apporté des révélations importantes à l'humanité.

Après tant de siècles, ils sont venus à toi pour nous aider dans notre mission.

Contre un mur de pierre, tu as vu que l'on décryptait les Tables de la Loi, mais tu n'as pu les comprendre. A cette époque, nos vies se sont croisées et nous poursuivons...

Ce qui est merveilleux, ce sont les affinités, les rencontres, après avoir vécu d'autres existences dans des contextes différents de vie, de mœurs, à une époque précise. Là est le bonheur pour nous, après plusieurs passages. C'est comme un miroir qui nous reflète les choses cachées et nous renvoie à des périodes de nos vies antérieures en des mondes mystérieux.

Le bruissement des paroles qui t'explique et te renvoie à une infinie partie de ton passé, et t'éclaire sur des mondes...

∞

Un après-midi, sur ma terrasse, allongée comme à mon habitude, m'apparaît une femme d'une grande beauté. Près d'elle, je reconnais une amie. Elle me tend un portrait magnifique, fait de mosaïques aux couleurs nimbées de bleu.

Mon Guide me dit très fort :

Néfertiti.

La majestueuse reine Néfertiti régna au côté de son époux, le pharaon Aménophis IV. Pour les Egyptiens, le pharaon était considéré comme un dieu. Néfertiti avait une grande influence sur son mari et ensemble ils instituèrent en Egypte la religion d'un dieu unique, celle du soleil Aton, le monothéisme.

A cette époque, vos vies se sont croisées, et c'est là le mystère qu'il était nécessaire que tu saches. Ta vision n'est pas un hasard. Tu as vécu dans l'entourage de Néfertiti. Tu as participé à l'éclosion de cette religion et à ses péripéties.

C'est le voile mystérieux, c'est l'évolution de l'âme éternelle.

Toi aussi, tu as eu la connaissance suprême des mystères de tes réincarnations. A toi, on a soulevé le voile sous lequel est cachée la Vérité. C'est le mystère des renaissances...

Selon Socrate, les hommes qui ont vécu sur la terre se retrouvent après la mort et se reconnaissent.

Le spiritisme nous les montre perpétuant les relations qu'ils ont eues. La mort n'est ni une interruption ni une cessation de vie, mais une transformation.

Platon dit : « L'âme ne perd rien de ses acquis. Elle progresse et ne régresse jamais. Elle ne perd jamais de son individualité. Elle n'emporte rien des biens matériels. »

∞

« Les Esprits peuvent nous faire connaître
nos existences passées ! Dieu permet
quelquefois qu'elles soient révélées suivant le but :
si c'est pour votre édification et votre instruction,
elles seront vraies et, dans ce cas, la révélation
est toujours faite spontanément
et d'une manière tout à fait imprévue... »
Allan Kardec,
Le Livre des Médiums

Dans une vision, je vois, assis sur un tronc d'arbre, mon fils avec sa femme habillée de bure. Je suis près d'eux, sous un chêne. Du tronc entaillé coule la sève recueillie dans une soucoupe.

J'entends :

C'est avec cette sève que ton fils va accomplir le baptême.

C'était la coutume à l'époque des druides.

Je compris que, dans une de ses vies, mon fils avait déjà vécu avec sa femme, qu'il fut druide, et que nous nous étions connus à cette époque.

∞

Je fus stupéfaite lorsque le docteur Philip, que je connaissais de longue date, vint par hasard ce soir-là. Il m'apparut soudain dans des temps reculés :

– Docteur, je vous vois dans une autre vie avant celle-ci.

– Vous voulez dire la réincarnation !

– Oui. Vous conduisez une troïka tirée par des chiens. Je vous vois protégé par des couvertures. Vous portez une toque de fourrure. Votre visage est plus jeune. Vous tenez un fouet à la main. Vous êtes dans un très grand domaine verdoyant. Au loin, des enfants. Vous avez vécu en Russie dans une vie précédente.

Le docteur écoutait, stupéfait.

– En effet, dit-il, j'ai toujours aimé la Russie.

Plus tard, le docteur précisa : « Un parent vient d'obtenir l'arbre généalogique de ma famille. Il s'avère qu'une de mes grands-mères est née et a vécu en Russie à la cour du tsar. »

AUTRES MONDES

« Le Christ dit : “ Il y a plusieurs demeures
dans la maison de mon père. Je m'en vais
vous préparer le lieu et, après que je serai allé
et que je vous aurai préparé le lieu je reviendrai et je vous
retirerai à moi, afin que là où je serai, vous soyez aussi. ” »
(Jean, 14, 2-3)

Le Christ fait référence à la maison du Père, c'est le ciel infini : les demeures promises.

C'est vers ce monde que le Christ guidera les âmes qui iront à lui ; il saura nous y préparer une place selon nos mérites.

Origène parle en termes précis dans ce passage : « Le Seigneur fait allusion aux stations différentes que les âmes doivent occuper après qu'elles ont été dépouillées de leurs corps actuels et qu'elles en ont revêtu de nouveaux. »

Dieu, dans sa sagesse, a créé d'innombrables autres mondes qui circulent dans l'espace. Ce sont les mondes temporaires où les âmes évoluent dans une longue série de vies successives.

Nous avons pris naissance sur plusieurs points des globes à diverses époques. C'est en s'alliant à d'autres espèces que se sont formées de nouvelles races humaine. Tous les hommes sont frères devant Dieu.

Beaucoup de planètes de l'univers sont habitées. Notre terre est loin d'être la plus évoluée. Les Grands Esprits le confirment. Notre monde n'est ni le plus fort ni le plus intelligent. Trop d'êtres croient que Dieu a créé ce petit globe pour leur privilège. La terre est une des planètes les moins avancées.

L'âme, à chaque nouvelle existence corporelle, peut passer d'un monde à l'autre, revenir plusieurs fois sur notre monde terrestre, ou y revenir après avoir pu vivre ailleurs.

Les différentes demeures offrent aux âmes, dans leur réincarnation, des séjours appropriés à leur avancement à travers d'innombrables existences. Ainsi le visible explique l'invisible.

Tous les êtres de chaque planète sont soumis à la loi du progrès. Tous ont commencé, comme le nôtre, par un état inférieur. Le monde subira une transformation, les êtres seront remplacés par d'autres et le degré d'évolution deviendra plus parfait.

Le soleil n'est point habité par des êtres humains. Il est le lieu de rendez-vous des Esprits supérieurs qui, de là, rayonnent vers d'autres mondes.

∞

Notre vie présente est donc imprégnée inconsciemment de nos vies antérieures. Les liens de la famille ne sont point éteints par la réincarnation. Ils sont au contraire resserrés. Lorsque les Esprits reviennent dans le monde céleste, ils se retrouvent comme des amis au retour d'un voyage. Souvent ils sont réunis dans une même famille spirituelle.

Certains Esprits sont incarnés, les autres ne le sont pas. Ils restent unis par la pensée, ils peuvent parcourir une multitude d'existences terrestres et garder leur mutuelle affection d'Esprit à Esprit, qui survit après la mort. Ce qui est durable, ce sont les affections spirituelles. Toutes les vies antérieures d'une personne influencent sa vie actuelle.

∞

« Ne cherchez pas à comprendre l'homme
de la naissance à la mort,
mais plutôt de la mort à la naissance. »
Platon

Réincarnation, l'âme se réicarne au moment de la naissance.

Le 30 janvier 1990, dans une vision, ma mère m'apparaît vêtue de noir. Elle semble très angoissée, elle pleure. Je lui demande des nouvelles de mon père. Elle me dit : « Je vais partir. Je viens de réserver une place. »

Je me réveille, dans un sentiment de tristesse, car jusqu'alors ma mère, décédée depuis quarante ans, m'apparaissait dans les espaces célestes toujours rayonnante. C'est la première fois que je la vois ainsi.

Longtemps, cette vision m'inquiétera. J'ai un pressentiment. Pourquoi sa peine et ses vêtements noirs ? Il me faudra attendre des mois sa réponse.

Le 20 octobre 1990. Mon Guide Allan Kardec me parle :

> Ta mère n'est plus ici dans notre monde.
> Ta mère va se réincarner en Italie.

Le 21 octobre 1990, à l'aube, de nouveau, j'entends très fort :

> Ta mère vient de se réincarner en Italie.

Aussitôt, je comprends la peine de ma mère qui a dû quitter le monde céleste merveilleux des Esprits pour revenir sur terre, se réincarner et subir toutes les vicissitudes de la vie terrestre.

Ces paroles du Christ en sont la confirmation : « L'Esprit souffle où il veut : vous entendez sa voix, mais vous ne savez d'où il vient ni où il va. »

L'Esprit se réincarne au moment de la naissance. Il revient souvent pour retrouver sa famille. Il a son libre arbitre. Il a fait choix, dès la conception, d'un enfant qui va naître et de son enveloppe terrestre. Entre les deux visions, en effet, neuf mois venaient de s'écouler.

L'Esprit, avant de prendre une nouvelle enveloppe

corporelle, choisit lui-même où il va naître à nouveau et le genre d'épreuves qu'il veut subir. C'est en cela que consiste son libre arbitre.

Voilà pourquoi les Esprits se soumettent volontairement à tous les tourments de la vie corporelle. Ils demandent eux-mêmes ceux qui peuvent les faire progresser le plus rapidement.

Ainsi le libre arbitre existe à l'état d'Esprit dans le choix des existences et des épreuves. Mais le karma, la fatalité ne sont pas de vains mots. Si l'Esprit fait choix d'une vie comme épreuve ou mission, il subit fatalement toutes les embûches de l'existence terrestre. Mais la fatalité s'arrête là.

C'est dans la mort que l'homme est soumis, d'une manière absolue, à l'inexorable fatalité, car il ne peut échapper à l'arrêt qui fixe le terme de son existence, ni au genre de mort qui doit en interrompre le cours.

Ce n'est point Dieu qui impose les tribulations de la vie comme épreuves. Le Créateur a établi toutes les lois qui régissent l'univers en donnant à l'Esprit la liberté de choix. L'Esprit a toute la responsabilité de ses actes et de leurs conséquences, et celle de son avenir.

L'Esprit incarné dans l'homme est comme le voyageur au bas de la montagne ; mais redevenu Esprit, débarrassé des liens terrestres, il domine du haut du sommet. Pour le voyageur, le but est le repos après la fatigue. Pour l'Esprit, le repos ne vient qu'après les tribulations et les épreuves de la vie terrestre.

Tous les Esprits incarnés constituent l'espèce humaine. Notre terre est un des mondes les moins évolués. Faisons tous les efforts pour nous élever, afin de ne pas revenir en ce monde, et mériter d'aller nous reposer dans un monde meilleur, parmi des êtres privilégiés, là où règne la fraternité.

L'Esprit dégagé de la matière apprécie les choses d'une manière différente. Que font les hommes de leur existence et des épreuves qu'ils subissent ? L'Esprit aperçoit le but, plus sérieux pour lui que les jouissances futiles du monde terrestre. Après chaque existence, il voit son évolution et comprend ce qui lui manque encore en pureté pour atteindre l'élévation et le bonheur suprême.

Notre âme, de passage sur terre, comprend sa destinée et veut progresser sans cesse. La survie de l'âme, au-delà du dernier espoir, est une certitude.

∞

Le voile d'Isis est levé de son mystère et ouvre la voie de la science. Mais quels que puissent être les progrès ou les découvertes, le corps passe, l'Esprit vit dans l'infini et dans l'éternité.

Notre doctrine spirite, nos vérités acquises sont résumées dans l'Evangile de saint Jean (3, 1-12) :

« Un homme pharisien instruit, nommé Nicodème, sénateur des juifs, vint la nuit trouver Jésus et lui dit :

“ Maître, nous savons que vous êtes venu de la part de Dieu, pour nous instruire comme un docteur : car personne ne saurait faire les miracles que vous faites si Dieu n’est avec lui. ”

Jésus dit à Nicodème : “ En vérité, en vérité, je vous le dis : personne ne peut voir le royaume de Dieu s’il ne naît de nouveau. ”

Nicodème lui dit : “ Comment peut naître un homme qui est déjà vieux ? Peut-il rentrer dans le sein de sa mère pour naître une seconde fois ? ”

Et Jésus lui répondit : “ En vérité, en vérité, je vous le dis : si un homme renaît de l’eau et de l’Esprit, il ne peut entrer dans le royaume de Dieu. Ce qui est né de la chair est chair, mais ce qui est né de l’Esprit est Esprit.

“ Ne vous étonnez pas de ce que je vous ai dit, qu’il faut que vous naissiez de nouveau.

“ L’Esprit souffle où il veut, et vous entendez sa voix, mais vous ne savez d’où il vient, ni où il va : il en est de même pour tout homme qui est né de l’Esprit. ”

Nicodème répondit : “ Comment cela peut-il se faire ? ”

Jésus lui dit : “ Quoi ! vous êtes maître en Israël, et vous ignorez ces choses ! ” »

Ce passage est bien la conséquence du principe de la préexistence de l’âme et de la pluralité des existences.

Nicodème s’en alla rêveur et ému. Il crut sentir l’Esprit qui souffle où il veut. Il demeura fidèle à Jésus.

Au jour de la mort du Christ, il vint avec Joseph

d'Arimathie l'ensevelir pieusement, suivant la coutume juive en l'enveloppant dans un linceul.

∞

« L'homme d'Asie espère ne plus renaître,
l'homme occidental désire ne pas mourir. »

Le catholicisme se constitua longtemps après le bouddhisme. Bien que dans la religion chrétienne et dans la philosophie bouddhiste on croie en un Dieu unique, tous les rapprochements entre les deux doctrines furent voués à l'échec. Leur divergence fut irrévocablement fondée sur la notion de l'âme, tout à fait contraire dans les deux croyances.

Selon la doctrine catholique, l'âme se forme en même temps que l'enfant. Elle est immortelle. Elle a donc un début mais pas de fin. Après une seule vie, l'âme ne peut accéder qu'au bonheur éternel ou au châtiment éternel Lors de la résurrection de la chair, celle-ci se reconstituerait et notre corps reprendrait forme au jugement dernier… Mais le monde est éternel.

La philosophie hindoue trouve cette pensée irrationnelle et insensée. L'âme qui a un début doit avoir une fin. Pour elle, grâce à la métempsycose, l'âme parcourt une série d'existences, de corps en corps, elle est immortelle. Par son mérite et ses œuvres, son élévation spirituelle, elle atteint alors le degré suprême de l'être, et ne revient plus sur terre qu'exceptionnellement.

De même, pour les philosophes grecs, la transmigration de l'âme traduit l'idée des réincarnations ; ils enseignent que l'âme voyage de corps en corps. Elle est immortelle et existe en tout temps.

La religion catholique a fondé son dogme sur la parole faite chair. L'homme, dans son impatience de vivre, après une seule vie, s'il n'accède pas à la béatitude éternelle, doit accepter les souffrances de l'enfer.

L'homme de l'Extrême-Orient a l'éternité derrière lui. Après tant de vies, il est las de ses nombreuses morts qui se succèdent perpétuellement. Il désire ne plus renaître.

L'hindouiste vient de la nuit des temps. Sa vie n'est plus qu'un instant de passage sur terre dans le cours d'une existence infinie. Le corps, enveloppe de l'âme, est temporaire et périssable, l'âme qui l'habite est invisible et éternelle. Lentement, à travers ses nombreuses existences, il espère s'élever et atteindre le bonheur suprême, le Nirvana, et ne plus retourner sur terre.

Pour la pensée grecque également, le monde est éternel recommencement : la roue de la vie tourne comme les saisons. Les civilisations naissent et meurent.

La version de la religion grecque est très explicite : « Quand l'homme est mort, il vit toujours : en finissant les jours de mon existence terrestre, j'attendrai, car j'y reviendrai de nouveau. » (Lemaistre de Sacy)

guidée par Allan Kardec

LA MORT ET SON MYSTÈRE

« Laissez venir à moi les petits enfants.
Car le royaume des Cieux est pour ceux
qui leur ressemblent. »
(Marc, 10, 13-16)

Le passé de tes vies t'a envahie spirituellement dans l'immense charité, le dévouement, qui ont fait de toi un être humble, mais doué pour apporter à tes semblables l'amour dans le désintéressement le plus absolu.

Ce que tu vis le long des siècles, dans tes vies antérieures, n'est que le reflet, la succession des apports de ton élévation spirituelle vers Dieu.

Ce privilège des espaces divins où je t'ai guidée n'est pas un hasard. Dans le spiritisme, rien n'est le fait du hasard. Tes prédispositions étaient déjà certaines.

Ton véritable et grand chagrin, la mort de ton enfant adoré, Gilbert, âgé de dix mois, alors que tu venais d'avoir vingt et un ans...

Ce fut une épreuve terrible. Tu l'as ressentie au plus profond de ton âme. En subissant cette perte, ton cœur a semblé s'arrêter. Puis, la vie a repris. Tant d'années ont passé depuis cette douleur enfouie à jamais, ton élévation spirituelle s'est accomplie dans la plénitude.

Cette vision astrale me fut donnée à plusieurs jours d'intervalle, bien avant que ce drame n'eût lieu.

Le 25 février 1987, à l'aube, pendant que mon corps sommeille, mon âme est projetée sur un talus. Devant moi, il y a un chenal, et un grand bateau blanc m'apparaît. Beaucoup de gens sur le pont rient, chantent, parlent fort. Puis, le bateau s'éloigne.

Quelques jours plus tard, mon âme est de nouveau projetée au même endroit. Cette fois, les passagers se tiennent sur la berge. Ils entourent des corps sous des couvertures blanches. Je pressens qu'un drame va survenir.

Un autre jour, dans un profond sommeil, je revois le bateau, amarré au quai. Ses machines sont en marche. Au loin, un cheval* noir arrive au galop. Il monte sur un ponton, puis sur le quai et saute sur le pont du bateau, juste à l'instant où celui-ci démarre... Dans une secousse, le bateau recule, des flots s'engouffrent à l'arrière. Le bateau se penche et se renverse. Des corps flottent sur l'eau. Des gens hurlent...

Ce cauchemar, bien longtemps après mon réveil, me tourmente et m'effraie. Je pressens qu'un naufrage aura lieu et fera des victimes. Mais où et quand ? Je souffre et je reste impuissante.

* Dans mes visions, bien souvent, les chevaux représentent la force de propulsion des machines, la puissance des moteurs symboliquement exprimée, etc.

Le matin, je raconte ma vision à un journaliste que je croise dans le hall de mon immeuble, à Nice.

Le 6 mars 1987 se produit l'horrible catastrophe de Zeebrugge, comme je l'avais prédite et décrite.

Mme Samuel

[...] Et c'est toujours simplement et sans ostentation que tu me racontes les événements forts qui vont survenir dans le monde.

Je me souviens particulièrement de l'accident horrible de Zeebrugge quand, croisant mon mari, journaliste grand reporter, tu le lui annonçais avant qu'il ne se rende pour le journal sur les lieux du naufrage.

C'est un témoignage bouleversant dont Yvon Samuel se souvient toujours...

Deux jours plus tard, dans une vision, je distingue un jeune enfant allongé par terre. Je le prends dans mes bras : il est déjà mort. Je le retourne, il a une marque sur le dos.

Le lendemain, assoupie sur ma terrasse, face à la mer, je vois deux belles mains se tendre de chaque côté de ma tête. Puis, dans le flou, m'apparaît le visage d'Allan Kardec qui s'estompe. Peu après, j'entends frapper à la porte et je découvre un autre visage, celui de mon frère décédé. Il me dit : « Ton fils Gilbert Aglietti est mort de nouveau sur ce bateau de Zeebrugge. »

Quand je me réveille, je pense, dans une infinie tristesse, à mon fils Gilbert, mort à l'âge de dix mois, qui s'était réincarné et venait de mourir à nouveau, et longtemps je prie.

Dans une autre vision, mon Guide me dit :

> Tu dois écrire sur les morts accidentés, c'est la fatalité... peut-être une épreuve pour les parents. Et pour l'Esprit, un retour pour terminer son temps sur terre. Ton fils Gilbert ?... Tu dois faire comprendre à l'homme que la mort est la volonté de Dieu.

La vie de l'enfant peut être, pour l'Esprit réincarné en lui, un complément d'une existence interrompue avant le terme voulu, ou une épreuve pour les parents. Mais l'Esprit de l'enfant qui meurt recommence une nouvelle existence.

Jésus dit : « Chacun était récompensé selon ses œuvres, dites que dans une autre existence il pourra accomplir ce qu'il n'a pu faire dans celle qui a été abrégée. »

∞

« Je vois sans peur la tombe aux ombres éternelles,
car je sais que le corps y trouve une prison,
mais l'âme y trouve des ailes ! »
Victor Hugo

Pendant des siècles, le culte des morts s'est traduit par un cortège de désolation, de peine, de douleur, par le départ de l'être aimé, qui est une fin dans le néant, au cœur de ceux qui l'ont entouré durant son passage terrestre.

C'est la mort, la nuit glacée, qui est la fin pour l'homme qui doute et ne parvient pas à se résigner dans sa détresse.

La loi de la fatalité à laquelle l'homme est soumis, d'une manière inexorable et absolue, c'est l'arrêt qui interrompt le cours de sa vie terrestre, la mort qui fixe le terme de son existence.

L'instant qui sépare l'âme du corps est très court. Elle est étourdie et dans l'état d'un être sortant d'un profond sommeil. Elle vient de se dégager de la matière et déjà l'Esprit retrouve ceux qu'il a affectionnés qui viennent le recevoir, et l'ont aidé à se dégager de la matière. Ce sont les instants où le mourant les voit et souvent, alors qu'il lui reste un souffle de vie, il communique déjà avec ses parents défunts. Nous pensons alors qu'il divague, pourtant il jouit déjà par anticipation d'avoir reconnu ses familiers, de l'avenir qu'il entrevoit vers la lumière où il va entrer comme Esprit vers sa vraie patrie…

Nous devons, par nos prières, les aider à se dépouiller de toutes ces impuretés de la matière. Nos prières, notre élévation vers Dieu sont nécessaires pour l'âme qui va être interceptée par les bons Esprits, sa famille qui l'a précédé, qui l'entourait, ses amis.

Que son Esprit sorte des ténèbres. Que la divine lumière l'éclaire par des signes d'espérance et rende plus facile le retour de l'Esprit éternel dans les espaces sans fin.

La vie terrestre est un passage très court qui conduit l'Esprit dans un monde meilleur.

Combien est affreuse la peur pour ceux qui pensent que tout meurt avec le corps : que l'être le plus cher, un père, une mère ou un enfant adoré, des parents puissent disparaître et s'éteindre à tout jamais comme un souffle, sans retour.

Comment un homme de cœur peut-il penser que nos saintes affections soient brisées sans retour ? Dans le doute, l'idée du néant affreux ne le glace-t-elle pas ?

Comment douter du Seigneur qui a éclairé le vaste empire des mondes ? Le Seigneur a voulu que la lumière se fasse et dissipe les incertitudes de l'avenir par la voix des Esprits, depuis toujours, par les communications avec les prophètes ou les médiums, afin que chacun puisse acquérir la preuve de l'immortalité.

Esprits, vous venez de rentrer dans le monde des Esprits. Vous n'avez conservé que l'enveloppe éthérée, impérissable et inaccessible aux souffrances. Si vous ne vivez plus avec le corps, vous vivez la vie d'Esprit. Vous allez parcourir les espaces en toute liberté. Et cependant, vous êtes ici présent parmi nous. Vous nous voyez et nous entendez. Venez donc parmi ceux qui vous aiment et que vous aimez. Veillez sur ceux qui vous sont chers !

Protégez-les et adoucissez leurs regrets par la pensée que vous êtes plus heureux maintenant, et la consolante certitude d'être un jour réunis à vous dans un monde meilleur.

LA PEUR DE LA MORT

« L'Eternel dit :
" Il foule aux pieds le droit et la justice
et s'abandonne à la vie facile. " »
(Amos, 2, 6-8, 5, 10-15)

Tu vas révéler à beaucoup d'hommes ce qu'ils ne désirent pas entendre sur leur destinée. Celui qui doute, c'est le matérialiste qui désire garder, par égoïsme, tout ce qu'il possède. Il ne pense qu'au moment présent, à tout ce qu'il a amassé, mais il doit savoir que tout n'est que provisoire sur terre.

Seule la santé est la vraie richesse du corps et de l'âme. Les biens ne sont qu'illusion, un feu de paille. Les désirs de toutes sortes conduisent les hommes à s'avilir toujours plus. Ils ne respectent plus rien. Ils ne sont jamais assouvis.

La déchéance est inévitable. Ils iront vers

des lieux de perdition. Ils agissent en pleine conscience de leur destruction. Ils ont perdu leur dignité, mais viendra le moment où, comme ultime recours, effondrés dans les larmes, ils imploreront Dieu de les aider.

C'est dans la peur et la détresse que l'homme vibre à la pensée de Dieu.

Mais autour d'eux, combien de détresses auront-ils engendrées par leur égoïsme et leurs perversions ? Ils n'auront apporté que la terreur par leur perversion.

Trop de peuples ont peur. D'autres redoutent, mais dans tout système, il y a des failles. L'angoisse de leur déchéance physique les amènera vers le Divin.

Pour celui qui a été, sur terre, un être orgueilleux générateur de peines, de cruauté, avec ses penchants charnels, les lois de Dieu sont immuables. Il devra renaître à nouveau dans une autre existence où il devra endurer des tourments égaux à ceux qu'il a fait subir.

Dieu aime tous ses enfants. La souffrance est sur votre terre qui porte tant de maux au travers de votre enveloppe charnelle.

C'est votre passage sur terre qui, depuis votre naissance, est une épreuve plus difficile encore que votre mort, passage vers la lumière où vous retrouverez votre vraie patrie.

∞

« Pour l'âme qui vient du ciel, la naissance est une mort. »

Tout être doit connaître les règles et les lois fondamentales afin que chaque être humain vive en harmonie avec lui-même tout au long de la route qui doit l'amener de sa naissance vers l'éternité de son destin.

Dieu a placé l'homme au milieu d'un océan de vie. Il lui a donné l'intelligence, la conscience, pour apprendre à connaître ses forces, à les conquérir et à les utiliser. C'est le but le plus élevé que nous puissions assigner à notre vie.

En tant qu'Esprit, l'homme doit revenir sur notre monde. C'est une dure épreuve pour l'Esprit libre de revenir sur terre et de reprendre une enveloppe charnelle. C'est à nouveau une épreuve, comme sa naissance dans la douleur, le commencement d'une autre vie qui l'amènera à s'élever selon ce que Dieu a décidé pour l'âme qui est de retour sur terre.

Puis la vie tracera sa destinée ; l'homme a la clef de son destin. Là est l'épreuve.

Si le cœur du riche est bon, il répandra le bien-être autour de lui ; si son cœur est dur, toujours plus il fermera sa porte. Désespéré de laisser tout ce qu'il a amassé, il souffrira même après sa mort. Son élévation vers l'infini sera difficile. L'Esprit errera longtemps autour des biens auxquels il était attaché. C'est ce que nous voyons, nous les médiums, dans nos communications. Nous voyons souvent l'Esprit errer un temps. Il assiste à la succession. Il attend de savoir. Il continue à voir et à entendre.

C'est là qu'il juge ce que valent les protestations de tous ceux qui l'entouraient. La rapacité de ceux qui se partagent ses biens l'éclaire sur leurs sentiments. Il éprouve de la déception. Pour lui tous les sentiments sont à découvert.

Puis, il s'élèvera vers l'infini, sa patrie, il retournera vers la famille spirituelle qui lui est assignée, selon son degré d'évolution.

A chaque existence nouvelle, l'intelligence est de plus en plus développée. L'homme comprend mieux ce qui est bien et ce qui est mal. Une seule existence ne suffit pas.

Dans le monde des Esprits, dans ce monde céleste, où les lois sont immuables, les Esprits se retrouvent, mais à des degrés bien différents selon la hiérarchie.

Les Esprits supérieurs, les Grands Esprits, peuvent descendre sur le monde terrestre pour le bien de l'humanité. Ils peuvent également aller vers les sphères divines.

Les Esprits qui vont vers l'infini se retrouvent entre eux, en toute affection. Les familles se reconnaissent. Les bons sont partout.

Les Esprits impurs ne sont entourés que d'Esprits semblables jusqu'à ce qu'ils deviennent des Esprits bons, s'élevant vers le Divin. Mais il leur faudra plusieurs réincarnations.

Dans l'univers, le destin du monde sommeille. Dieu détient la clef de tous les mystères, mais le voile recouvre toutes les fatalités. Le monde n'est pas prêt à entendre et à savoir. Il serait encore plus égoïste et orgueilleux dans sa destinée s'il savait le temps qu'il avait à passer sur la terre. Que serait le monde de demain ! Ce serait le gaspillage ou la folie des êtres. Mais la loi est, pour tous, égale devant Dieu.

∞

« Guérissez les malades, ressuscitez les morts.
Donnez gratuitement
ce que vous avez reçu gratuitement. »
(Matthieu, 10, 8)

Tu es notre flambeau, comme d'autres l'ont été avant toi, qui éclaire et éclairera le monde sur le devenir d'un présent et d'un futur.

Nous t'avons appris à comprendre ceux qui t'entourent. Nous leur portons notre sollicitude. Dieu pourvoira pour le futur car leur cœur a bien du mal à gravir leur destinée.

Ils s'abaisseront ou s'élèveront selon les efforts qu'ils font à s'élever ou à trahir. Mais sois sereine. Dans le spiritisme et dans l'Au-delà, rien n'est le fait du hasard.

Ta ferveur, ta foi engendrent des bienfaits. Je suis toujours là pour te guider.

Nous aidons les malades, nous te transmettons le fluide vivifiant et salutaire.

Il leur faut de la patience. Pour nous, le temps ne compte pas, mais notre sollicitude est grande. Ils doivent contribuer à leur guérison par leurs prières. L'aide de Dieu est toujours nécessaire.

∞

Dans une vision, je suis transportée sur la terrasse des parents de Mme Gaffié. Je vois un grand voilier arrêté. Il symbolise la mort.

Ce jour-là, la fille de M. Gaffié, désespérée, me téléphone : son père allait décéder dans quelques heures. Cette fin imminente rendait impossible le règlement d'une importante affaire à laquelle il était très attaché. Elle me supplie de faire quelque chose afin que soient accordés à son père quelques jours supplémentaires de vie.

Je promets à sa fille de me mettre immédiatement en

méditation et de prier Dieu et Allan Kardec. Je demande à Marion de prier ainsi que toute sa famille.

Plus tard, Mme Gaffié commentera les faits :

Je viens témoigner de l'aide précieuse que vous m'avez apportée durant les derniers jours de mon père.

Les médecins avaient été formels : mon père allait nous quitter dans les heures qui allaient suivre. Le prêtre était venu lui donner l'extrême onction. J'étais catastrophée, car si mon père décédait à présent, il m'aurait été impossible de régler certaines affaires auxquelles il était très attaché.

J'ai donc fait appel à vous afin que mon père vive quelques jours encore, et puisse partir en paix après avoir réglé cette délicate affaire. Toute la famille était au chevet de mon père. Je leur ai donc dit ce que vous m'aviez recommandé : « Mme Gribel demande que nous prions tous. »

En entendant ces paroles, mon père, qui était dans le coma, ouvre les yeux et dit : " Puisque Mme Gribel vous demande de prier, alors priez ! "

Mon père est sorti complètement de son coma et a vécu près de huit jours sans souffrir. Il a pu régler définitivement l'affaire en question. [...]

Son père vivra huit jours en paix et décédera le 25 janvier 1990 après avoir réglé cette importante affaire.

TESTAMENT TROUVÉ

« Il est certain que les vivants naissent des morts
et que les âmes des morts renaissent encore. »
Phèdre

L'Esprit prouve son identité. En maintes circonstances, les défunts contribuent, par leurs indications, au règlement de leurs affaires terrestres. Parfois, il demande au médium d'indiquer à sa famille l'endroit où sont cachés des documents importants.

En ce qui concerne Mme Gaffié, elle rappelle, fort ennuyée. Après avoir cherché en vain dans toute la maison, elle me dit : « Je n'ai pas trouvé le testament de mon père. Et cela est très important pour nous. »

Dans une vision, quelques jours après, je suis dans la villa de M. Gaffié et, dans un endroit précis, je vois des documents. Toujours dans ma vision, je dis à Mme Gaffié : « Voilà le testament de votre père. »

Dès mon réveil, j'appelle Mme Gaffié pour lui raconter ma vision et lui dire où se trouve le document qu'elle cherche.

Mme Gaffié a bien trouvé le testament à l'endroit indiqué par l'Esprit de son père.

Elle témoignera :

Alors que j'étais désespérée de ne trouver aucun document concernant la succession de mon père, je me souviens de votre appel téléphonique, un matin, où vous m'aviez dit avoir eu une vision dans laquelle vous aviez un papier important pour moi dans les mains. Comme guidée par vous, en ouvrant un sous-main, je suis tombée sur le double des volontés de mon père, comme vous l'aviez prédit.

MANIFESTATIONS DU MORT APRÈS SON DÉCÈS

« Je dis que le tombeau, qui sur les morts se ferme,
ouvre le firmament, et que ce qu'ici-bas nous prenons
pour le terme est un commencement. »
Victor Hugo,
Les Contemplations

L'homme a peur de la mort. Il la guette et tremble.

Tu dois communiquer aux hommes tous les messages concernant les morts pour leur montrer que la mort est un visage humain rayonnant de lumière. L'Esprit retrouve les êtres chers qui l'aident à se dépouiller de sa grossière enveloppe terrestre ; il est heureux de retrouver les siens.

Ils viennent te voir pour te remercier de les avoir aidés par tes prières. Ils sont libres, plus rien ne les attache, si ce ne sont les êtres qu'ils aiment.

Si vous ne vivez plus par les corps, vous vivez la vie des Esprits. Et cette vie est exempte des misères qui affligent l'humanité.

Vous allez parcourir l'espace et visiter les mondes en toute liberté. L'horizon infini va se dérouler devant vous. Et en présence de tant de grandeur, vous comprendrez la vanité de vos désirs terrestres, de vos ambitions dérisoires et des joies futiles.

Les apparitions sont fréquentes quelque temps après le décès. Les affaires personnelles du défunt enfin réglées, l'Esprit libéré se manifeste et t'apparaît, rayonnant, dans son corps fluidique, pour t'avertir qu'il va rejoindre les familiers qui l'attendent. C'est une grande satisfaction pour lui.

Deux mois plus tard, assoupie, dans une vision je vois au loin Mme Gaffié, des fleurs à la main, dans une allée du cimetière.

Près de moi, contre un mur m'apparaît son défunt père, souriant, vêtu d'un élégant costume gris foncé. Il semblait plus jeune qu'avant son décès. Il me dit : « Maintenant que tout est réglé, je pars. Je vais retrouver mon père qui m'appelle. » Puis il s'estompa.

Je me réveillai en sursaut. Je compris que l'Esprit de

son père, après avoir erré deux mois sur terre, partait enfin vers la lumière étcrnelle.

Mme Gaffié m'annonça ultérieurement qu'elle se trouvait effectivement à cette même heure dans ce cimetière et que la succession venait de se terminer la veille chez le notaire.

Elle me confirma les faits par cette lettre :

Deux mois s'étaient écoulés lorsque vous m'avez évoqué une autre vision qui m'a bouleversée. Dans cette vision, vous m'avez vue ce jour-là, à 14 h 30, au cimetière où je me trouvais effectivement.

Vous avez ajouté que vous avez vu mon père élégamment vêtu d'un costume gris ; il se tenait non loin de moi adossé contre un mur et vous dit : « Maintenant que tout est réglé, mon père m'appelle. Je pars. »

En effet, la veille, la difficile succession avait été terminée et signée chez le notaire.

APPARITION DE L'ESPRIT AU MOMENT DE LA MORT

Celui qui a peur de mourir sur cette terre, pour vivre dans l'infini du Ciel, ne peut connaître l'abondance de cette source éternelle qui n'est soumise à aucune personne et commande tous les Esprits. Plus nous montons dans la lumière, plus nous devenons purs Esprits.

De notre terre, les Esprits sont retournés, après avoir été délivrés des liens terrestres.

Dans l'immensité, rien n'est soumis à l'empire du hasard.

On ne connaît ni la tristesse, ni la soif, ni la faim. C'est le royaume céleste de Dieu qui a établi la loi éternelle, ce royaume qui surpasse toutes les félicités.

Esprits, vous venez de rentrer dans le monde céleste, vous n'avez plus le voile qui dérobe à vos yeux les splendeurs de la vie future ; vous pourrez désormais contempler de nouvelles merveilles, tandis que nous sommes encore plongés dans les ténèbres.

Vous allez parcourir l'infini et visiter les mondes en toute liberté, tandis que nous rampons péniblement sur terre où nous retient notre corps charnel, semblable à un lourd fardeau.

L'horizon infini va se dérouler devant vous, et en présence de tant de grandeur, vous comprendrez la vanité de vos désirs terrestres, de vos ambitions mondaines, des joies futiles dont les hommes font leurs délices.

L'Esprit dégagé se hâte d'aller voir ceux qui les ont aidés, soutenus. Ils viennent alors m'avertir qu'ils ont quitté leur enveloppe terrestre et qu'ils partent vers la lumière. C'est une grande satisfaction pour eux. Ils sont heureux.

Je savais que la mère d'amis était condamnée. Bien que ne la connaissant pas, j'avais prié pour elle. Un après-midi, alors que je m'étais assoupie, elle m'apparut avec le visage d'une dame aux cheveux blancs qui me sourit.

J'entendis :

Mme Goujon.

J'appelai au téléphone, à Paris, M. et Mme Goujon, des amis très chers. M. Guy Goujon, bouleversé, me confirma que sa maman venait de partir, stupéfait de la concordance avec ma vision.

Le journaliste, M. Goujon, témoignera le 22 février 1991 :

Le 29 juin 1986 vers 16 h 30, je regagnais mon domicile, triste, abattu. Je venais de dire « adieu » à ma mère qui était morte à l'hôpital Saint-Joseph de Paris, quelques instants auparavant.

A peine venais-je de refermer la porte de mon appartement que le téléphone retentit.

C'était Rose Gribel qui appelait de Nice.

« Monsieur Goujon, me dit-elle, je viens d'avoir une

vision. Votre maman vient de mourir. Elle n'a pas souffert. »

Tout ce qu'elle me décrivait était exact. Et je ne pouvais croire en sa vision. Comment aurait-elle connu en effet tant de détails sur la mort de ma mère ? Elle ignorait dans quel hôpital elle était soignée ! Je n'avais encore communiqué à personne sa disparition.

Cette vision me troublait, entamait mon scepticisme. Et depuis ce jour plus particulièrement, j'écoute avec attention les projections de Rose sur l'avenir.

Combien de révélations a-t-elle faites depuis et qui se sont révélées exactes.

∞

« Jésus dit : " Mon royaume n'est pas de ce monde. »
(Jean, 18, 33- 36-37)

Tu sais que si la terre est un monde d'expiation, c'est par la volonté d'êtres cruels. Dans ce monde ingrat, la lumière dans son éternelle beauté apporte aux hommes tant de bonheur.

Celui dont le passage terrestre est fait d'abnégation et de dévouement à autrui aura la satisfaction d'une vie remplie de richesses de cœur et d'âme.

Au soir d'une vie d'élévation vers le Divin et d'amour pour ses proches, parvenu au terme d'une vie d'efforts, l'Esprit part vers les horizons et la lumière ; il retourne vers ses Esprits frères qui l'attendent dans les espaces célestes où règnent les lois de Dieu dans l'harmonie.

M. et Mme Penneau avaient eu une vie d'amour et de charité. Ils vécurent heureux, toujours attentifs à tous ceux qui les entouraient. Eux et moi entretenions des liens très étroits.

A 89 ans, ils sont partis tous deux vers la lumière. Mme Penneau a suivi son époux un mois après sa mort. A la fin d'un déjeuner avec une amie, elle souhaita se reposer, puis s'endormit. Un moment plus tard, son amie alla la voir, elle était déjà partie vers le monde céleste.

Dans une vision, Mme Penneau m'apparut tout de blanc vêtue dans un jardin idyllique, heureuse et souriante, entourée de familiers. Elle me dit : « Rose, comme je suis bien, mais je suis au Paradis. »

Son décès a eu lieu au moment de ma vision. Ce fut pour moi un grand réconfort.

Elle allait visiter les espaces infinis où les afflictions matérielles et corporelles n'existent pas, mais où est présente la fraternité dans l'amour.

Le Christ nous l'a enseigné par ses paroles sacrées :

« Mon royaume n'est pas de ce monde. »

∞

> Tu sais que la vie n'est jamais une fin. Comme la nuit s'achève, l'aurore apparaît à nouveau avec son éclatante lumière qui se renouvelle dans la divinité. Cette lumière apporte aux âmes sereines la paix retrouvée, après les vicissitudes d'une vie faite d'un bonheur relatif qui n'a apporté qu'illusions. Car rien n'est acquis définitivement ; tout est éphémère.

Dans la douleur, les appels de détresse, les familles demandent mon aide. Par mes prières profondes vers Dieu Tout-Puissant pour l'âme qui va quitter la terre, j'implore que soient abrégées les souffrances. L'aide de mon Guide m'est nécessaire.

A l'instant où l'âme se détache de son enveloppe terrestre, c'est une vie qui s'achève. L'Esprit qui vient de retrouver la liberté part vers la lumière. Il m'apparaît serein. Ce n'est pas le visage glacé de la mort, mais celui d'une grande douceur.

En ce début d'après-midi, dans une vision m'apparaît le visage de Mme Burel. J'entends :

> Fernande.

Elle me sourit et disparaît. Je me réveille en sursaut, téléphone à Mme Burel, à la clinique de Draguignan, et lui parle de ma vision. Stupéfaite, bouleversée, elle me dit : « Ma mère vient de partir, l'infirmière lui ferme les yeux. »

∞

Quand Dieu en a décidé ainsi, l'Esprit libéré s'envole comme un papillon au sortir de sa chrysalide et vient alors m'avertir qu'il a quitté son enveloppe terrestre, qu'il part vers la lumière éternelle. Il est heureux et serein.

Par l'intermédiaire de Mme Prat, au début de l'année 1990, la mère de Guillaume m'a fait part du cas de son fils âgé de 20 ans.

J'avais perçu avec beaucoup de peine que malheureusement son cas était désespéré et j'ai beaucoup prié pour l'aider.

Dans une vision, j'ai vu le visage de Guillaume. Je le sentais très mal, c'était la fin. J'entends :

> Il va partir.

Je me réveillai angoissée, je me suis mise à prier Dieu et mon Guide afin que soient abrégées ses souffrances.

Quelques jours plus tard, très tôt le matin, m'apparaît le visage de Guillaume, serein et rayonnant. Il me sourit et disparaît comme il m'est apparu. Je sais que Guillaume vient de partir.

Sa famille me confirma sa mort survenue au moment même de ma vision.

Mme Catherine Prat
Paris

Au début de l'année 1990, je signalais à Mme Gribel le cas de Guillaume atteint d'une maladie inexorable. Elle l'accompagna avec beaucoup d'amour et de réconfort jusqu'à sa fin qu'elle vit, lors d'une vision, une semaine auparavant.

Au moment de sa mort au milieu de la nuit, Guillaume passa devant elle, souriant. Il venait la remercier de son aide. C'est ce qu'elle dit au petit matin à la famille qui corroborera l'heure de sa mort. Guillaume était enfin libéré...

∞

Geneviève Moll
Journaliste
Le 30 décembre 1991

Un samedi matin, le téléphone me réveille vers midi. Une voix que je reconnais à peine, une de mes anciennes collaboratrices, perdue de vue depuis au moins trois ans Mon interlocutrice pleure au téléphone. « Mon fils a trois mois, me dit-elle. Il est à l'hôpital. Je veux savoir si on peut le sauver. »

J'ai pris contact avec Rose Gribel.

« Vous ne me connaissez pas, lui ai-je dit, mais je lis en ce moment ce que vous avez écrit. Je ne vous en parlerai pas, parce que je n'ai pas encore terminé.

– Je sais, me répondit-elle.

– Je vous appelle parce que... Et je lui raconte.

– Je sais, dit-elle à nouveau. Oh ! Comme c'est tard. Cet enfant étouffe. Je ne peux pas grand-chose. Prier, seulement. Faire en sorte qu'il parte sans trop de souffrance. Il s'appelle A. H., n'est-ce pas ? Je vois A. H. Vous pouvez m'envoyer sa photo. Par télécopie, ça ne fait rien. Mais, vous savez, il vaut mieux qu'il parte. Il a trop de malformations. Et la mère ? La mère, c'est d'elle qu'il faudra s'occuper, après... »

Et j'ai raccroché. J'ai recontacté mon ancienne collaboratrice, qui m'a avoué que son fils avait de multiples malformations. Tout en lui demandant d'envoyer la photo de l'enfant à Rose, je l'ai préparée à l'issue fatale.

Le petit A. est mort le lendemain, vers 20 heures. Sans que personne ne le sache, Rose a pris en charge la mère désespérée, l'a envoyée à ses propres frais à la Guadeloupe pour qu'elle se refasse une santé, dépasse son drame, reprenne goût à la vie.

C'est ainsi que, pour la première fois, j'ai établi des rapports avec cet être exceptionnel qu'est Rose Gribel, qui depuis illumine ma vie.

∞

« Cherchez, vous trouverez Jésus-Christ. »

Tu sais que notre route est longue et tracée. Car tu es pour nous un lien précieux, par lequel nous pouvons transmettre nos aspirations.

Dans le bouleversement actuel, l'homme sent le danger venir de partout. Sa confiance s'amenuise, tous ses efforts sont vains, il n'est plus à l'abri nulle part. Il craint pour ses biens, sa famille, sa patrie. Il est impuissant devant des événements qui vont l'amener à ne plus se sentir en sécurité.

Il n'a plus confiance dans les lois humaines ; même sa santé n'est plus protégée. Et pourtant le soleil brille, mais les cœurs sont serrés.

Que cherche l'homme ?

Il doit comprendre qu'au-dessus de ce monde pervers coule une source intarissable de vie que régissent les lois de Dieu. C'est vers Dieu que le monde se tournera.

Après la réparation des fautes en des vies d'épreuves, les âmes poursuivront leur ascension vers la lumière.

Les Esprits, entre eux, se voient, se retrouvent. Il n'y a pas plusieurs sortes d'Esprits. Tous sont soumis à la loi divine du progrès.

Tous progressent dans le travail et l'élévation. L'unité profonde règne dans l'univers éternel.

Ne voyons pas un Dieu de vengeance, mais de justice et de miséricorde.

LES COMMUNICATIONS *POST MORTEM*

« Converser là-bas avec eux, les fréquenter, les examiner. Quel bonheur inouï ! »
Socrate

Les Esprits t'ont parlé. Leurs visages sont souriants.

C'est par l'attribut de tes facultés de médium que s'établissent les intimes conversations. Ce sont les voix du Ciel et des Esprits.

Par mon intermédiaire, ils ont parlé leur langage. C'est toujours pour eux une joie de pouvoir rendre compte à leurs proches de bien des détails de leur vie terrestre.

Ils désirent s'exprimer sur ce qui a été leur charme, ce qui a marqué leur existence, leurs difficultés, leurs peines des êtres qu'ils ont laissés. Ils révèlent des détails troublants sur des objets auxquels ils tenaient particulièrement. Pour se faire identifier, ils donnent des faits précis et vérifiables que le consultant ignorait, mais apprendra par la suite.

Ils parlent des biens qu'ils ont laissés ou des pertes qu'ils ont subies. S'ils ont eu des infirmités, ils les font reconnaître... Les souffrances, les maladies qu'ils ont eues sur terre les ont marqués, ils s'en souviennent et l'expliquent.

Tu les aperçois toujours comme au moment de leur mort. S'ils ont eu de graves épreuves par la maladie qui les ont amenés à la séparation de l'âme et du corps, de cela ils ne se souviennent pas.

Ni de leur passage entre les deux mondes. Pour eux, c'est un instant très court. Ils parlent de leurs souffrances sur terre mais ne se souviennent pas du départ ; cela a été très vite.

C'est le message qu'ils transmettent aux personnes qu'ils affectionnent. Ils sont heureux de ces communications et donnent des conseils. Ils semblent tellement sereins et rayonnants dans les espaces infinis, leur monde des Esprits.

Ainsi le futur reste le mystère qui appartient à Dieu : le voile est jeté.

Pendant mes consultations, les Esprits familiers viennent. C'est, pour eux, un réel bonheur d'apporter des preuves tangibles et sincères de leur entité. Ils transmettent leurs péripéties et parlent du sort inévitable réservé selon leurs mérites.

Combien de personnes, venues me consulter étaient d'abord incrédules. Elles sont reparties bouleversées et sont devenues spirites.

Corine Paolini
journaliste

[...] Par un confrère journaliste, j'appris que vous étiez médium. Quelques jours après, vous me faisiez entrer en communication (je devrais plutôt dire en communion) avec mon grand-père décédé voilà quelques années, ce dont je vous serai à jamais reconnaissante... Les révélations surprenantes que vous m'avez faites à cet instant privilégié m'ont confirmé l'existence d'un Au-delà dont je vous crois volontiers la messagère. [...]

Mme Sonia Chakhof
Attachée d'administration de la recherche
au C.N.R.S.

Je voudrai, avant tout, témoigner mon étonnement pour ce que vous m'avez dit sur mon passé, sur les précisions que vous m'avez données sur ma mère en particulier, précisions inconnues de tous.

En cinquante ans, je n'ai jamais eu de relations avec le milieu de voyance, sous aucune forme que ce soit. Je dois dire que cela m'a vraiment troublée et m'a apporté beaucoup de joie.

Mme Philippi
Nice

A ma grande joie et étonnement, j'ai retrouvé grâce à Mme Gribel mon père chéri, mort il y a six ans. Les révélations authentiques me laissent pour toujours, moi la sceptique, vraiment convaincue de l'extraordinaire don de Mme Gribel. Je ne pensais pas qu'une telle communication pouvait exister.

François Bracq
Notaire
Paris

Toutes les semaines, je me réjouis d'avoir eu la chance de vous rencontrer. Vous avez pressenti mes problèmes. Votre justesse de vue m'a subjugué. Vous m'avez dévoilé des détails et faits extrêmement précis de mon regretté père (détails de vie, passions, maladie qui l'a frappé).

Je comprends combien les témoignages du monde entier que vous recevez vous touchent et vous aident aussi dans cette lourde mission [...]

Mme Emma Tutkovics
Paris

[...] Je suis une personne qui ne croit pas à la voyance ni dans l'Au-delà. J'ai été stupéfaite que, ne me connaissant pas du tout, vous ayez vu mon mari disparu, sa mort ; ce contact semblait tellement vrai ! Ça me donne beaucoup à réfléchir. Vous m'avez décrit mon mari, ça me donne une joie et un bonheur dans mon cœur, c'est la vérité et je vous en remercie infiniment.

J'ai dicté parce que mon français n'est pas très correct.

Guy Halimi
ex-directeur de banque
Fréjus, le 10 avril 1991

[...] Ce jour, j'ai connu un trouble indescriptible dû à l'intervention de Mme Gribel qui a été l'intermédiaire entre mon grand-père Jacob et moi-même.

En effet, mon grand-père a marqué ma vie. Ma jeunesse a été merveilleuse grâce à lui. Depuis son décès (dix ans), j'ai l'impression de n'avoir plus d'appui.

Ce jour est un tournant dans ma vie. Mme Gribel, que je connais à peine, ne pouvait deviner certains faits précis que mon grand-père lui a cités... Ma visite de ce jour me permettra un nouvel élan dont j'avais bien besoin.

∞

« Le Christ dit : “ Tout don excellent, toute donation parfaite vont d’en haut et descendent du Père des lumières. ” »
(Epître de saint Jacques, 1, 16-17)

Ta mission t’est donnée pour dévoiler les preuves que le monde des Esprits existe bien, et apporte sa contribution.

Tu dois éclairer l’homme sur les faits probants que tu as eus dans tes communications avec des êtres d’outre-tombe. Ils te sont apparus et t’ont dépeint leur situation, leur souvenir de faits précis et réels. Ils parlent de leur affection pour des êtres chers qu’ils entourent de conseils. Ce que tu perçois, ce que tu entends de leur conversation, tu le transmets au consultant.

Combien sont venus et sont partis heureux d’avoir eu ces messages.

Les Esprits prouvent leur identité par des lettres de leurs initiales, des signes incontestables, des détails que l’on peut constater, des objets qui leur étaient personnels et qu’ils détenaient au moment de leur vie terrestre. Ils décrivent leurs passions, leurs affections. Certains, dans leur communication intime, m’ont donné des détails tellement précis !

Ce fut le cas de Marion.

Marion était dans un grand désarroi lors de sa première visite chez moi.

Quelques jours plus tard, elle revient me voir et je retrouve une tout autre femme, au contact agréable.

Très vite la communication s'établit avec l'Esprit de sa grand-mère maternelle et je vois ses initiales.

Elle m'apparaît, le visage triste, sa tête est bandée, aucun son ne me parvient, ses mains me font des signes me montrant ses oreilles et sa bouche.

Je transmets à sa petite-fille.

Stupéfaite, confondue, elle me confirma :

Ma grand-mère venait d'être accidentée, sa tête était entourée d'un bandage. Et c'est extraordinaire ! Elle vous fait comprendre qu'elle était sourde et muette.

Je la voyais telle qu'au jour de sa mort. Elle me dit qu'elle n'avait pas toujours su se faire comprendre ; sa surdité étant pour elle un handicap difficilement surmontable.

Puis j'aperçois d'autres initiales, celles de la seconde grand-mère de Marion.

Je vois une très belle femme souriante. Elle m'avoue avoir été très heureuse et me dit avoir fait de nombreux voyages autour du monde. Au sujet des hommes, elle conseille à sa petite-fille de se comporter comme elle et de ne pas s'attacher malgré les sollicitations. Puis je la vois lancer des bijoux et de l'argent sur une table. Elle parle de sa vie qui a été bien remplie.

Elle est très heureuse de pouvoir s'expliquer et répondre aux questions que sa petite-fille lui pose. Elle rapporte des faits et des détails précis, personnels touchant son passage sur terre.

Marion se met à rire et me dit, émerveillée :

Ce sont les mêmes paroles qu'elle me disait de son vivant au sujet des hommes. Par ailleurs, elle a toujours joué au baccara et a perdu énormément. Elle a fait dix-sept fois le tour de la terre. Vous me donnez des détails si précis ! J'en suis d'autant plus stupéfaite que vous ne me connaissez pas !

Marion venait de comprendre que le monde des Esprits existe bien.

Sa philosophie allait changer. Tel est le bonheur pour chaque être de penser et de savoir que la vie ne s'arrête pas là. Ce n'était qu'un au revoir car elle reviendra me voir pour d'autres communications.

Ces communications lui ont apporté la conviction de l'existence de parents défunts dans l'Au-delà.

Son témoignage est là pour le confirmer parmi tant d'autres.

Aujourd'hui, Marion sait que ses parents morts sont venus la voir par mon intermédiaire, qu'ils me sont apparus comme de véritables êtres humains, avec leur corps subtil. Ils ont gardé tous les sentiments qu'ils avaient sur terre, leurs affections, leur grandeur et leur faiblesse. Et ils montrent aussi qu'ils restent toujours attachés à ceux qu'ils ont aimés sur terre.

C'est merveilleux de pouvoir compter sur la présence et l'appui d'êtres aimés. Cette certitude rend plus fort face à la vie et à ses épreuves. Elle aide à comprendre que la mort n'est pas à redouter.

∞

Un soir, en Guadeloupe, avec Michel et Monique Boulogne, nous étions installés sur la terrasse, entourée de magnifiques plantes et fleurs tropicales. Les chants des insectes, des grillons, les coassements des grenouilles, la faune antillaise, la chaleur et le ciel étoilé me rappelaient les nuits merveilleuses de mon pays, l'Algérie.

Tout cela m'amenait inconsciemment à la méditation. Mon regard s'est porté vers M. Boulogne, assis en face de moi, qui me posa cette question :

« Parfois, le soir, je sens une présence. Comme si quelqu'un était près de moi ! Qui est-ce ? Je n'arrive pas à définir. »

Immédiatement m'apparaît son Esprit familier. Je vois les initiales de son nom, de son prénom et des détails précis sur sa mort. Je lui dis :

« Il est mort jeune, à quarante ans. Je le vois très beau avec une moustache. Il a été victime d'un tragique accident. Je vois un toit avec un arbre couché dessus. »

L'Esprit me donne des détails très personnels sur ses proches. Puis il me communique que M. Boulogne possède un meuble lui ayant appartenu, ainsi qu'une montre ronde à gousset.

M. et Mme Boulogne sont stupéfaits. Ils me montrent le meuble, mais m'affirment n'avoir jamais reçu de montre.

Guidée par l'Esprit familier, j'insiste. Cette montre se trouve bien dans leur maison. Les initiales du disparu sont même gravées dessus.

Ils vérifient le contenu du meuble et y découvrent une montre à gousset en or ronde. A l'intérieur du couvercle de la montre étaient bien gravées les initiales de l'oncle.

Par ces révélations, l'Esprit s'était fait reconnaître. D'avoir conversé avec leur parent défunt avait changé leur philosophie et les avaient marqués à jamais.

Monique et Michel Boulogne
Guadeloupe

Dieu ! par un heureux hasard, nous a mis en relation, relation qui s'est concrétisée par votre séjour, ainsi que celui de Jean, votre mari, en Guadeloupe.

Nous gardons tous un cher et précieux souvenir de ce que nous pourrions appeler « vivre », vivre une vraie vie de partage, de simplicité, d'affection...

Loin de nous, toutes pensées susceptibles d'enfeindre une amitié vraie, basée sur les mêmes affinités, les mêmes richesses spirituelles. Merci pour ce partage, chers amis.

Merci aussi Rose, pour cette merveilleuse soirée au cours de laquelle vous avez évoqué avec foi, deux de nos chers disparus ; vos révélations se sont avérées authentiques avec preuves à l'appui. Nous en garderons toujours un souvenir ému.

Merci ! Pour la chaleur avec laquelle vous vous montrez toujours disponible pour apaiser nos angoisses et nous soutenir dans nos détresses.

Merveilleux Guide spirituel vous avez été et êtes encore pour soutenir avec tant d'intérêt et d'affection notre enfant si désemparé dans la vie. Grâce à vos dons et à la puissance de vos prières, elle a retrouvé son équilibre et la joie de préparer son mariage, comme vous l'aviez prévu en 1987, au début de cette année 1989.

Un merci ! Si grand soit-il à Dieu, au Christ, à Allan Kardec et à vous chère amie, n'exprimera pas la grandeur de notre émerveillement et de notre reconnaissance.

Tous réunis, nous envoyons, ainsi qu'a Jean, notre plus amical souvenir en attendant la joie de vous revoir...

L'ÉLÉVATION SPIRITUELLE

« Ce que l'Eternel réclame de toi,
c'est que tu pratiques la justice, que tu aimes
la miséricorde et que tu marches
humblement avec ton Dieu. »
(Michée, 6, 8)

Allan Kardec continue à dicter :

Tu vas ébranler l'homme. Il pense dominer bien des situations pourtant éphémères. Il ferme les yeux pour ne pas voir la souffrance d'êtres dans la détresse.

Mais le doute envahit sa conscience. C'est l'incertitude... Pourquoi des êtres ont-ils des infirmités, pourquoi y a-t-il des accidentés, pourquoi des enfants ont-ils très peu à vivre et partent-ils ?

Le voile est tombé sur eux.

Pourquoi Dieu accepte-t-il tant de malheurs ? Là est la loi dans son éternelle justice divine. La terre est un lieu d'expiation pour nous élever spirituellement.

L'homme croit sa vie établie avec ce qu'il a acquis par sa domination, mais le karma est là et la loi est immuable.

Dans la mort, le pauvre et le riche, le bon et le mauvais se retrouvent. Ils n'emportent avec eux rien de ce qui fit leurs délices, rien de leurs attaches matérielles.

C'est la coupure, le néant d'une vie, et le départ dans le monde des Esprits où les attendent les familles, qui les y ont précédés, les amis.

Pour l'Esprit, chaque passage sur terre est une épreuve qui lui est assignée et là est son propre destin.

Pour celui qui a été cruel et égoïste dans sa vie terrestre, son passage dans les sphères célestes sera court. Après être redevenu homme et avoir retrouvé une enveloppe terrestre, après bien des vicissitudes, il devra souffrir pour s'élever vers Dieu.

C'est l'application d'une loi d'égalité morale et de justice.

Les infirmités, la privation des sens sont les conséquences d'anciennes fautes commises. C'est la réparation dans le rachat du passé qu'il faut affronter de nouveau par le retour à l'existence corporelle.

Ainsi l'expiation sert toujours d'épreuve, mais l'épreuve n'est pas toujours une expiation. Elle est choisie volontairement par l'Esprit sans être imposée.

Il ne faut pas croire cependant que toute souffrance endurée ici-bas soit nécessairement l'indice d'une faute déterminée. Ce sont souvent de simples épreuves choisies sont souvent de simples épreuves choisies par l'Esprit pour hâter son avancement dans l'élévation et atteindre le bonheur suprême.

∞

« Le peuple qui marchait dans les ténèbres a vu une grande lumière. »
(Esaïe, 3, 1)

Ô Seigneur ! Que votre souffle divin m'apporte ce que vous désirez me transmettre sous votre dictée par l'inspiration. C'est une résurrection de mon âme qui s'imprègne d'une douceur que vous m'insufflez avec votre puissance et les fluides qui m'amènent dans l'extase d'une divination.

Vous m'avez tracé la voie céleste des Esprits afin que mon âme puisse se retremper, toujours guidée par vous, mon Maître, dans notre mission de faire comprendre à l'homme et de lui donner l'espoir que le monde des Esprits existe bien et transmet ses directives par ces écrits, qui sont d'outre-tombe.

Combien d'artistes ont dédié au monde des œuvres qui leur étaient venues sous l'inspiration d'outre-tombe. Beaucoup ont révélé qu'ils étaient guidés par de grands Esprits qui leur ont insufflé les fluides de l'Au-delà, pour que l'humanité puisse, dans la lumière, contempler ces œuvres qui apportent à notre monde la céleste pratique dans l'harmonie des échos divins.

Depuis les philosophes Socrate et Platon qui ont transmis aux hommes leurs inspirations, ils ont été des élus de Dieu en leur temps. Ils ont pu être parmi ceux qui ont secondé le Christ dans sa doctrine, car les grandes vérités sont éternelles.

Les Esprits donnent la clef des mystères et ouvrent les portes de la vie éternelle.

C'est Moïse qui est venu ouvrir la voie.

Le Christ a continué l'œuvre.

Le Spiritisme est venu l'accomplir.

La Loi de Dieu est éternelle, immatérielle, toute-puissante, souveraine, juste et bonne.

∞

« La vie spirituelle marque l'existence de l'homme. C'est ce mystère qui entoure l'homme depuis notre ère. »

Tu es notre flambeau comme d'autres l'ont été avant toi, qui éclaire et éclairera les devenirs des destinées du monde où tu vis.

Le flambeau a éclairé la nuit des temps depuis la

conception de l'homme. Il a éclairé bien des légendes du monde.

Il a été porté, au travers des siècles, dans toutes les civilisations, par les prophètes, les médiums, pour lesquels le coin du voile a été soulevé, ce qui leur permet de dévoiler à l'homme les mystères.

La médiumnité n'a jamais cessé de guider l'univers. Dans notre vaste empire, toutes les grandes œuvres sont filles de l'Au-delà. Tous les progrès intellectuels ont été transmis au monde de la pensée.

Le flambeau de la médiumnité est la clef de l'univers et assure le progrès de notre histoire, comme une cascade de lumière « allumée » par des éclaireurs prédestinés. Dieu envoie sa pensée au monde, pour le progrès de l'humanité, par les grands Esprits, messagers qui descendent des sphères les plus hautes.

Ce sont les instructeurs de l'univers qui portent leurs communications divines. Les hommes de génie, consciemment ou pas, sont en relation avec l'Au-delà. Les Esprits puissants et supérieurs les assistent, les guident dans leurs œuvres. Souvent les génies ont été des médiums volontaires ou pas, à des degrés différents.

C'est sous influence sacrée que l'homme peut, dans des visions, au travers des profondeurs célestes, créer les grandes œuvres nées de la pensée divine.

Tous ces grands poètes, ces grands illuminés, ces grands inspirés furent instruits dans des visions par intuition soudaine qui traverse la pensée avec la rapidité d'une étincelle. Comme les médiums, ils ont perpétué leurs progrès du monde dans de vastes œuvres spirituelles.

L'Eglise primitive admettait cette philosophie, elle enseignera, parmi les auteurs sacrés, que les prophètes étaient directement inspirés et d'autres assistés. Cette distinction entre les inspirés et les assistés est la médiumnité à des degrés différents. Les prophètes et les médiums ont reçu un don sacré de Dieu.

∞

La vie des saints devait laisser la source pure des inspirations du Christ.

Puis sont venus des siècles d'intrigues sacerdotales les grandes invasions et la ruine.

Les premiers chrétiens avaient des communications avec les Esprits du monde céleste.

Puis l'Eglise, devenue une société dominatrice et politique, inquiète des révélations des visionnaires en contradiction avec ses manifestations, interdira aux fidèles toutes communications avec les esprits, se réservant le droit exclusif d'interpréter les manifestations de l'Au-delà…

L'Eglise a oublié les antiques sagesses, les vérités profondes de Dieu et du Christ, les enseignements divins et les lois de l'invisible. Elle a fait perdre à ses fidèles le sens profond des vérités des grands Esprits qui justifiaient l'existence de l'homme.

Un voile venait d'être jeté sur les mystères sacrés. Un vent allait souffler et annihiler les Esprits. Ceux qui avaient fait la gloire des prophètes ont fui. Bannis des églises, ils sont allés vers d'autres cieux. Les lumières allaient s'éteindre.

La religion imposera les mystères de Satan et de l'enfer des supplices. Elle a remplacé le nom d'Esprit missionnaire par les mots diable ou démons.

Les inspirations, les instructions des Esprits seront considérées comme diaboliques et conduiront les chrétiens au supplice. Sur les flammes des bûchers, ils ont brûlé les corps terrestres. Leur âme partaient vers la lumière, le monde céleste.

Pourtant, la religion des prophètes et du Christ avait apporté la source pure, la puissance des Esprits. Les ténèbres allaient enfermer la pensée humaine dans la tristesse durant des siècles.

La vie de Jeanne d'Arc, l'héroïne de Domrémy, est encore aujourd'hui dans les mémoires. En tous lieux, des êtres invisibles inspirent Jeanne et la dirigent. Elle a des visions. Elle entend des voix venues de l'Au-delà.

Tous les événements glorieux lui sont annoncés à l'avance. Des apparitions surgissent devant elle au milieu des combats. Des voix célestes la guident devant ses juges. Cette jeune fille, consciente de la mission sublime qui lui est confiée, resta déterminée dans sa foi inébranlable, même devant la mort, comme transfigurée par la lumière du monde céleste. « Je suis venue, dit-elle, de par Dieu, les saints, les saintes du paradis et l'Eglise victorieuse de l'Au-delà, de leur commandement. C'est à cette Eglise-là que je soumets tous mes actes et tout ce que j'ai fait ou à faire. »

La vie de Jeanne d'Arc, comme missionnaire et comme médium, reste sans égale dans l'histoire, suppliciée par l'Eglise catholique.

∞

Dieu a envoyé des messages comme une pluie d'étoiles sur notre vieux monde.

Chaque siècle a eu ses prédicateurs avec l'aide de Dieu. De grands inspirés ont écrit la Bible. Aujourd'hui la Bible a été réécrite par l'homme. D'innombrables écrits ont disparu.

Les Esprits restent dans les espaces divins. Dieu les fait revenir sur terre pour parfaire ce qu'il a prédit. C'est l'enseignement du Ciel à la Terre.

Dans les incertitudes de l'homme, dans les déserts, dans le silence des forêts, par le bruissement des vagues, dans la solitude, dans la méditation, le recueillement dans la foi profonde, s'est créé l'édifice des lois célestes dans toutes religions.

Toute œuvre historique, toute civilisation antique,

lointaine et mystérieuse, toute pensée, toute espérance humaine aspire à l'élévation vers Dieu. La religion a dirigé la pensée concrète de l'homme vers les choses visibles et matérielles. La spiritualité est la marque de l'homme.

« Ecoutez en vous-même et regardez dans l'infini de l'espace et du temps. Là retentissent le chant des astres, la voix des nombres, l'harmonie des sphères.

« Chaque soleil est une pensée de Dieu et chaque planète un mode de pensée. C'est pour connaître la pensée divine, ô âmes ! que vous descendez et remontez péniblement la route des sept planètes et de leurs sept cieux.

« Que font les astres ! Que disent les nombres ! Que roulent les sphères ! – Ô âmes perdues ou sauvées, ils disent, ils chantent, ils roulent – vos destinées ! » (Fragment orphique)

LES GRANDS GÉNIES

« La vertu ne peut s'enseigner, elle vient par un don de Dieu à ceux qui la possèdent. »
Socrate et Platon

Il faut bien comprendre que les êtres humains n'ont aucune autre possibilité d'emmagasiner les infimes passages d'inspirations que nous voulons transmettre à l'humanité qu'au travers des esprits.

Pour le bonheur de l'homme, le génie crée, sous l'inspiration d'Esprits puissants et élevés, en harmonie avec l'âme terrestre. Il est illuminé par l'écho qui passe et lui insuffle la révélation qui fera sa gloire.

Bien des écrivains, des artistes, par leur talent, ont su transmettre leurs pensées pour d'autres indicibles. Leur âme s'envolait, en extase, parmi les âmes qui dévoilaient et guidaient leurs visions, illuminant tout leur être. En transe, ils allaient puiser dans l'océan immortel de musique céleste les écrits sacrés qui allaient marquer l'histoire de notre civilisation.

Ces princes de l'harmonie ont légué des œuvres qui resteront immortelles.

Mozart, ce grand génie, a été un grand médium qui a toujours perçu les voix mélodieuses de l'espace. Quelques heures seulement avant son départ vers la lumière, son âme s'exalta dans une dernière harmonie. D'une main glacée, le Maître écrivit l'*Ode funèbre* qui fut son œuvre ultime. Une ineffaçable extase s'était emparée de lui. Une extase que seuls peuvent ressentir les grands inspirés parvenus au seuil des mondes glorieux. Il disait du reste lui-même avoir été sous influence médiumnique et croyait aux réincarnations.

Goethe a puisé son inspiration aux sources de l'invisible. Toutes ses œuvres en sont imprégnées. *Faust* est une grande œuvre médiumnique et symbolique.

« Je courais quelque fois à mon pupitre, dit Goethe, sans prendre la peine de redresser une feuille de papier, et j'écrivais ma pièce de vers depuis le commencement jusqu'à la fin, en biais, sans bouger. A cet instant, je saisissais de préférence un crayon, qui se prête mieux à tracer des caractères. »

Flammarion écrit : « Chez Goethe, en certaines heures de passion, cette communion des Esprits est apparue avec une lumineuse clarté… »

Chopin avait des visions qui, parfois, le terrifiaient. Ses œuvres ont été écrites, parfois, dans l'obscurité, comme la *Marche funèbre.*

∞

« Le peuple qui a marché dans les ténèbres
a vu la grande lumière. »
Esaïe, (9, 1)

Le flambeau rayonne à la lueur de la pensée spirite.

Dans les arènes antiques, dans les Hauts Lieux, les hommes se retrouvaient et se regroupaient autour d'un autel pour écouter les sages et transcrire leurs pensées, leur savoir, les prédictions.

Les prophètes, ces nomades, à la lueur des chandeliers, déployaient les rouleaux de papyrus et lisaient l'Histoire. Là se donnaient les premières interprétations des livres sacrés. L'Eternel était parmi eux sous le ciel étoilé, mais aussi à la lueur des chandeliers et dans les flots d'encens qui reflétaient sa gloire.

Le génie atteint sa plus grande intensité lorsqu'il s'agit de prophètes destinés à changer le destin des peuples.

C'étaient les révélations, les prédictions que les prophètes enseignaient. Leur foi était grande. Leur sagesse antique soulageait bien des détresses. Leurs regards étaient tournés vers les cieux. C'étaient des êtres choisis et sacrés.

Sous l'inspiration des grands Esprits, des bruissements d'échos lointains leur amenaient les souffles divins. Leur âme ressentait la puissance de l'Esprit. C'était l'interférence, la collaboration du monde céleste venant instruire et insuffler à l'homme les divinations les plus sublimes, les œuvres les plus grandioses de l'humanité.

Les artistes célèbres réalisèrent des œuvres magistrales. Guidés, ils devenaient de grands génies. L'Esprit leur transmettait les accords sublimes au travers d'étincelles qu'il faisait jaillir, dans l'extase, dans la béatitude et la transe de leur être.

Ils ont créé l'édifice de toutes civilisations. Ces grands inspirés, dont certains reconnaîtront avoir été sous l'influence de la médiumnité, ont laissé leurs noms gravés dans l'histoire du monde, sur les monuments. Ils ont, à leur tour, porté le flambeau dans leur gloire éternelle par des foisons d'étoiles dans la nuit noire. Ils ont illuminé le monde par les œuvres qu'ils avaient fécondées dans une harmonie entre l'âme et l'Esprit.

Orphée et Homère, c'est-à-dire la musique et la poésie, chantèrent à la terre ravie les strophes de l'harmonie divine dont s'enivra l'âme de la Grèce.

Les chants d'Homère viennent de plus haut que la terre.

Homère, l'*Illiade* et l'*Odyssée,* ces monuments impérissables, font toujours l'admiration des peuples et sont le modèle le plus parfait de l'art.

Dante, l'incomparable médium, appelait le matin « l'heure divine », parce que c'est celle où s'expriment les inspirations de la nuit. Sa *Divine Comédie* est un pèlerinage à travers les mystères du monde invisible, dans cette communion profonde avec son guide céleste, le Grand Esprit Virgile.

C'est par les yeux de sa Béatrice, morte, qu'Alighieri voit « les splendeurs de la lumière éternelle vivante », et toute sa vie en est éclairée.

« Cette scène sublime d'inspiration prophétique fait d'autant plus d'honneur au pinceau de Virgile, qu'il n'en a point trouvé de modèle dans ce qui nous reste de l'Antiquité grecque. On ne peut comparer à l'enthousiasme de Déiphobe les froids discours de la Sibylle de Delphes dans Eschyle et dans Euripide » Euménides, (v. 1335).

Milton parut et agrandit la sphère de l'épopée ; il peignit, dans *Paradis perdu,* l'alliance mystérieuse du ciel et de la terre, les sources de l'éternelle sagesse, le néant et la grandeur de l'homme. Un esprit aussi profond pouvait seul s'inspirer de ces vérités ineffables, traduire les idées métaphysiques de formes corporelles et visibles, et donner l'un des plus extraordinaires poèmes.

SPIRITISME DOCTRINE PHILOSOPHIQUE

Tu dois faire comprendre, au travers de ce livre, que le spiritisme n'est pas une nouvelle religion, mais une doctrine philosophique.

Chaque prophète vivait sous l'inspiration de Grands Esprits pour révéler bien des mystères. Il devait réconcilier des peuples dans leur religion, avec leurs mœurs et leurs coutumes.

Quel est le fondement de l'Eglise ? Dans des âmes envahies par la peur de la mort. Le doute envahit le monde.

Avec l'évolution et le rapprochement des races, des religions, la conscience humaine allait trouver, en remontant le cours du temps, la Bible qui fut la source de notre religion.

Moïse était, à travers toutes les manifestations, spirite. Le monde des Esprits collabore avec le monde des vivants au travers des prophètes, des médiums et des génies. Toute la Bible en est imprégnée.

L'Eglise, pendant des siècles, allait éteindre les lumières et jeter un voile obscur sur tous les Grands Esprits qui avaient inspirés les divinités et avaient fait la gloire de nos antiques prédécesseurs.

L'Eglise romaine n'a pas été dépositaire du flambeau divin. La nuit, qu'elle a voulue pour les autres pendant des siècles, est tombée sur elle par la justice de l'Au-delà.

Il aura fallu dix-sept siècles pour que le courant d'idées moderne des génies, ces inspirés, amène à la recherche de la vérité :

C'est à Descartes que nous devons l'émancipation de la pensée, l'affranchissement et la libéralisation de l'Esprit humain emprisonné depuis des siècles dans la théorie scolastique, après des siècles de domination et de despotisme.

Le 10 novembre 1619, Descartes écrit, dans ses *Olympiques,* que son système du « doute méthodique » lui fut révélé par une intuition soudaine qui traversa sa pensée avec la rapidité d'un éclair. La philosophie cartésienne est ainsi née d'une révélation médiumnique.

Pascal, ce grand génie, ce grand médium, écrit :

« La Bible,n'est pas un livre de philosophie ou d'histoire, elle ne nous parle pas de Dieu, mais au non de Dieu. Ce Dieu est le Dieu vivant, “ Dieu d'Abraham, d'Isaac et de Jacob ”, non des philosophes et des savants. »

Les grands génies du XVIIe siècle furent les précurseurs de la grande doctrine spiritualiste et humanitaire, en attendant la venue du Grand Maître Allan Kardec.

∞

Le spiritisme, c'est l'universalité des Esprits qui communiquent leur enseignemnt partout, à tous les peuples, à toutes les classes. Il n'a pas de nationalité, il est en dehors des cultes particuliers. Il n'est imposé à personne.

Chacun de nous peut, par l'intermédiaire de prophètes ou de médiums, recevoir des communications, des instructions de parents, de familiers, d'outre-tombe.

Le flambeau du spiritisme a brillé de toute éternité.

Dieu envoie sa pensée au monde par les Grands Esprits, ses messagers, pour nous faire comprendre la vie future. Ils ont fait progresser et ont guidé l'humanité.

Tous les progrès intellectuels ont été créés par le souffle puissant des éclaireurs qui se sont transmis le flambeau de la médiumnité tout au long des siècles.

Alfred de Musset avait des visions, des apparitions, entendait des voix. « Un main invisible ne veut pas que je m'arrête », disait-il. « Voilà bien des années que j'ai des visions et que j'entends des voix. Comment en douterais-je quand tous mes sens me l'affirment. Il me semble, au moment où cette communion s'opère, que mon esprit se détache de mon corps pour répondre à la voix des Esprits qui me parlent. »

Musset devait à des influences occultes une partie de l'ascendant qu'il exerça sur ses contemporains. Ce fut à la fois un poète d'une haute inspiration et un puissant médium, voyant et auditif.

Victor Hugo, ce génie inspiré, a écrit « Dieu se manifeste à travers la pensée de l'homme. Le poète est prêtre. » Et encore:

« Les morts sont des vivants mêlés à nos combats,
Et nous sentons passer les flèches invisibles. »

Dans une apologie de Molière, il dit :

« Poète au Louvre, archange au Ciel, ô grand Molière !
Ta visite splendide honore ma maison.
Me tendras-tu là-haut ta main hospitalière ?
Que la fosse pour moi s'ouvre dans le gazon !
Je vois sans peur la tombe aux ombres éternelles,
Car je sais que le corps y trouve une prison,
Mais que l'âme y trouve des ailes ! »

Quant à Lamartine, il écrit :

« J'ai mon but… Personne ne sait lequel, excepté moi. J'y monte au pas que le temps comporte et pas plus vite. Ce but est impersonnel, unique et divin. Il se dévoilera plus tard. »

Chateaubriand, Balzac, le philosophe suédois Emmanuel Swedenborg furent de grands inspirés. Edgar Quinet avait les yeux fixés sur l'invisible. Il crut au « royaume des Esprits, la vraie patrie que rien ne peut bannir. »

∞

« Car ceux qu'on appelle aujourd'hui les prophètes,
on les appelait autrefois les voyants. »
(Samuel, I, 9, 9)

Dans le vaste domaine de l'histoire, la médiumnité, à des degrés élevés, est ce qu'il y a eu de plus beau dans l'univers.

> Mais nous ne trouvons point de mots pour exprimer en termes clairs nos visions qui nous ont mis dans un état d'extase, où toutes les pensées terrestres disparaissent pour faire place au sentiment épuré qui est l'essence de notre être immatériel. Nous ne pouvons expliquer au monde que les images de la vie céleste qui passent sous nos yeux.

Presque toujours les prophètes, les voyants, les missionnaires, les messagers ont été pour la plupart des privilégiés par leurs communications avec l'invisible, avec les Esprits. Ces êtres choisis ont la faculté de s'élever au-dessus des choses naturelles pour entrevoir le rayonnement de la perfection suprême.

Les génies sont aussi des messagers de la pensée divine, par les Grands Esprits qui les illuminent, leur insufflent les desseins que Dieu transmet au monde.

Leurs œuvres apportent au firmament leur gloire, qui est la pensée, la source puissante de l'inspiration. Leur mission est voulue pour l'humanité.

C'est dans la beauté des Cieux, dans le scintillement des étoiles, dans les montagnes que s'est créé l'édifice de toutes religions et civilisations.

L'Esprit se révèle à Moïse dans le buisson Horeb sur le Mont Sinaï.

Platon reçoit l'inspiration sur le sommet de l'Hymette.

Jésus communique avec son Père dans les larmes et la prière sur le mont des Oliviers.

Mahomet, fondateur de l'Islam, rédige les versets du Coran sous la dictée de l'ange Gabriel, que Dieu lui avait envoyé au mont Hira, dans les cavernes du Moab.

∞

« L'Esprit m'a enlevé et porté jusqu'à lui. »
(Ezéchiel, 3, 14)

Que les vibrations imprègent mon âme.

L'écho des paroles, comme un souffle divin, jaillit de

ma pensée. Dans mon être chaviré, jaillit le murmure des phrases qui se subtilisent dans ma mémoire, comme un rayon de soleil, dans l'extase.

Mon cœur tremble sous l'effet de ce bonheur qui m'envahit. Mes sens traduisent mes pensées qui se fondent dans mon âme. Dans la contemplation et la révélation de l'Esprit, mon Guide Allan Kardec, qui va me dicter, sous inspiration sacrée, ce qu'il me transmet pour le monde.

C'est l'Esprit supérieur, dans notre concordance, sous son influence, dictera à mon âme, empreinte de grâce sacrée, dominée par la personalité qui est le reflet du Grand Esprit, dans une harmonie sublime va me faire entendre les paroles sacrées que ma main, comme une plume, s'envole sur la feuille avec rapidité, qui me transporte et chavire mon être dans une frénésie, d'une pression merveilleuse.

L'Esprit d'élite porte sa contribution à la personne qu'il a choisie, le médium, dans sa mission au monde des vivants, pour parfaire et apporter à l'humanité la collaboration du monde invisible dans les destinées de ce monde.

Dans bien des cas, les Grands Esprits ont apporté leur concours dans toutes les grandes œuvres. Les hommes de génie, les savants, beaucoup le reconnaîtront. Beaucoup ont su l'identité des Grands Esprits qui les ont guidés au travers des temps et des mondes.

Tous les événements du monde sont prévus et prédits.

Dieu seul détient la clef de tous les mystères. Et les Grands Esprits ont tracé, par leurs voix à des âmes pures où nous sommes admis, dans les sphères célestes où la beauté éternelle, dans les espaces de lumière infinie, où l'Esprit contemple, dans sa majestueuse grandeur, le vaste empire de ce monde et des lois.

∞

« On trouve dans la lumière secrète
le flambeau intérieur de toute religion,
toute vérité philosophique. »

J'ai une vision merveilleuse.

Je vois sur ma terrasse une boule de fourrure blanche, ressemblant à un petit lapin blanc.

Puis, dans le ciel, m'apparaît un aigle royal, majestueux. Ses ailes déployées battent au-dessus de la mer et me renvoient des éclats de couleurs étincelantes. Je vois une main se tendre vers moi.

Tu as compris que cet aigle était une grâce divine. Ce sont les grands Esprits qui t'apportent leur concours, car tu as besoin d'être aidée dans ta mission.

Tu dois comprendre et faire admettre qu'il

te faut apporter bien des révélations et des vérités de notre monde. C'est une lourde tâche, mais tu es aidée.

Sur votre monde, ces écrits vont apporter bien des révélations du monde céleste, les vérités.

∞

« *En ces jours-là, je répandrai de mon Esprit, (...) et ils prophétiseront.* »
(Actes, 2, 17-18)

Tu sais que, dans la tourmente de la vie, celui qui redoute le néant, jusqu'à son dernier souffle dans les ténèbres, va trouver dans les méandres qu'il redoute, le passage qui conduit l'Esprit vers la lumière, dans la patrie éternelle.

Pour lui, le départ vers le néant restera gravé par toutes les vicissitudes terrestres qui étaient sa destinée passée, par les embûches, les maladies et les souffrances des êtres qui l'entouraient. La souveraineté de ses biens qui, souvent, ont fait sa détresse par l'angoisse du néant qui n'est qu'un au revoir où chaque être va devoir passer, l'espace d'un instant, vers sa véritable vie céleste qui l'entourait sur terre, il va rester lié à ceux qu'il affectionne.

Les Esprits nous voient. C'est dans leurs communications intimes qu'ils parlent, nous expliquent leurs souvenirs, les détails de leur vie passée.

Donc la mort n'existe pas, ainsi nous sommes et ainsi vous serez.

L'avenir existe, il est à nous. Vous marchez dans les ténèbres, nous venons éclairer votre route et vous ouvrir la voie ; nous vous montrons le but.

La vie terrestre est tout pour vous parce que vous ne voyez rien au-delà.

Nous nous révélons, en vous montrant la vie spirituelle, que la vie terrestre n'est rien. Votre vue s'arrête au dernier soupir.

Nous vous montrons au-delà un horizon splendide, avec la certitude de l'avenir. Les espaces infinis se peuplent à l'infini, la solidarité relie tous les êtres au terme du moment suprême.

A la fin d'une vie, à tous ceux qui vous sont chers, vous ne leur direz point adieu mais un au revoir. Comme un navigateur qui aurait fait le tour du monde et reviendrait à son point de départ, mais devra repartir plus tard ; comme l'Esprit qui devra revenir sur terre pour parfaire les enseignements pour son élévation ; comme un élève, il devra atteindre un degré d'évolution qui l'amènera à être un Esprit supérieur.

Chaque passage l'amène à progresser ; et son retour vers le monde céleste est non le visage glacé de la mort que nous voyons, mais un retour vers le monde céleste des Esprits qui lui apporte un bonheur sans fin vers une infinie liberté, où les afflictions matérielles et corporelles n'existent pas, mais une fraternité dans l'amour retrouvé des siens ; où les lois fondamentales de Dieu existent dans l'harmonie du bien.

∞

« Ceux de votre peuple qu'on avait fait mourir vivront de nouveau. »
(Esaïe, 26, 19)

Tu sais que nous avons un long chemin à parcourir pour faire admettre à l'homme incrédule, orgueilleux et égoïste, que sa voie l'amènera fatalement vers le lieu de justice. C'est son dernier soupir, cet instant tant redouté des hommes, du plus riche au plus humble. Cet instant fatidique est une angoisse perpétuelle pour chaque être incrédule qui n'a pas compris que la vie n'est qu'un instant dans l'éternité. La lumière ne finit jamais.

Mais si le corps terrestre n'est qu'un moment dans la fatalité si cruelle, comme le coucher d'un soleil, s'envole l'âme qui est devenue Esprit, et vient de retrouver la liberté ; elle va vers les splendeurs célestes où l'attendent les Esprits familiers.

Ce n'est pour l'Esprit qui part qu'un au revoir. Ses souffrances terrestres sont oubliées ainsi que ses biens matériels.

Il reviendra vers ceux qui lui sont chers sur terre. Il va visiter les mondes en toute liberté tandis que nous retient notre corps terrestre.

LES VOYAGEURS DE L'ESPACE

« Cette écriture céleste est spontanée et dénuée de toute influence humaine. »

Il faut que l'homme comprenne que notre monde régit les devenirs du monde terrestre. Que Dieu Tout-Puissant, par notre voix, fait entendre à l'homme incrédule que la vie est une symphonie de bonheur, éclairée par les effluves divins qui apportent leur collaboration aux destinées du monde.

Notre conception est grande et belle dans notre monde céleste où les lumières réchauffent et enveloppent les âmes sœurs. Car le monde des Esprits est régi par les lois fondamentales. Notre savoir est gravé dans notre fraternisation que le monde terrestre doit retrouver ; c'est ce que je veux te transmettre.

Le monde des Esprits existe, le néant n'existe pas. La vie terrestre n'est qu'un vaste océant de vie où chaque être doit savoir qu'il n'est qu'un Esprit de passage qui doit s'élever spirituellement. Dieu lui en a donné la possibilité pour parfaire son prochain passage qui n'est pas un « adieu », mais un « au revoir ».

A chaque passage, il devra vivre avec une réincarnation nouvelle, une destinée nouvelle, une race et un corps différents.

C'est pourquoi l'homme doit comprendre qu'il n'est qu'un voyageur qui revient sur terre, que sa vie dépendra des richesses spirituelles qu'il aura acquises en son temps, inexorablement.

Il n'emportera aucune richesse terrestre avec lui et partira vers sa vraie patrie, le monde céleste, qui l'attend.

MISSION ALTRUISTE

« Ta médiumnité est grande, au travers de tes facultés. Ta voyance est comme un grand livre ouvert éclairé. »

Ta mission altruiste est grande et belle. Je sais que ton dévouement est sans limites. Tu te sacrifies sans compter, ceux qui font appel à toi sont tellement nombreux.

Bien souvent leurs appels viennent de l'autre bout du globe. Dans bien des cas, ils n'ont pas hésité à venir de pays lointains demander ton aide et faire appel à ta clairvoyance pour bien des situations difficiles et délicates, ta perspicacité est grande.

Que ce soit le jour ou la nuit, dans leur désarroi, ils font appel à toi. Et sans les connaître tu t'investis totalement. Tu comprends leur besoin.

Ta médiumnité est grande. Au travers de tes facultés, ta voyance est comme un grand livre ouvert éclairé.

Tu vas traduire leurs préoccupations, leur situation, leurs angoisses ou leurs maladies avec des détails précis.

La protection de mon Guide puissant m'est nécessaire. La médiumnité entraîne de grandes responsabilités. Nous tromper, c'est tromper Dieu. Cela est impensable.

Notre part de certitude est supérieure à celle de toute autre personne. Il est impérieux d'aider, de soulager, mais surtout de ne pas oublier que nos pouvoirs sont accordés, non pour nous-même, mais pour le bien de nos semblables, et les services doivent être la vérité profonde.

Nous devons le dire avec beaucoup de délicatesse, car nous nous trouvons souvent devant des situations très difficiles, où nous souffrons pour des êtres à qui nous devons, dans notre noble tâche, apporter des paroles d'amour, nous devons aussi accepter l'oubli de nous-même.

Annette Lipski
Paris

Chère Mme Gribel,

J'ai eu la grande joie de vous connaître en 1986.

J'étais dans un état de tristesse immense, ma pauvre maman nous avait quittés depuis quelques mois, et je ne parvenais pas à me remettre de mon chagrin, lorsque, sans me connaître, de suite, vous m'avez parlé de Maman avec douceur, gentillesse, et donné la bonne parole. Puis vous m'avez parlé de certaines choses sur sa vie que personne ne connaissait...

Vous m'avez également prédis des moments très difficiles mais avec le temps tout allait rentrer dans l'ordre.

Mais maintenant que j'ai retrouvé mon calme, vous

aviez raison . Vous m'avez été d'un très grand secours. Vous m'avez également dit des choses sur mon fils qui se sont révélées exactes : alors interne des hôpitaux à Dijon, il aurait un poste important à Paris. Il est chef de clinique à Necker. [...]

Depuis que j'ai eu le grand privilège de vous connaître permettez de vous considérez comme une amie...

Dernièrement, j'ai ressentie le besoin de vos prédictions et de vos conseils éclairés. Comme vous nous avez conseillé, nous avons donc acheté cet appartement qui changera tout notre vie. Vous me l'avez décrit comme si vous le connaissiez, j'étais absolument stupéfaite...

Je crois sincèrement que vous êtes guidée par une puissance supérieure. Malgré tout vous êtes si adorable, simple, pleine de bonté pour votre prochain. Que Dieu vous protège. [...]

∞

« Moïse recevait certes la parole divine face à face,
dans une claire apparition et sans énigmes.
C'est l'image de Dieu même qu'il contemple. »
(Nombres, 12, 8)

Dieu Tout-Puissant, Père de toutes religions et de toutes croyances, est le pivot de l'histoire générale, grandiose et consolante.

Dieu envoie sa pensée au monde par ses messagers qui vont porter, à travers les espaces sans fin, la communion divine. A chaque page de la Bible, nous trouvons les textes, les écrits affirmant la médiumnité sous toutes formes, des Esprits protecteurs, des prophètes intervenant à chaque événement.

La loi de Dieu, qui est le fondement de toutes religions, a été révélée au prophète Moïse sous l'inspiration d'Eloïm : il traça, sous dictée, les Tables de la loi, promulguées par Dieu sur le mont Sinaï, et posa le fondement de la véritable foi.

On parle de révélation particulièrement lorsqu'il s'agit des choses spirituelles que l'homme ne peut découvrir par lui-même. Elle est un don de Dieu, transmise par ses messagers, soit par visions, soit au moyen de la parole directe, soit par l'inspiration. La révélation est toujours donnée à des hommes privilégiés, désignés comme prophètes ou médiums. Ce sont des envoyés, des Grands Esprits ayant mission de communiquer à l'homme et de lui transmettre les mystères.

Cela implique nécessairement la passivité absolue, une foi immense. On accepte ce don jusqu'au sacrifice. L'oubli de soi-même est nécessaire pour conserver ces facultés, une des plus merveilleuses que Dieu ait accordées à l'homme.

Toutes les religions ont eu leurs révélations et connu certaines vérités dans leur temps. Elles étaient appropriées au milieu où vivaient ces hommes privilégiés, considérés comme des génies chez leurs peuples.

Tous ces génies de la pensée ont apporté un progrès intellectuel et ont assuré le progrès du monde.

« Car jusqu'à Jean, tous les prophètes, aussi bien que la Loi, ont prophétisé... » (Matthieu, 11, 9-15).

L'histoire des prophètes s'est terminée après le calvaire du Christ.

En étouffant le prophétisme, l'Eglise s'affirma du haut de son autorité comme étant la seule prophétie vivante, la seule révélation perpétuelle.

Les Ecritures disent :

« La prophétie n'était que le don d'expliquer aux fidèles les mystères de la religion » (Lemaistre de Sacy, « Commentaires de saint Paul », I, 3, 22-29).

L'autorité du sacerdoce a étouffé la pensée, opprimé la conscience au nom de l'unité de la foi.

L'Eglise, pendant dix-neuf siècles, a emprisonné l'Esprit humain dans ses dogmes sacrilèges.

Il a fallu des siècles pour que le feu qui abonde dans les chandeliers d'or du Vatican vienne allumer d'autres flambeaux.

TA MÉDIUMNITÉ EST UN GRAND LIVRE ÉCLAIRÉ

« Dieu est lumière, en lui point de ténèbres. Si nous marchons dans la lumière, nous sommes en communion les uns avec les autres. »
(Jean, I, 5, 7)

Oui, dans tous ces cas, tu fais appel... et tes prières m'arrivent. Tu sais que je suis là pour te guider dans toutes les missions importantes.

Tu apportes tellement de révélations qu'ils n'hésitent pas à parcourir bien des pays pour leur situation, leurs affections, souvent des problèmes sentimentaux, des angoisses, des maladies où la science, prise au dépourvu, ne peut plus rien faire. Alors ils font appel à toi, souvent aussi pour des biens matériels : ce sont des humains. Ils trouvent en toi un grand réconfort.

Ta voyance est grande. Nous t'insufflons les fluides nécessaires. Tu sais que nous apportons l'aide qui leur est nécessaire dans bien des cas, bien des situations...

Par la conviction profonde qu'ils te témoignent, le but est atteint. Pour les plus sceptiques, leur conception du doute va s'effacer. Leur philosophie a changé, tout s'éclaire dans leur âme, où leurs vies antérieures ont gravé ce qu'ils avaient toujours étouffé et qui jaillit dans leur être.

Tu leur as apporté ce qu'ils désiraient entendre. La voie est tracée. Ils te recontacteront, ils reviendront te voir, te demander d'autres conseils, de les aider. Leur confiance est immense.

Mais tu sais qu'il faut te préserver, car ta mission est vaste. Ta médiumnité est dans l'intérêt général.

Danièle Lecocq
Direction commerciale Europe sud Novotel
Antibes, le 15 mars 1993

Chère amie,

Permettez-moi de vous appeler chère amie, car vous comptez parmi mes amis... Nous nous sommes rencontrées par l'intermédiaire du professeur Georges Mathé.

Vous m'aviez annoncé à cette époque un changement

de vie, une rencontre qui allait se réaliser. Ce fut bouleversant, Mme Gribel, elle, avait eu déjà connaissance de mon futur...

Et puis par une belle fin d'après-midi, au soleil couchant, vous m'avez fait des révélations sur vingt ans de ma vie passée. Devant l'exactitude des faits, je peux certifier sur l'honneur de toutes ces révélations se sont avérées précises et vous m'aviez même donnée les initiales et des détails stupéfiants de chaque personne. Je compris que vous étiez animée d'une puissance, guidée par Allan Kardec, Esprit supérieur.

Je tenais à vous témoigner toute ma reconnaissance et mon admiration devant toutes vos prophéties... toutes vos visions des événements politiques...

Six mois avant, vous relatiez les événements avec une telle précision... La guerre du Golfe : pas de secret pour vous ! Evénements grave en Algérie, puis la mort du président Mohamed Boudiaf, liberté et changements en Russie et surtout vous insistiez sur l'horreur du génocide dans les Balkans. Je pense aussi aux graves événements que vous avez prédits, en Italie. Tout cela s'avère être une vérité déconcertante.

Vous nous enthousiasmez chaque fois par vos prédictions, avec cette simplicité que l'on vous connaît bien.

Vous avez été choisie dans la tâche si importante qui vous est assignée.

SCIENCE ET SPIRITISME

« Savoir est le bien le plus merveilleux,
tout scepticisme vient de l'ignorance. »

Les savants ont appris à l'homme ce qu'ils savaient du corps humain, mais ils ne lui ont rien appris de l'âme. Les suggestions des plus sceptiques ne lui ont apporté que le doute. Car Dieu donne la connaissance de certains mystères non aux plus savants, mais aux plus humbles.

Bien qu'ils rejettent en bloc toutes les connaissances transmises de l'Au-delà, que savent les savants de la survie de l'âme après la mort. Leur méthode n'est applicable qu'à la matière simple d'un vêtement de chair qui, après nous avoir apporté durant notre vie terrestre bien des souffrances, deviendra inerte. Comment un homme de science peut-il comprendre ce qui se passe pour cette enveloppe charnelle au moment suprême ? Ce ne sont pas les faits qui viennent confirmer la théorie, mais la théorie qui est venue expliquer les faits.

Un cas distinct se passe dans le monde des Esprits. C'est celui de l'âme qui ne croit pas que le moment de la mort est venu, et continue à vivre dans ce corps. Des esprits peu évolués croient encore vivre leur vie terrestre et conservent leurs habitudes, leurs activités ordinaires. Ce n'est que temporaire, mais dans un profond coma, l'âme peut demeurer durant des jours, des mois, des années… ce qui n'implique pas pour le corps la moindre possibilité d'un retour à la vie. L'âme et le corps, en grande symbiose, ont du mal à se séparer.

Les communications des Esprits nous ont révélé ces manifestations. Il est exact que le spiritisme est le produit de l'observation et non de l'imagination.

Que sait le scientifique en dépit de son labeur, en dépit de ses vies successives au cours desquelles il a évolué quand l'âme s'est échappée pour devenir un Esprit libre ? Seuls les acquis lui restent de ce qu'il a appris dans certains domaines de la science.

On ne peut soigner le corps humain si on ne soigne pas l'âme, qui est l'essentiel.

∞

« Si les médecins échouent dans la plupart des maladies,
c'est qu'ils traitent le corps sans l'âme,
et que le tout, n'étant pas en bon état,
il est impossible que la partie se porte bien. »
Socrate, Platon

Le don de guérir est une des facultés les plus merveilleuses que Dieu ait accordée à l'homme.

Le spiritisme donne la clef des rapports

qui existent entre l'âme et le corps, et prouve qu'il y a réaction incessante de l'un sur l'autre.

Il ouvre ainsi une nouvelle voie à la science : en lui montrant la véritable cause de certaines affections, il lui donne les moyens de les combattre.

Quand la science tiendra compte de l'action de l'élément spirituel sur le plan matériel, elle échouera moins souvent.

Le don le plus précieux est de soulager la souffrance d'un être qui a recours à toi, après que la médecine a reconnu que tous ses efforts ont été vains. Dans un ultime recours, ils font appel à toi. Souvent, tu ne connais pas la personne qui est malade.

Qu'il s'agisse d'un cas grave, d'accident ou de maladie pour lequel le corps médical désespère, ces mêmes médecins persistent dans d'hypothétiques examens. Ils continuent une quête infinie de diagnostics.

Chaque scientifique met en avant un système qu'il veut faire prévaloir avec acharnement. Les opinions les plus divergentes sont tour à tour préconisées puis rejetées, par suite d'erreurs.

Le scientifique s'est fait une spécialité. Il se cramponne à toutes ses idées sur la matière qu'il expérimente à son gré. En disséquant le corps humain, il cherche l'âme.

Et parce qu'il ne la trouve pas, il conclut qu'elle n'existe pas.

Quiconque se croit infaillible se pose à l'égal de Dieu.

∞

VISION SUR LE SIDA

Le 2 mai 1987, dans une vision, mon Guide me dit :

Dans une poche de l'abdomen de l'être humain, il y a comme une petite bête, un virus, qui ronge et ne laisse que des détritus.

Mon Maître me montre ces matières chez plusieurs personnes malades.

Le 30 mai 1987, en vision, je vois un homme de haute taille, je vois qu'il est chauve.

Mon Guide me dit :

Cet homme est malade.

Sur son crâne, je lis le nom d'un médicament : « n*** » ou « n***... ».

Le 15 juin 1987, je vois une femme très belle.

Puis mon Guide me parle du sida et me donne le nom d'un médicament :

N***... N***...

Et me dit :

> Il faut savoir jusqu'à quelle température le virus du sida peut tenir, et si la partie malade peut supporter cette température.

De nouveau m'apparaît un homme très grand et chauve. Sur son front est inscrit : « Novadum » ou « novalde… »

Dr Jean-Luc Philip
Nice, le 21 janvier 1993

Ayant partagé le long cheminement de sa mission depuis dix ans, à Mme Gribel, je peux dire que toutes les visions et guérisons sont à prendre en considération car l'histoire et le déroulement des événements nous en prouvent l'exactitude.

Un jour Mme Gribel m'explique la vision entre nous d'un médicament qui lui a été donné dont le nom commence par Nolvad... Et lors d'une rencontre au domicile de Mme Gribel après la conférence du Pr Mathé, je parlais de ce médicament que je pensais être le Nolvadex.

Le professeur Mathé affirma que ce médicament mériterait d'être essayé dans le traitement du sida, car déjà employé en cancérologie pour les cancers hormonaux.

Dr Dominique Cosme
Nice, le 27 janvier 1993

Je soussigné, docteur Dominique Cosme, certifie avoir été témoin des messages envoyés et transmis à Mme Rose Gribel. Le 2 mai 1987, dans une vision qu'elle venait d'avoir, elle me parle d'une thérapeutique luttant contre le sida du genre Noval ou Novaldex.

Connaissant Mme Gribel de longue date, et ayant été témoin de la réalité de ses guérisons et de ses visions, je partage l'avis du Pr Mathé que ce médicament, le Nolvadex, déjà employé en cancérologie pour les cancers hormonaux, mérite d'être essayé dans le traitement du sida en thérapeutique.

P.-S. : Le Pr Mathé a été à Paris un de mes patrons à l'A. P. de Paris avec Chrétien et Brouet.

∞

« Même les génies qui ont éclairé le monde
de leur vaste intelligence, n'étaient qu'un jeu de matière
qui s'est éteint comme un souffle. »

L'orgueil pousse les scientifiques à tout connaître, tout savoir. Ils n'admettent pas que d'autres puissent dépasser leurs connaissances.

Ils veulent aller toujours plus loin, mais ils ne se rendent pas compte qu'ils restent à leur point de départ. Leurs outils sont perfectionnés, leurs études poussées, mais l'étendue de leur savoir concerne les propriétés de la matière qu'ils ont manipulée à leur gré sous leur scalpel et qui, en la disséquant, est restée lettre morte.

Ils continuent leurs recherches sur des êtres vivants, sur des animaux. Mais que savent-ils de plus… Ils peuvent chercher à faire des prodiges en transplantant des organes. Leur présomption les pousse à aller toujours plus loin. Mais le destin les amène inexorablement vers le moment suprême qui est tracé pour chaque être humain.

Ont-ils le droit et le devoir d'utiliser leurs méthodes sur des hommes ?

Très souvent pour prolonger des vies, ils n'ont semé que douleur et désolation.

Lorsque le cerveau est touché ou ébranlé, cela est très grave ; et si certains fonctionnements sont connus, ils échappent aux prouesses de la science, et resteront pour la recherche un domaine tabou, comme l'est celui de l'âme. Vont-ils changer le cerveau, qui est l'instrument de la pensée de l'homme ? Ils ne peuvent toucher à la conscience ni à l'âme qui détermine l'être humain.

N'est-il pas fâcheux que le scientifique devienne puissant ? Faut-il en conclure qu'il est peut-être dangereux, car il peut abuser de tout ?

La science lui donne tous les pouvoirs, même sur les embryons. Va-t-il aller au-dessus des lois de Dieu ?

Le 13 février 1988, en vision, il y a un trottoir sur lequel des gens font la queue. Une femme africaine me montre une bassine sale qui contient des médicaments douteux.

Mon Guide me dit :

> Ils vont se faire vacciner contre le sida

Quelques jours plus tard, je lis dans la presse que des vaccinations contre le sida sont pratiquées au Zaïre avec des produits non encore éprouvés, voire dangereux pour la vie des malades.

Le 10 décembre 1989, au matin, j'ai une vision horrible : Des enfants sont parqués dans des chambres et couchés sur des grabats immondes. Je les vois dans une atroce déchéance. Ils souffrent.

Mon Guide me parle :

> Roumanie. L'horreur et la folie de certains scientifiques.

Allan Kardec précise :

> Ces enfants sont des cobayes. On se sert d'eux pour des tests contre le sida. Ces petits êtres souffrent et vont mourir. Voilà ce qu'ils subissent depuis leur naissance, dans un monde indifférent.

Le dimanche 13 décembre 1992, en vision, je vois rassemblées des personnes dans une salle d'hôpital, je les entends pleurer, ils discutent vivement avec les médecins.

Puis je vois plus loin une porte s'ouvrir. Derrière celle-ci, une femme, le visage décomposé, tient la poignée, elle paraît malade, elle est extrêmement maigre.

Elle me dit : « Je n'en peux plus, c'est impossible. Je ne peux aller plus loin. Je ne peux terminer. Je préfère que l'on m'enferme, mais va voir à côté les enfants. »

Je suis dans la pièce d'à côté, et là c'est épouvantable. Je vois sur un grand lit, à même le matelas, beaux comme des chérubins, une vingtaine d'enfants morts. Ils sont tout nus, la bouche et les yeux ouverts.

Quel cauchemar ! Une angoisse me prend, les larmes coulent. A mon réveil, il me faudra longtemps pour me remettre.

Le 24 décembre 1992, les médias annoncent que dix-huit enfants souffrant de nanisme hypophysaire et traités depuis 1980 avec des hormones de croissance d'hypophyses, prélevées sur des cadavres, ont été atteints d'une affection neurologique mortelle. La maladie neurologique potentiellement transmise peut ne se manifester que très longtemps après. Selon un rapport de l'Igas au moins 2 305 enfants ont été traités. Quelle angoisse pour les familles…

LES GUÉRISONS

« Le don de guérir est une des facultés
les plus merveilleuses que Dieu
ait accordées à l'homme. »

Le don le plus précieux est de rendre la santé au malade. Ce don de guérir te permet de soulager ceux qui souffrent et qui font appel à toi, alors que tu ne les connais pas. Bien souvent, leurs appels de détresse viennent de loin.

Pourtant, ils ont entendu parler de tes bienfaits et n'hésitent pas à te téléphoner, à n'importe quelle heure, même la nuit. Ce sont en général des cas graves, même très graves. Ton cœur généreux va leur apporter de l'aide, tu vas t'investir totalement dans l'invocation profonde.

Ô mon Guide divin ! Noble et merveilleux ami de l'espace ! Laissez-moi, dans ma joie surhumaine, exprimer ma reconnaissance, comme un hommage d'une créature infime à votre grandeur. Votre assistance m'a toujours été précieuse chaque fois que, désespérée, je vous prie avec ferveur de m'aider et de bien vouloir me transmettre les fluides vivifiants et salutaires qui me sont nécessaires dans une volonté sincère de soulager et de guérir.

La foi ardente et l'invocation dans la puissance de mon guide me soutiennent, ainsi que son assistance. Ma pensée va vers le malade. C'est dans l'élan de la prière que l'action est plus efficace, plus profonde, et le rend plus accessible aux fluides de l'Au-delà.

Dans le calme et la solitude, le soir tard, dans ma méditation profonde, j'implore mon Maître de m'aider à soulager et guérir ceux qui ont fait appel à moi. Devant votre portrait, mon imploration dure souvent des heures. Là, je ressens la gravité du cas du malade. Il me faut les fluides et les forces nécessaires, car bien des fois, la souffrance du malade arrive jusqu'à moi. Puis une sensation de calme, de force de sérénité me pénètre.

L'harmonie sincère avec mon Guide, les nobles sentiments m'exaltent. La pensée m'illumine. Le médium guérisseur devient la médecine des croyants, des humbles, de toux ceux qui savent aimer.

La foi puissante fait rayonner la force, avec l'ardent désir, la volonté sincère de soulager l'âme et le corps.

Ô Dieu, si vous daignez vous servir de moi, tout indique que je peux guérir cette souffrance, si telle est votre volonté. Mais sans vous, je ne puis rien. Permettez au Grand Esprit, Allan Kardec, de me pénétrer du fluide salutaire afin que je le transmette aux malades.

guidée par Allan Kardec

Henri Lipski
Paris, le 20 juin 1991

[...] Je ne vous ai jamais caché combien mon esprit est cartésien et comme est grand mon scepticisme, en conséquence, « je ne crois que ce que je vois » selon l'expression consacrée.

C'est pourquoi je puis assurer ici que mon objectivité est totale [...]

[...] Ce mois de mai, nous sommes descendus à Nice pour quelques jours.

Malheureusement, une tante de ma femme, âgée de 63 ans, venait de tomber gravement malade, une pancréatite aiguë, et se trouvait en réanimation. Il y a eu une complication pulmonaire qui nécessitait son transport dans un autre établissement, mais le risque était tel que les médecins ont prévenu la famille qu'ils ne pouvaient garantir que le transport en SAMU ne fût pas fatal.

Ma femme m'a remis immédiatement une photo de sa tante et je me suis précipité chez vous.

Vous avez examiné cette photo devant celle d'Allan Kardec et porté l'une de vos mains au niveau pulmonaire, et après quelques instants de méditation vous m'avez dit qu'il fallait attendre [...]

Ma tante va maintenant bien ; elle a réintégré son domicile après plusieurs semaines d'hospitalisation.

Les médecins ne comprennent pas ce qui s'est passé exactement et crient au miracle !

Chère Madame Gribel, je rends hommage à vos grandes qualités de cœur ; eh oui, vous avez effectivement un don, votre plus grand mérite est de le mettre à la disposition de tous ceux qui ont la chance de vous connaître, sans aucune pensée matérialiste, et de remplir ainsi une mission qui vous a été assignée.

∞

« En toute ville où vous entrez et où l'on vous accueille,
guérissez les malades et dites aux gens :
" Le royaume de Dieu est tout proche de vous. " »
(Luc, 10 ,8, 9)

Tu essaies de transmettre ce que tu ressens grâce au don de guérir qui est le plus merveilleux que Dieu ait accordé à l'homme, les facultés de soulager et de pouvoir guérir ton prochain.

Mais tu dois donner beaucoup de ta personne ; cela nécessite de grands sacrifices, l'oubli de soi-même. Les fluides vivifiants que je te transmets, que ton âme doit capter sont nécessaires pour aider à soulager les souffrances du malade. La foi profonde peut rendre la santé aux malades.

Bien des fois, lorsque les forces te manquent, tu fais appel à moi. Tes prières m'arrivent et les fluides vivifiants te parviennent.

C'est la force de l'Esprit puissant de mon Guide qui me pénètre. Ma dévotion, ma gratitude sont immenses envers mon Maître qui me transmet le pouvoir de soulager mon prochain.

C'est la contibution de l'Esprit puissant de mon Guide qui intervient au travers de ma personne pour que ma pensée aille répandre et verser sur l'âme et le corps du malade les fluides vivifiants et nécessaires qu'il m'a transmis. Mes pensées subtiles vont vers l'être qui a fait appel à mon assistance.

Car sans mon Guide Allan Kardec je ne puis rien. Il faut bien comprendre que l'aide, la guérison, qui se produit, ne viennent en aucun cas de moi-même, je ne suis que l'intermédiaire, la servante.

∞

« Guérissez les malades, donnez gratuitement
ce que vous avez reçu gratuitement. »

Le 20 mai 1989, il était près de minuit lorsque je reçus un appel téléphonique de Suisse.

« Je suis Armando Togni. Je vous ai rencontrée au Brésil, il y a deux ans. Je viens de retrouver la carte de visite que vous m'aviez remise. »

Je sentais mon interlocuteur bouleversé.

« Toute ma famille et moi-même sommes désespérés. Mon neveu, Giorgio, vient d'avoir un très grave accident de moto. Un camion l'a renversé. Il a été transporté par hélicoptère, à Genève, dans un hôpital. Son état est désespéré. Les médecins ne nous laissent aucun espoir. Il est en réanimation en ce moment. On ne peut pas l'opérer. Madame, je vous en supplie, je sais que vous êtes près d'Allan Kardec. Faites quelque chose. Mon neveu est si jeune. »

Bouleversée, j'ai immédiatement ressenti la gravité des blessures. J'ai vu que cela provenait de la tête et des poumons qui étaient terriblement touchés. Une hémorragie interne s'était déclarée et persistait. J'ai indiqué à Armando que l'état de son neveu serait stationnaire jusqu'au lendemain et je lui ai demandé de m'envoyer une photo du blessé, même par télécopie.

Togni Armando
Le 11 juin 1989

J'ai connu Mme Gribel au Brésil, à Rio de Janeiro, en 1987. Nous séjournions dans le même hôtel. J'avais entendu parler de Mme Gribel par le personnel de l'hôtel et par un article de presse paru dans le quotidien

O'Globo, *ainsi que par les gens qui m'entouraient.*

Grâce à la direction de l'hôtel, j'ai pu être reçu par Mme Gribel qui m'a fortement impressionné. Nous nous sommes revus de nouveau à plusieurs reprises durant notre séjour à Rio.

De retour en Suisse, je ne l'ai plus revue jusqu'à ce que mon neveu, Giorgio, ait un très grave accident de moto le 20 mai 1989, et qu'on l'ait transporté à l'hôpital de Genève.

Au plus profond de mon désarroi, j'ai soudain pensé à Mme Gribel qui m'avait alors remis sa carte de visite. Je lui ai téléphoné vers 23 heures. Elle m'a immédiatement dit qu'il s'agissait des poumons et qu'elle sentait que mon neveu s'étouffait. Elle nous donna confiance en nous disant que dans les trois jours l'hémorragie des poumons s'arrêterait. Sa certitude qu'il s'en sortirait était évidente, il faudra du temps, mais sa paralysie disparaîtra.

Les médecins confirmèrent ce que Mme Gribel avait dit.

Son état s'est considérablement amélioré avec une rapidité incompréhensible.

C'est avec une grande joie que je suis venu remercier personnellement Mme Gribel à Nice pour l'aide et la guérison de mon neveu. Sa famille se joint à moi et se confond en gratitude, car leur fils va tout à fait bien aujourd'hui. Il s'est complètement rétabli de son terrible accident.

Je souhaite que, par son intermédiaire avec l'aide de son Guide Allan Kardec, elle puisse continuer à aider et à soulager tous ceux qui sont amenés à subir ces souffrances.

Seuls ceux qui sont passés par là peuvent comprendre ce qu'est la souffrance d'une famille, les moments d'espoir et de désespoir.

Je ne remercierai jamais assez Mme Gribel pour la guérison de mon neveu, l'aide et le soutien moral qu'elle nous apporte. Toute ma famille se joint à moi.

∞

« Seigneur, je ne mérite pas que tu entres sous mon toit, mais dis seulement un mot et mon enfant sera guéri. »
(Matthieu, 8, 8)

Le 1er janvier 1991, dans la matinée, je reçois un appel de Mme Christine Pierre, très angoissée. Elle m'explique que la petite fille de son frère est très mal. Immédiatement je ressens la gravité du cas. Le cerveau est atteint. Je lui conseille de la transporter par hélicoptère et la rassure car je ressens qu'elle sera sauvée. Il faudra attendre que le caillot se résorbe. Il me faudra prier longtemps et souvent.

Jean-Luc et Aïcha Pierre
Toulouse, le 13 mars 1991

Chère Madame Gribel,

Vous avez été la première, avant même les médecins, à diagnostiquer la thrombose qu'a eue notre petite fille Coralie. Elle est passée à l'IRM lundi 11 mars, et il s'avère qu'elle est complètement guérie.

Nous vous remercions vivement pour votre action à distance qui a contribué à ce résultat.

∞

« Le Christ dit :
" La foi transporte les montagnes.
Pourquoi pas les guérisons ! " »

Ô mon Maître,

Dans les moments difficiles, lorsqu'on fait appel à moi, votre aide m'arrive toujours lorsque les forces me manquent. Alors je sens les fluides vivifiants et, avec votre précieux concours, je peux faire face.

Dans bien des cas, je sais que tu as du mal à faire face à tant de situations, car de nombreuses personnes font appel à ton aide. Pour les guérisons, par ma présence que tu ressens je t'apporte les forces et les fluides nécessaires pour que tu les diriges par ta pensée vers celui qui est dans un état grave et déficient.

C'est par ta foi profonde et tes prières que tu vas soulager et pouvoir guérir. Il faut que les fluides vivifiants et salutaires soient transmis par ta pensée dans l'âme et le corps du malade pour soulager ses souffrances.

Souvent, tu ne connais pas la personne pour laquelle on fait appel à toi et une photo t'est nécessaire. Il s'agit d'accidentés, de cas très graves. Mon concours t'arrive toujours pour que tu puisses les aider, « si Dieu en décide ».

La médiumnité est vaste, le don de guérir est une des facultés les plus précieuses que Dieu ait accordées à l'homme pour soulager son prochain, lui enlever la souffrance, chasser les fluides impurs et rendre la santé au malade.

∞

Le 9 mai 1992, vers 10 heures, je reçois un appel de la Guadeloupe, de Régine Bonardel.

« Rose, me dit-elle, je suis bouleversée, je viens

d'apprendre que le fils d'une très chère amie vient d'avoir un très grave accident de circulation, il est dans le coma. Il a 19 ans. Crois-tu qu'il puisse être sauvé ? Aide-nous, je t'en prie. »

Immédiatement je ressentis la gravité du cas car une forte douleur traversa mon corps. Je sais aussitôt qu'il s'agit de fractures. La tête et la poitrine sont atteintes.

« Il faut qu'il passe quarante-huit heures, je m'en occupe. Je vais l'aider, priez Dieu et Allan Kardec en communion avec moi. Envoie-moi sa photo. »

Je priai longtemps et souvent.

Régine Bonardel
Petit-Bourg, le 21 septembre 1992

Chère Rose,

Le 9 mai dernier, j'apprenais que le fils d'une amie, Mme Trévulse, était hospitalisé à l'hôpital (Campjaco) Camp Jacob à Saint-Claude, à la suite d'un accident de la circulation très grave. En effet, David souffrait d'un coma profond, les médecins n'étaient pas rassurants, et la famille s'attendait vraiment au pire.

Personnellement, je n'avais aucun détail sur la gravité de ses blessures. Sans hésiter je t'ai appelée, tu m'as tout de suite situé son problème, c'était selon toi au niveau des poumons et de la tête, ce qui était tout à fait exact. Tes paroles furent les suivantes : " S'il passe les quarante-huit heures, je m'en occupe, je vais l'aider, mais priez en communion avec moi. "

Dans l'heure suivante, je t'expédiai sa photo par fax. Très vite l'état général de David se mit à s'améliorer et les médecins furent les premiers émerveillés, car quatre jours après son hospitalisation, il marchait, parlait, mangeait et se sentait bien au point de réclamer ses cours pour le bac. Il est incontestable que la main de Dieu avait passé, car tout l'entourage pouvait constater le miracle. Dieu par l'intermédiaire d'Allan Kardec a permis que David qui était considéré comme « cliniquement mort » soit sauvé. Nous te remercions, Rose, pour ton intervention et tes bonnes prières. Dernièrement nous avons eu l'immense bonheur de t'avoir parmi nous à la Guadeloupe. Au cours d'une soirée exceptionnelle d'émotion, David a eu la joie de te rencontrer, il en est resté marqué. Soirée inoubliable pour tous, presque irréelle tant nous ressentons l'amour de Dieu présent en chacun de nous.

M. et Mme Trévulse
Guadeloupe

Suite à un grave accident de la circulation survenu le 9 mai 1992 à 0 h 5, notre fils, David, a été transporté à l'hôpital de Saint-Claude. Les médecins ont diagnostiqué des fractures de la mâchoire, une fracture du radius du poignet droit. Transféré en réanimation suite à un coma profond et une pneumopathie de déglutition, il est arrivé cliniquement mort, selon les médecins.

Par l'intermédiaire d'une amie, Mme Régine Bonardel, nous avons fait appel à Mme Gribel et lui avons envoyé une photo de l'infortuné par fax. Celle-ci, sans encore rien savoir de l'état du malade, dit à Mme Bonardel :

« Je vois qu'on lui masse les poumons, ils sont atteints, s'il passe les quarante-huit heures, il est sauvé, je m'occupe de lui. »

A partir de cet instant, nous pensons sincèrement que tout est devenu miracle.

Notre fils jouit d'une chance surnaturelle.

Trois jours après l'accident, David émergeait du coma avec une très grande lucidité, les poumons refonctionnaient, les opération réussies, une grande envie de reprendre ses activités, entre autres, passer son bac.

Les médecins ne comprenaient pas grand-chose à ce nouveau cas.

Le miracle s'est produit. Dieu, par l'intermédiaire d'Allan Kardec, a permis cette guérison. Nous remercions très sincèrement Mme Gribel pour son aide précieuse. Grâce à son intervention, David a repris sa place parmi nous.

Colette Guidicelli
Toulon

Je connaissais Mme Gribel depuis quelques années. Lors d'un séjour à Nice, je suis venue lui rendre visite. Rose me dit qu'elle pressentait une grave maladie chez ma fille.

Dominique, âgée de dix-neuf ans, était soignée pour une spasmophilie, mais rien n'indiquait une aggravation de son cas. Ma fille passa divers examens de contrôle. Les médecins ne diagnostiquèrent qu'une asthénie. Dominique commençait à éprouver des difficultés à parler, à déglutir et présenta des troubles oculaires. Rose insista pour que je consulte des spécialistes. Sans elle, Dominique n'aurait pu être guérie. Un professeur spécialiste des glandes décela une myasthénie généralisée grave. L'état de Dominique empirait. Elle fut hospitalisée à Toulon le 11 août 1991 et transférée d'urgence au centre de La Timone à Marseille le 13 août. Le 22 août, opérée à l'hôpital Sainte-Marguerite, par l'équipe du Pr Fuentes, elle subit une ablation du thymus et une trachéotomie.

A l'issue de l'opération, les médecins pensèrent qu'elle ne passerait pas la nuit et restèrent très réservés dans leur diagnostic. Ils ne pouvait se prononcer avant quinze jours.

Désespérée, j'appelai Rose. Elle ressentait toute la gravité du cas, elle me dit que ce serait long, mais ma fille guérirait et elle promit de s'en occuper. Elle la mettait en protection et allait prier et invoquer Allan Kardec. Dès ce moment l'état de ma fille s'améliora, l'espoir nous revint. Elle fut mise pendant des mois en réanimation. Mais on sentait l'évolution de la guérison.

Ma fille est sortie de l'hôpital le 27 septembre. En novembre, elle reprit ses cours à la faculté et passa en juin 1992 son DEUG de sciences économiques. Elle a retrouvé pleine possession de ses facultés motrices et vit aujourd'hui normalement.

Rose, c'est grâce à toi que ma fille est en vie ; c'est grâce à tes prières à Allan Kardec et à Dieu que le miracle s'est produit. Je ne te remercierai jamais assez. Dominique se joint à moi pour t'exprimer toute notre reconnaissance et notre gratitude.

Maryelle Boulogne
Guadeloupe

En 1988 nous faisions votre connaissance qui fut miraculeuse, car en juin de cette même année, je devais être victime d'un cancer de la peau.

Grâce à vos prières et à votre intervention auprès d'Allan Kardec, me voici guérie. Jusqu'ici tout est normal et j'ai repris ma vie active sans aucun problème. Je peux donc témoigner de l'efficacité de votre mission...

Mme Guignon
Sartrouville, le 19 février 1990

C'est folle de joie que je vous adresse cette lettre de remerciement pour avoir remis mon petit-fils de deux ans sur pied. En effet, il y a un mois, d'un seul coup, ses jambes se sont refusées à le porter, il souffrait d'une hanche et des genoux. Il ne cessait de me dire : « Bobo aux g'noux, Mémée », et cela sans arrêt.

Ma belle-fille et moi-même sommes allées à l'hôpital, au service de pédiatrie, il y est resté en observation. Au bout de deux jours, tous les examens se sont révélés négatifs. Grâce à M. C., un ami commun, vous êtes intervenue et mon bébé est sorti sur ses deux jambes. Personne n'y a rien compris, mais je sais que vous y êtes pour la totalité de sa guérison et vous en remercie encore du fond du cœur.

Sophie Lévy
Nice, le 31 mars 1993

Ma chère Rose,

Par cette lettre, je voudrais vous apporter mon témoignage ô combien émouvant.

A la mi-septembre dernier, je vous ai fait part de l'intervention de la vésicule biliaire que devait subir mon beau-père.

Quatre jours avant l'opération, au matin, vous m'êtes apparue dans mon sommeil. Vous me disiez : « Ton beau-père va être opéré, ce sera très grave, le chirurgien diagnostiquera un cancer du foie. »

Bouleversée dès mon réveil, je montais voir Rose et lui racontais comment je l'avais vue et ce qu'elle m'avait dit.

Rose me répondit : « En effet lorsque ton beau-père sera opéré, on trouvera bien un cancer du foie. »

L'opération de la vésicule a bien eu lieu comme prévu le lundi suivant et les docteurs stupéfaits ont décelé un cancer du foie.

Dès lors, vous nous avez promis votre protection par la prière adressée à Dieu et à Allan Kardec.

Début octobre, mon beau-père a subi à Paris à Villejuif une importante intervention que vous avez eu en vision quelques jours avant.

Mon beau-père depuis lors va régulièrement à Paris pour subir un traitement et au dernier contrôle le professeur stupéfait a constaté la régression du cancer et d'après son diagnostic mon beau-père est sur la voie de la guérison.

D'ailleurs mon beau-père a repris son activité normalement quant il revient à Nice.

C'est à vous, Rose, que je dois une immense reconnaissance.

Je ne vous remercierai jamais assez pour votre aide et votre protection.

Dr Jean-Louis Philip

Mme Gribel rentre dans le cadre des « guérisons inexpliquées » par la médecine. Son intervention prend sa véritable explication par l'Esprit et l'œuvre d'Allan Kardec que Mme Gribel rayonne autour d'elle.

De plus en plus la médecine se pose des questions sur ces guérisons comme en témoigne la dernière émission médicale « Santé à la Une » en collaboration avec le Quotidien du médecin. *La médecine doit reconnaître ses limites dans certains domaines.*

L'écoute et la sagesse doivent toujours rester des vertus pour la médecine.

DANS UNE TOTALE HARMONIE

« J'eus ensuite une vision :
à l'instant où je tombais en extase...
comme une vision de jaspe
et de cornaline, un arc-en-ciel. »
(Apocalypse, 4, 3)

Dans la nuit noire où le silence absolu règne, mon cœur s'emplit de reconnaissance. En cet instant béni, où tout devient exaltant et irréel, je perds la notion du temps, plongée dans l'extase.

Je ressens que tout ton être est à l'écoute des paroles que je te transmets et qui t'arrivent souvent très vite, car je n'ai pas le même langage qu'un être humain. C'est un réel bonheur d'entendre l'écho que je te transmets. Notre chemin est encore long, et il nous reste encore beaucoup à faire, car tout n'est pas encore dit.

Le spiritisme doit apporter beaucoup de réconfort dans ces moments si bouleversés de votre monde. L'homme cruel a tout fait pour éloigner la foi et pour arriver à la domination. Plongé dans ce vaste océan de vie il doit réagir, il doit comprendre que des êtres se sont attribué des pouvoirs et des biens matériels, alors qu'ils étaient là pour répandre la charité, comme le Christ l'a enseigné.

Par le spiritisme, l'homme sait d'où il vient, où il va, pourquoi il est sur terre, pourquoi il souffre temporairement.

Il apporte la révélation de l'existence du monde invisible qui nous entoure et peuple l'espace, et par là, il définit les liens qui unissent l'âme au corps, et lève le voile qui cachait aux hommes les mystères de la naissance et de la mort.

Toutes les âmes ayant un même point de départ sont créées égales avec une même aptitude à progresser, en vertu de leur libre arbitre. Elles atteindront le but, plus ou moins promptement selon leur volonté.

L'ART D'INTERPRÉTER LES RÊVES, LES SONGES

« Le sommeil, le rêve et l'extase sont les trois portes ouvertes sur l'Au-delà d'où nous vient la vision de l'âme et l'art de la divination. »
Pythagore

Le sommeil est la porte que Dieu a ouverte vers les âmes du ciel.

Les rêves et les songes ont toujours existé. Ces présages, dans tous les pays, dans toutes les religions, ont éclairé bien des légendes du monde. C'est un aspect du mystère caché de l'âme rayonnante, partie à la découverte de lieux, de contrées, pour retrouver ses parents et amis.

L'homme doit comprendre et apprendre à ne pas craindre la mort, « puisque vous mourez tous les jours » selon la parole d'un saint.

Les humains connaissent peu les phénomènes les plus ordinaires de la vie. Que faisons-nous quand nous dormons ? Que sont les songes ou les rêves ?

Le sommeil délivre en partie l'âme du

corps. Quand nous dormons, nous sommes momentanément dans l'état fixe où nous nous trouverons après la mort. L'âme n'est jamais inactive. Elle est toujours en mouvement. Elle voyage, car elle a retrouvé la liberté. Elle va vers ceux qui lui sont chers, soit dans ce monde soit dans d'autres mondes. C'est pourquoi, pendant le sommeil, le lien qui l'unit au corps se relâche ; l'âme, presque délivrée de votre corps, rayonne et, libérée, parcourt l'espace pour retrouver ceux qui lui étaient familiers. Elle voit et entend les Esprits qu'elle a retrouvés, qui lui annoncent parfois des événements à venir ; ce sont les pressentiments ou les rêves prophétiques. Elle a le souvenir du passé et des aperçus de l'avenir.

Parfois, vous vous souvenez d'avoir rêvé d'endroits inconnus et pourtant, ils vous semblent familiers, et vous les appréhendez sans les connaître. Vous les avez connus et vus dans des vies antérieures. Il en est de même pour des personnes dont vous rêvez et que vous ne connaissez pas. Oui, vous les avez connues et elles ont marqué vos vies ! Vous les avez retrouvées. Elles sont venues vous voir. Ce sont vos Esprits familiers qui viennent vous visiter. Souvent, vous ressentez leur présence. Ce sont surtout des parents proches dans une autre vie qui viennent vous avertir d'événements qui vont arriver.

N'avez-vous pas eu de nombreux exemples de personnes, ou de parents, qui vous apparaissent en rêve, comme une alerte en quelque sorte ? C'est peut-être un pressentiment de l'avenir. C'est un rêve prémonitoire. Qui de vous n'en a pas eu ?

Pourquoi certaines personnes ont-elles des affinités, ou des goûts communs alors qu'elles se connaissent à peine, et d'autres des animosités ? C'est parce que vous avez rencontré ces êtres dans d'autres vies. Vous les retrouvez et revivez de lointains souvenirs qui ravivent les liens du passé. Dans le fond de votre âme, vous avez approché ces personnes sans jamais les avoir rencontrées dans cette vie.

Combien se sont posé des questions à propos des rêves qu'ils ont faits ? Sans doute souvent sans y attacher d'importance. Vous ne vous souvenez pas toujours de ce que vous avez vu. C'est souvent le départ de l'âme qui se trouble, ou son entrée dans le corps. Cela explique les rêves les plus absurdes que font aussi bien les savants que le commun des mortels.

Le poète Artémidore d'Ephèse a écrit des livres sur les songes, dont un traité qui a marqué son siècle et le monde, l'*Interprétation des songes*. Il constitue le livre de référence d'un grand nombre de penseurs, qui portent sur leurs rêves une attention méticuleuse et ne manquent jamais de les analyser.

Les rêves ou songes ont toujours existé. Ces présages, dans tous les pays et dans toutes les religions, ont éclairé bien des légendes du monde. C'est un aspect du mystère caché de l'âme qui rayonne à la découverte de contrées, pour retrouver ses parents et amis.

Dans l'Antiquité, les rêves étaient l'apanage des aïeux. L'histoire et la tradition nous ont légué la description de songes célèbres : songes du pharaon interprétés par le patriarche Joseph, ceux de Zoroastre, celui de la femme de Jules César qui l'avertit de ne pas se rendre au sénat, la veille de sa mort. Saint Augustin a raconté aussi l'histoire d'un songe prophétique.

Plus d'un poète divertissait davantage avec ses rêves réels qu'avec ceux nés de sa fantaisie. Mais bien d'autres ont traduit et compris les songes prophétiques ou rêves.

LE SPIRITISME EST LA CLEF

« Le ciel aide ceux qui viennent à lui
avec des intentions de pureté. »

Le spiritisme est venu révéler à l'homme endormi, en

éclairant sa route, et en lui apportant des preuves de la mission qui nous est donnée au travers de nos communications avec le monde des Esprits. Dans la révélation du monde invisible qui se manifeste par la voix des Esprits, des êtres doués, les prophètes comme les médiums, sont les intermédiaires obligés entre les deux mondes. Ils apportent les preuves de la survivance de l'âme qui est l'Esprit éternel.

De tout temps, dans toutes les religions, la preuve de la survivance de l'âme a existé. A elle seule, elle résume toute la doctrine spirite dans l'évolution des lois et des mondes.

Les Esprits apportent à l'homme leur concours dans la vie de chaque jour, à des degrés différents.

La révélation spirite est que la source en est divine ; l'instruction appartient aux Esprits, et l'élaboration est le fait du travail de l'homme.

Les Esprits ont parlé. Leurs communications éclairent le monde. Dans la conscience et le cœur de chaque être, le doute s'efface. Chaque être ressent et comprend les acquis des vies antérieures qui ont fécondé son âme. Il admet que tout ne peut s'effacer en un instant, qu'une vie ne suffit pas à s'élever, que chaque passage apporte les richesses spirituelles qui restent gravées à jamais. L'Esprit évolue mais ne régresse jamais.

A la fin d'une vie bienheureuse de bonté, de charité et de dévouement, dans la nuit qui descend, quand vient le moment suprême, dans le calme et la sérénité, dans la lumière qui descend, ce sera un au revoir, car déjà à l'aube, l'Esprit verra poindre la lumière qui est et restera éternelle.

Le souffle divin l'amènera vers les sphères célestes où la beauté est éternelle, en attendant le passage à une autre vie terrestre, où l'homme ne craindra plus la mort et devra bénir Dieu et la vie.

∞

« Selon les Ecritures, " prophétiser "
ne signifie pas seulement prédire ou deviner,
mais être mus par un bon ou mauvais Esprit. »
(Glaire, 18, 10)

Je suis heureux que tu puisses apporter au monde notre entendement qui rayonne parmi notre cheminement du livre pour les hommes qui découvriront bien le sens caché du monde céleste.

Dieu a envoyé, comme à l'époque des prophètes, dans les temps les plus reculés, une pluie de médiums à travers le monde pour éclairer les mystères.

Les médiums, comme les prophètes, ont reçu un don gratuit pour aider, soulager les misères de l'humanité.

C'est pourquoi, dans l'accomplissement de leur tâche, les médiums sont les intermédiaires entre l'homme et l'Esprit.

Le Christ dit : « Ne croyez point à tous les esprits, mais éprouvez si les Esprits sont de Dieu » (Saint Jean).

Car parmi les invisibles, certains se plaisent à faire des dupes quand ils en ont la possibilité : ces dupes sont, bien entendu, les médiums qui doivent apprendre avant toute chose à distinguer les bons et les mauvais Esprits pour ne pas devenir de faux prophètes.

Le médium, qui comprend la gravité du mandat dont il est investi, l'accomplit religieusement. Sa conscience lui reprocherait, comme un acte sacrilège, d'en faire un amusement, une distraction, car c'est une faculté donnée dans un but sérieux qui le met en rapport avec les Esprits d'outre-tombe.

Le médium a un rôle important, tant dans ses communications que dans la transformation morale qu'il engendre ou les services qu'il peut rendre.

Mais ceux qui s'engagent dans une mauvaise voie sont nuisibles à la cause du spiritisme par les mauvaises impressions qu'ils produisent.

Pour obtenir l'assistance d'un Grand Esprit, l'oubli de soi-même est nécessaire, il faut faire preuve d'humilité, de dévouement et surtout de désintéressement moral et matériel le plus absolu.

guidée par Allan Kardec

LE SPIRITISME NOUS ÉCLAIRE

« Tout effet a une cause. Tout effet intelligent a une cause intelligente. La puissance de la cause intelligente est en raison de la grandeur de l'effet. »

Moïse a labouré, le Christ a semé, le spiritisme vient récolter.

Le spiritisme n'est point une découverte. Les faits et les principes sur lesquels il repose se perdent dans la nuit des temps. On en trouve les traces dans les croyances de tous les peuples, dans toutes les religions et dans tous les documents écrits ainsi que dans les livres sacrés.

Cette science occulte est fondée sur l'existence des Esprits, qui ne sont autres que les âmes des hommes. Donc depuis qu'il y a des hommes, il y a des Esprits. Si les Esprits peuvent se manifester aux vivants, c'est que cela est dans la nature. Les preuves de ces manifestations foisonnent dans les récits bibliques.

Le spiritisme vient confirmer de nouveaux témoignages, démontrer des vérités méconnues, par des faits rétablir leur véritable sens.

Les prophètes, les médiums étaient nombreux, et la puissance de leurs facultés grande. Les manifestations traduisent les révélations des familiers qui viennent d'outre-tombe décrire leurs joies et leurs douleurs, prouvent la réalité de la vie future. Les communications avec les êtres chers disparus apportent une douce consolation en prouvant non seulement qu'ils existent, mais qu'on est moins séparé d'eux que s'ils étaient vivants, mais dans un pays lointain.

Le spiritisme nous fait connaître ceux qui ont vécu, les conditions de notre bonheur ou de notre malheur. L'homme, convaincu de la grandeur et de l'importance de son existence future, qui est éternelle, la compare à l'incertitude de la vie terrestre qui est si courte, et s'élève par la pensée au-dessus des considérations humaines.

Le spiritisme indépendant de tout culte, étranger aux dogmes particuliers, il n'est pas une religion. Point n'est besoin de prêtre ni de temple. Chacun est libre selon sa conscience. Dieu tient toujours compte de l'intention. Il ne s'impose à personne. Il n'enseigne que l'application de la doctrine du Christ.

Mieux compris aujourd'hui, il apporte pour les incrédules l'évidence de la vie future. Il prouve l'avenir par des faits réels. Il explique en termes clairs ce que le Christ a dit en paraboles. Il révèle les vérités faussement interprétées et l'existence du monde invisible et des Esprits avec lesquels nous vivons. C'est une lumière éclatante qui jaillit de tous les points du globe par la voix des Esprits qui ont vécu sur terre. On peut être catholique, Grec, orthodoxe, protestant ou bouddhiste, juif ou musulman, croire aux manifestations des Esprits et être spirite. Les deux tiers de la planète croient à la réincarnation.

Hommes de toutes classes et de toutes couleurs, vous êtes tous frères, car Dieu vous appelle tous à lui. Adorez Dieu selon vos coutumes et évitez l'anathème qui est la violation de la loi de charité proclamée par le Christ.

La voix des Esprits vous dit :

« Croyez que ceux que vous appelez “ morts ” sont plus vivants que vous, car ils voient les splendeurs de l'infini, ce que vous ne voyez pas, et entendent ce que vous n'entendez pas. L'Esprit souffle où il veut. »

Il en est de même pour ceux qui viennent dans nos communications converser, nos parents nos amis, tous ceux que nous avons aimés sur terre, que nous croyons perdus sans retour.

Ainsi en est-il pour tout homme qui envisage la vie terrestre et la vie future. L'humanité, comme les étoiles du firmament, se perd dans l'immensité céleste, où le médium se penche, le flambeau du spiritisme à la main. Sous cette lumière, dans son regard, brillent les vestiges de l'histoire.

LA PHILOSOPHIE SPIRITE, ŒUVRE D'ALLAN KARDEC

« Il ne manque guère d'écrivains dans le monde invisible, mais tout comme sur Terre, les bons écrivains sont rares ; il faut le reconnaître. »
Allan Kardec

Ô Seigneur Allan Kardec, sans vous je ne puis rien ! Vous m'avez transmis les dons les plus merveilleux, vos messages, vos visions pour le monde, vous m'avez guidée dans des sphères célestes, dans d'autres planètes ou dans des terres polluées de notre monde.

Aucun mot ne peut exprimer ma profonde reconnaissance. Du fond du cœur, de toute mon âme, avec toute ma gratitude, merci mon Seigneur, mon Guide. Dans les moments les plus éprouvants, je me sens protégée, car il me faut beaucoup donner. Combien est grande ma joie de vous sentir si proche, comme un grand ami pour vous demander tant de grâce pour autrui.

Des millions et des millions d'êtres vous supplient et vous implorent. Vous nous avez légué le plus grand héritage spirituel : la renaissance de l'âme par le spiritisme. Vous avez transmis au monde une foi inébranlable ; une partie de la planète a compris que le royaume de Dieu et du Christ n'est pas de ce monde.

Vous êtes venu sur terre pour éclairer le monde sur les préceptes du Christ. Lui-même est venu sur terre pour accomplir sa divine mission d'amour et de charité. Le Christ avait promis de nous envoyer le consolateur qui rétablirait toutes choses.

Comme l'a dit Camille Flammarion : « Allan Kardec a été par excellence le Consolateur. »

Allan Kardec publia en 1857 son *Livre des Esprits,* qui marque le début du spiritisme. Cette œuvre a conquis la majorité des lecteurs, et répond aux aspirations de l'homme. Chacun y trouve une confirmation et une explication rationnelle dans l'enseignement général des Esprits.

Il faut bien comprendre que cet ouvrage est bien dicté par eux. C'est une nouvelle Bible, qui contient les principes de la doctrine spirite, à savoir : l'immortalité de l'âme, la nature des Esprits, leurs rapports avec les hommes, les lois morales, la vie présente et la vie future, l'enseignement donné par les Esprits supérieurs avec l'aide des médiums, et l'avenir de l'humanité. Il nous apporte l'étude la plus claire et la plus complète du monde invisible que l'on ait écrite à ce jour.

Le *Livre des Esprits* venait d'ouvrir une voie philosophique, fondée sur les communications. C'est l'aboutissement des lois actuelles et immuables, la concordance entre les deux mondes. Il donne tout le fondement de la doctrine, et répond aux questions les plus importantes : « les rapports entre le monde terrestre et les Esprits ». Il fut, dès son apparition, un point de ralliement, et les idées exposées ont une répercussion considérable.

Allan Kardec étendit son influence à tout le Brésil et y répandit des principes sociaux et religieux. Le spiritisme y est devenu religion d'Etat.

> J'ai écrit sous la dictée de l'Esprit de Vérité, tu écris et écriras sous ma dictée ; c'est la loi immuable, la concordance des deux mondes.

Nous avons été choisis pour accomplir une œuvre dans laquelle nous prétendons n'avoir aucun mérite personnel, puisque les principes qu'elle renferme ne sont pas notre création. Le mérite en revient totalement aux Esprits qui l'ont dictée. Elle révèle à l'homme le but grand et sublime du progrès intellectuel. Le spiritisme fait connaître à l'homme l'existence des Esprits. Ces êtres ne sont autres que les Esprits des hommes arrivés à des degrés d'élévation différents sur le chemin de la perfection.

« Tout effet intelligent doit avoir une cause intelligente ; ce n'est pas l'étrangeté des faits qui l'intéressent mais leur implications. »

On peut se moquer des tables tournantes ou des manifestations par les bruits, des coups frappés, mais on ne se moque pas de la philosophie, de la sagesse, de la charité, dans les communications sérieuses.

Camille Flammarion, dans son livre *Mémoires d'un astronome,* écrit : « Au mois de novembre 1861, je remarquai, sous les galeries de l'Odéon, un ouvrage intitulé le *Livre des Esprits,* par Allan Kardec, dans lequel la vie future et les autres mondes sont sensément décrits par des Esprits qui les connaissent.

« Après l'avoir feuilleté, je l'achetai et le lus avec avidité, et, voulant me rendre compte des faits exposés, j'entrai aussitôt en relation avec l'auteur et assistai à toutes les séances de la société spirite, dont il était président. Je fis, en même temps, la connaissance d'un médium à effets physiques, Mlle Huet. Son salon était fréquenté par des hommes de haute distinction, tels que MM. de Courtépée, Emile de Bonnechose, Théophile Gautier, Arsène Houssaye, Louis de Noiron, Henry Delaage, d'Ecoodeca de Boisse, directeur de l'imprimerie impériale, Victorien Sardou, etc.

« Dans ces séances, on pouvait voir une table de salle à manger se soulever entièrement ou être frappée, sans cause apparente. On recevait aussi, par le même procédé de coups frappés, des dictées sur différents sujets, que l'on ne pouvait expliquer par des actes volontaires des personnes présentes.

« Ce nouveau monde m'intrigua et je rédigeai même les procès-verbaux des séances en deux petites brochures. Pendant plusieurs années, je suivis avec le plus grand intérêt toutes ces expériences [...] Elles nous conduisent à admettre l'existence de forces inconnues et de facultés de l'âme encore inexpliquées.

« Sans revenir sur les faits et les théories publiés dans

plusieurs de mes ouvrages, c'est peut-être ici le lieu de rapporter quelques-unes des expériences du même ordre faites par Victor Hugo à Jersey, sur lesquelles je n'ai jamais pu m'étendre ; elles complèteront ce que j'ai déjà écrit sur le sujet, intéresseront spécialement une classe particulière de lecteurs et montreront qu'il y a vraiment là une étude digne d'attention au point de vue psychologique comme au point de vue physique. »

LE SPIRITISME À LA MAISON BLANCHE PENDANT LA GUERRE DE SÉCESSION

Un document historique établit que le célèbre troisième président des Etats-Unis d'Amérique, Abraham Lincoln, s'intéressait au spiritisme, et qu'il fit, au cours de la guerre de Sécession, le plus grand cas des communications médiumniques qui lui furent personnellement données par une toute jeune fille, Miss Henriette Colburn.

Un éditeur de Philadelphie, M. R. G. Hartranft, entreprit, après la mort du Président, une enquête auprès de personnages importants. Il publia ainsi les mémoires de Miss Henriette Colburn, devenue Mme Maynard, relatant les détails de ces expériences à la Maison Blanche. Cet ouvrage fut vite épuisé.

C'est Miss Cadwallader, la directrice du *Progressive*

Thinker de Chicago, qui en reprit la publication en 1916 sous le titre *Was Abraham Lincoln a Spiritualist ?*

LA MÉDIUMNITÉ GUIDE LE DESTIN DU MONDE

> *« Il vous est donné de connaître le mystère du royaume de Dieu, mais pour ceux qui sont dehors, tout se traite en paraboles. »*
> (Marc, 4, 10-13)

Ta vie actuelle a complètement changé ta perception des choses.

Notre but est atteint, tes visions et tes révélations se sont avérées. Le doute s'est effacé. Le plus sceptique a compris, il réalise que tes prophéties lui ont apporté une vérité puisée à la source des divinités. Car je t'ai montré que ce qui allait arriver était inscrit, prédit et prévu.

Alors que le monde ignorait, la vérité lui est apparue, révélée par de Grands Esprits, missionnaires de Dieu comme aux temps les plus enfouis où les prophètes prédisaient et révélaient des mystères sacrés.

Tu sais, la médiumnité a guidé le monde. Les faits probants, que tu as puisés dans notre univers, lui ont apporté aujourd'hui la preuve inéluctable que le monde des Esprits régit les devenirs.

Ce qui s'est passé n'était pas un hasard, les grandes destinées sont toujours guidées par Dieu.

CELA EST TA MISSION AUJOURD'HUI

« Les prophètes et les médiums ont reçu un don sacré de Dieu. »

Tu dois écrire ma biographie. Toi seule prends, dans certains livres, des passages de ma vie active. Mais cela est écrit, lu et relu. Ton cheminement doit se faire aujourd'hui avec la doctrine spirite qui s'est répandue comme une traînée de lumière à travers le monde.

Aussi, tu dois faire comprendre ce que le spiritisme, à travers moi, a apporté. La révélation pure des Esprits, car l'univers doit savoir que le monde des Esprits existe depuis toujours. Rien n'est changé.

C'est pourquoi, à travers ton livre, nous t'avons transmis tous les passages depuis l'Atlantide, Rama, Krishna, Hermès, Pythagore, Moïse, Jéricho, Socrate, Platon, puis le Christ que Dieu a envoyé au monde pour lui annoncer la consolation des vies successives. Mais cette démarche a été détournée de sa vraie volonté par...

C'est pour cela que ma mission a été voulue et s'est répandue à travers mes livres. Et c'est ta mission aujourd'hui, que je te transmets sous ma dictée et qui se révèle être destinée à votre monde, à travers ce livre. D'autres Esprits nous ont aidés.

Ce sont les temps prédits où l'homme, anéanti par la souffrance autour de lui, cherche le souffle de la survivance qui est et sera l'ère mystique qui se répandra dans votre monde.

L'ÉCRITURE MÉDIUMNIQUE

« Cette écriture céleste est l'écho de l'Esprit de mon Guide divin, elle est spontanée et dénuée de toute influence humaine. »

Je suis heureux de pouvoir exprimer tout ce que je ressens... Pour nous le temps ne compte pas. Nous avons bien des passages à écrire, d'autres à reprendre. Sache que tout doit concorder rien ne peut se faire à la légère.

Ma joie est grande de pouvoir communiquer avec toi et le transmettre dans ce livre qui sera d'une grande portée.

Que ton esprit se libère de tout ce qui t'entoure pour que tu puisses entendre dans ton subconscient ce que je veux te dire. Mais n'oublie pas, toutes les communications et visions doivent apparaître dans ce livre. C'est essentiel. Ainsi que les témoignages. Courage, tu es entourée.

Que vos paroles glissent en moi, le frisson m'émeut et me transporte, le bruissement m'arrive dans un vertige. Votre inspiration est si forte qu'elle domine et traverse mon être !

Le rayonnement que je perçois est l'étincelle qui fait briller et transmet à ma mémoire vos paroles dans le bonheur, dans l'extase. Mon cœur tremble dans notre intime communion. L'écho m'arrive, et ma main légère le transcrit avec rapidité. L'inspiration m'arrive tel un flot.

Lorsque les chapitres sont longs, le langage n'est pas celui d'un humain, mais celui d'un Esprit d'élite. J'ai du mal à suivre les phrases. Alors je prie mon Guide et à nouveau ma main recommence à transcrire sous sa dictée les phrases qui me sont totalement étrangères en forme comme en écriture ; son influence restera souveraine.

guidée par Allan Kardec

LE MÉDIUM ÉCRIVAIN
ALLAIT COMPLÉTER LE MÉDIUM VOYANT

NOTE DE L'ÉDITEUR

Quand on observe ci-dessous le graphisme de l'écriture de Rose Gribel, on constate un changement radical entre l'apparence assez maladroite de son écriture courante (dans la vie quotidienne), qui révèle une hésitation dans l'expression, une personnalité peu à l'aise dans l'élaboration d'une page manuscrite, et la maîtrise affirmée du graphisme des premiers messages médiumniques de 1989 (document 2). Déjà, nous sentons une régularité et une rapidité du tracé, une activité de la pensée qui se prolonge dans le dessin des mots et des phrases. L'évolution est encore plus impressionnante dans les messages récents. Le graphisme révèle une véritable intensité de l'action cérébrale liée à une sensibilité qui s'affirme librement dans l'acte d'écrire devenu habituel. Une similitude troublante apparaît soudain entre l'écriture d'Allan Kardec (document 1) et celle de sa « messagère ». Une observation très précise marque, bien sûr, des différences normales entre les deux personnalités, mais dans l'inclinaison des mots, le rythme même, l'aspect des hampes et la façon de lier les jambages aux voyelles, on reconnaît une même famille d'écriture.

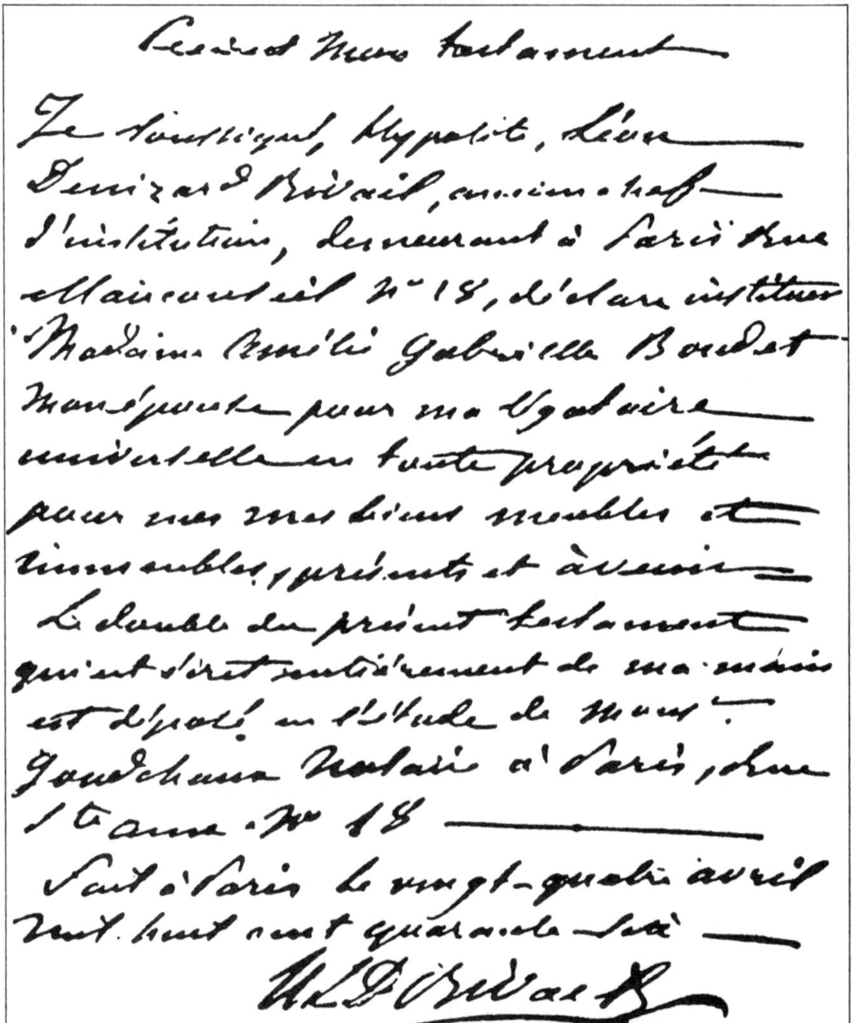

Ceci est mon testament

Je soussigné, Hyppolit, Léon Denizard Rivail, ancien chef d'institution, demeurant à Paris rue Mainconseil N° 18, déclare instituer Madame Amélie Gabrielle Boudet mon épouse pour ma légataire universelle en toute propriété pour mes biens meubles et immeubles, présents et à venir.

Le double du présent testament qui est écrit entièrement de ma main est déposé en l'étude de Mons. Gondchaux notaire à Paris, rue Ste Anne N° 18.

Fait à Paris le vingt-quatre avril mil huit cent quarante-six.

H L D Rivail

Testament manuscrit d'Allan Kardec.

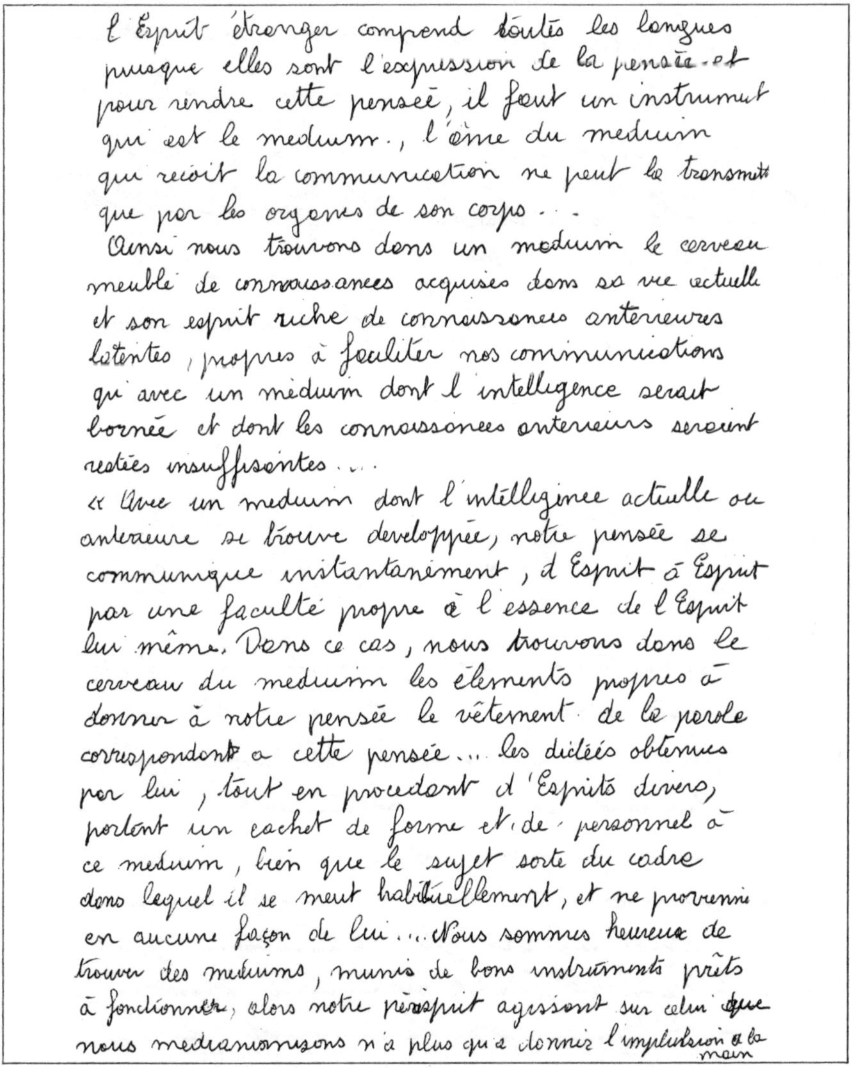
l'Esprit étranger comprend toutes les langues
puisque elles sont l'expression de la pensée et
pour rendre cette pensée, il faut un instrument
qui est le medium., l'âme du medium
qui reçoit la communication ne peut la transmettre
que par les organes de son corps...
Ainsi nous trouvons dans un medium le cerveau
meublé de connaissances acquises dans sa vie actuelle
et son esprit riche de connaissances anterieures
latentes, propres à faciliter nos communications
qu'avec un médium dont l'intelligence serait
bornée et dont les connaissances anterieurs seraient
restées insuffisantes....
« Avec un medium dont l'intelligence actuelle ou
anterieure se trouve developpée, notre pensée se
communique instantanément, d'Esprit à Esprit
par une faculté propre à l'essence de l'Esprit
lui même. Dans ce cas, nous trouvons dans le
cerveau du medium les éléments propres à
donner à notre pensée le vêtement de la parole
correspondant à cette pensée... les dictées obtenues
par lui, tout en procedant d'Esprits divers,
portant un cachet de forme et de personnel à
ce medium, bien que le sujet sorte du cadre
dans lequel il se meut habituellement, et ne provenir
en aucune façon de lui.... Nous sommes heureux de
trouver des mediums, munis de bons instruments prêts
à fonctionner, alors notre périsprit agissant sur celui que
nous medianimisons n'a plus qu'à donner l'impulsion à la main

Écriture de Rose Gribel.
Extrait du *Livre des Médiums* d'Allan Kardec.

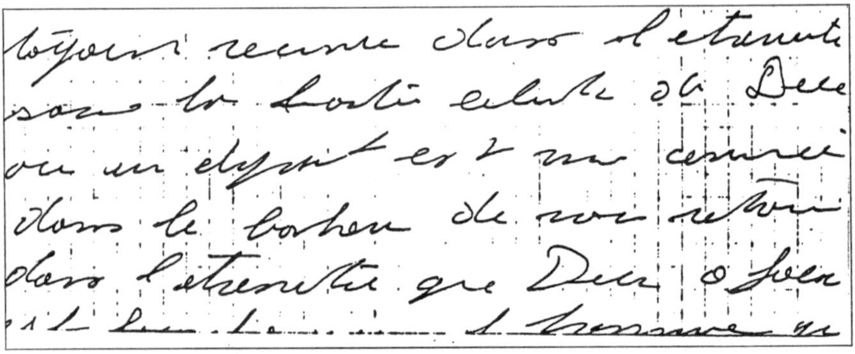

Extrait d'un message médiumnique en 1989

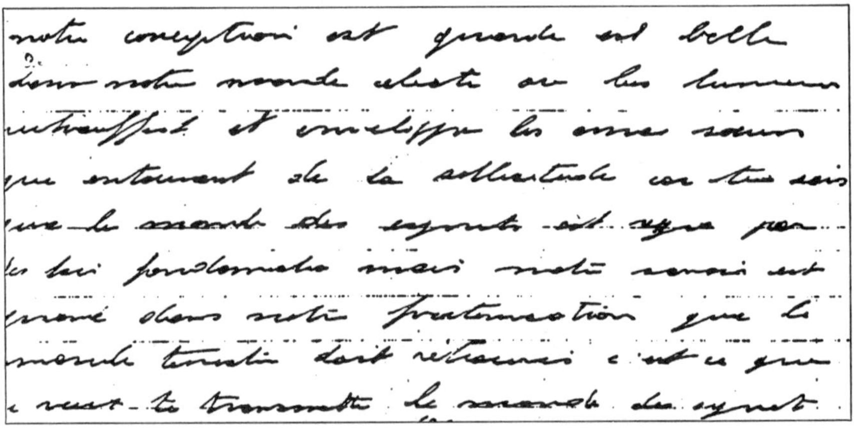

Extrait d'un message médiumnique beaucoup plus récent.

guidée par Allan Kardec

LE SPIRITISME SORTI DE LA NUIT DES TEMPS

« Dieu existe de toute éternité :
avant que les montagnes fussent nées
et que tu eusses formé la terre et le monde,
d'éternité en éternité tu es Dieu.
(Psaumes, 90, 2)

« J'ai mis devant toi la vie et la mort... Choisis... »
(Deutéronome, 30, 19)

« Je vous ai donné la lumière
et vous avez choisi les ténèbres. »

Les textes ci-dessous ont été écrits sous inspiration médiumnique. Ils sont retranscris à peu près sans corrections, dans la langue même de l'Esprit d'Allan Kardec, qui a guidé la main de Rose Gribel.

L'ATLANTIDE

« Réalise l'ampleur d'une telle révélation. »

Dieu se révèle comme le souverain maître de la terre et met fin au royaume de ce monde qui s'achève sur la vision de la destruction définitive de l'Atlantide par les eaux. La cause du désastre : l'homme ne peut aller à l'encontre des desseins de Dieu.

Le 17 octobre, au matin, dans un voyage astral, grâce à mon Guide, mon âme a pu aller dans les régions les plus sublimes. Je vois une ville merveilleuse, encastrée dans le sol, recouverte d'une immense dalle de verre nimbée de bleu. Au travers de cette coupole de verre, j'aperçois à l'intérieur une cité, des usines, des bureaux, des laboratoires avec des appareils, des machines et des outils.

Mon âme plane au-dessus de cette ville majestueuse sous terre. Je vois des hommes beaucoup plus grands que ceux d'aujourd'hui. Je ne peux entendre leurs paroles. Je vois le visage, très beau, d'un ami, le Dr Alfassa.

Mon guide, Allan Kardec, me dit :

L'Atlantide.

L'homme peut aller trop loin dans ses expériences scientifiques. Mais on ne peut aller à l'encontre des lois fondamentales de Dieu. C'est l'accomplissement de la justice divine.

Oui, tu dois écrire sur l'Atlantide, car cette ville engloutie était très en avance sur votre monde. Et ces hommes, très grands, n'ont pas su vivre avec leur temps. Ils étaient en dehors de toute autre civilisation. Ils se sont complu à aller à l'encontre des lois divines.

Leurs attributs résultaient... du cerveau. L'absence de lois de la nature...

Leur esprit était des machines à aller plus loin, toujours plus loin.

Ils souhaitaient s'approprier d'autres êtres,... d'autres planètes avec un système qu'ils avaient créé : des étincelles aspirantes qui attiraient, pouvaient réceptionner des êtres d'autres planètes.

Ils connaissaient les mystères supraterrestres. Mais ils sont allés trop loin, Dieu a appliqué la justice divine et a détruit tout leur système et tous les êtres. Le mystère reste entier. Oui, ce n'étaient plus des hommes de Dieu mais de véritables robots humains.

Tu as pu voir cette ville, l'Atlantide. Tu as pu apercevoir ces laboratoires si performants, mais cela était leur seule raison d'être.

En Atlantide, la femme avait les mêmes droits que l'homme, les mêmes travaux et les mêmes devoirs.

Leur intelligence, ils l'avaient mise au service de leur savoir supra-sonique et supraterrestre pour pouvoir communiquer avec des êtres d'autres planètes.

Oui, eux-mêmes pouvaient se transporter dans l'espace. Cela était leur but. Oui, ils étaient devenus de véritables robots humains. Mais tout a disparu à jamais. Seul le mystère demeure et demeurera jusqu'à la fin des temps. Ils ont voulu aller au-dessus et à l'encontre des lois humaines et des lois de Dieu.

Cela s'est passé vers les Caraïbes.

Les secrets restent inaccessibles à tout être humain...

L'Atlantide était une partie du continent, engloutie, anéantie et détruite à jamais ainsi que toute cette civilisation, en quelques instants, par les eaux du ciel et de la mer qui se sont refermées... Le continent fut divisé. Cette catastrophe eut des répercussions jusqu'à l'Oural.

L'homme de l'Atlantide avait des contacts et des secrets avec d'autres planètes. Il ne resta aucune trace, aucun vestige. Dieu l'a décidé ainsi. Cela, il y a des milliers d'années avant notre ère. Les avertissements de Dieu n'ont pas été entendus. On ne peut aller à l'encontre des desseins de Dieu.

De cet empire disparu, de sa civilisation engloutie par les flots, le secret reste inaccessible à tout être humain.

Platon nous a laissé des écrits inachevés dépeignant une ville engloutie, un pays introuvable. Ces écrits nous donnent des informations scientifiques sur la connaissance de l'âme humaine, la puissance de l'Esprit. Le récit de l'Atlantide par Platon a fasciné le monde. Il avait eu connaisance de cet empire disparu, de cette civilisation engloutie par les flots.

Dans l'histoire ancienne, quelque part enfouie dans la nuit des temps, dort sous l'eau la ville la plus riche de l'Antiquité.

Parmi les civilisations disparues, l'Atlantide représente le mystère le plus fascinant et exerça, de tout temps, sur le monde des idées la nostalgie d'un pays lointain.

Dr Jean-Louis Alfassa
Nice

Contrairement aux chocs moléculaires dans l'espace, je suis persuadé que les rencontres entre les personnes ne sont pas le fait du hasard !

C'était à la fin de l'année 1986. Je venais de connaître Rose. Ses paroles sur la réincarnation et le spiritisme m'ont fasciné. Moi, scientifique dans l'âme, j'allais me remettre en question !

Un soir, au cours d'une conversation, Rose me raconta qu'au cours d'une de ses visions, elle m'avait aperçu dans une vie antérieure, que j'étais alchimiste dans un laboratoire d'une immense cité, j'étais sous une coupole de verre baignée d'une grande clarté bleue et étincelante qu'elle attribue à la mystérieuse Atlantide.

Pour moi, ce récit ne fut pour commencer qu'un délicieux conte.

Par la suite, les nombreuses visions de Rose anticipées avant leur accomplissement ont fait de moi un des très nombreux témoins du merveilleux don de Rose et de son rôle de messagère d'Allan Kardec.

LE NOUVEAU MONDE

Pour découvrir le Nouveau Monde, l'Amérique, il fallait un grand visionnaire, un médium : Christophe Colomb.

Poussé par une force divine, dans sa mission hasardeuse, Christophe Colomb fut guidé par un Esprit puissant. Aux heures les plus sombres une voix lui soufflait :

« Dieu veut que ton âme résonne glorieusement à travers le monde. Tu es guidé, nous te donnons les clefs de ports inconnus de l'Océan qui sont fermés depuis des dizaines de siècles par de puissantes forces célestes... »

guidée par Allan Kardec

RÂMA. L'ÈRE MYSTIQUE ET LE ZODIAQUE

« L'homme se voit confier par Dieu
la garde de sa création. »
(Genèse, I, 28-30, II, 15, II, 19)

« Le mystère de la création est le mystère de l'amour.
La Genèse nous dit que c'est l'Esprit Saint.
" L'Esprit de Dieu planait sur les eaux. " »
(Genèse, I, 3)

Les prophètes trouvèrent Dieu unique, l'Esprit universel, au sommet des montagnes.

Ils eurent les premiers frissons de l'invisible, les visions de l'Au-delà, dans la forêt merveilleuse, secrète ou terrible. La nature est restée chère aux hommes, là où dorment les animaux, où tous les êtres puisent ces mystères, « dans cet univers qui est en création perpétuelle ». Mais déjà chantait, il y a des milliers d'années, le poète védique. Il chantait dans une divination profonde, une élévation d'âme, une conscience pure que l'on retrouve dans ses paroles étranges. Elles renferment le secret de la conception divine de l'homme, l'origine de l'âme, le corps étant matière terrestre. Quant au ciel, il représente le monde invisible et embrasse tout l'infini de l'espace.

L'homme n'avait que les montagnes pour demeure. Alors apparut l'Esprit divin qui illumina l'humanité.

Un jeune homme, du nom de Râma, par sa force, sa bonté, son esprit élevé, possédait déjà une grande stature. Une autorité émanait de tout son être prédestiné.

Râma se recueillait souvent.

Un soir, après avoir médité sous un chêne, il s'endormit. Dans son sommeil, il entendit une voix l'appeler. Dans une vision, il vit devant lui un homme, vêtu d'une bure de lin. L'homme coupa une branche d'arbre et la lui donna. Râma lui parla. A son réveil, il comprit qu'il venait de trouver le salut.

Son Guide lui apparut à nouveau, souriant. Il portait dans une main un flambeau et lui dit : « Vois-tu, ce flambeau, c'est le feu sacré de l'Esprit divin. Tu répandras son rayonnement. Maintenant suis ta route, je serai près de toi, je te guiderai... »

Râma vit la destinée de son peuple. Il devint le prophète.

Râma établit dans l'égalité l'amour de son prochain, le respect de la femme au foyer, les lois sociales.

Il institutionnalisa la famille, le culte des ancêtres. Il sut enseigner la religion de l'Esprit divin et sacré, il entreprit l'élévation spirituelle du peuple.

L'hymne d'adoration au feu qui purifie était le symbole qui reliait l'autel invisible au feu sacré de l'invisible. Des feux étaient allumés pendant des mois sur les montagnes.

Ainsi naquirent la religion, le culte et la poésie.

La plus grande fête sacrée était au commencement de l'année. Au cours de cette nuit religieuse, les Aryas se réunissaient. C'était l'adieu aux âmes envolées vers le monde céleste, mais également le salut mystique et la joie de l'Esprit qui revient sur terre pour naître à nouveau... « Dieu le veut. »

« Ce sont des amis de la lumière, ils nous apparaissent. »

Ce grand prophète, Râma, eut la connaissance de la vérité suprême.

Il vous a transmis ces révélations qui devinrent des mystères que vous allez trouver sur cette longue route des siècles, qui resteront voilés.

Râma, par ses pouvoirs surnaturels, sa bonté, devint le maître de l'Inde, le rédempteur spirituel de la terre.

Les rois et les peuples s'inclinaient devant ce génie. Il vous a donné tant de richesses spirituelles et une notion si noble de l'humanité, à l'aurore du cycle de votre civilisation.

Après avoir accompli sa mission divine, il décida de se retirer sur une montagne, entouré de ses disciples, et continua de veiller sur son peuple. Son Guide, qui l'inspirait, lui parlait dans son sommeil.

Il consacra ses dernières années à établir la carte céleste. C'est à Râma que nous devons les signes mystérieux du zodiaque vénéré, testament universel du grand prophète, repris, modifié, et qui a donné par la suite l'horoscope.

Il sut comprendre le ciel et les astres. Dans la nuit noire, il scrutait les étoiles qui scintillaient. Sous inspiration de son Guide, il établit le calendrier des douze mois de l'année des Aryas : les douze signes mystiques qui retracent les étapes de son destin, dans l'harmonie universelle de la vérité céleste, symboles vécus de son passé dans la pensée spirite. Chaque étoile qu'il sonda lui révéla les signes suivants :

1. Le Bélier, tête tournée, montre Râma quittant sa patrie, mais ses yeux restent fixés sur son pays.
2. Le Taureau furieux tombe à genoux ; ce sont les victoires remportées par Râma sur ses ennemis.
3. Les Gémeaux expliquent les alliances de Râma avec les pays voisins.
4. Le Cancer indique ses méditations.

5. Le Lion, c'est le combat victorieux.

6. La Vierge est le signe de la victoire.

7. La Balance marque l'égalité.

8. Le Scorpion, représente la rébellion et la trahison.

9. Le Sagittaire indique la victoire.

Les trois signes mystiques : 10 – le Capricorne, 11 – le Verseau et 12 – le Poisson sont la partie spirite de l'histoire de Râma.

De là, Râma, parvenu à établir les mesures du temps, fit le calendrier des mois, des saisons qui tournent dans le sens planétaire. Aujourd'hui, aucun astronome, ni savant ni mythologue, n'a pu donner un quelconque sens scientifique ni trouver l'explication du zodiaque, qui a eu le mérite d'ouvrir l'esprit vers l'infini.

Les premiers écrits ont été conçus avec des signes mystiques, et apportent la connaissance à l'homme d'alors, que l'on trouvait si primitif et qui pourtant était si près, dans son élévation, de l'Esprit de Dieu.

Concernant l'horoscope, dans une vision, mon Guide divin Allan Kardec me dit :

Tout n'est pas vrai dans l'astrologie. En effet, la lune ou le soleil peuvent avoir des interférences, une influence sur les personnes, sur leur caractère, pour certaines prises de décision, mais il est impossible de pouvoir en faire une analyse réelle de la vie des personnes.

Que doit-on penser des jumeaux nés le même jour, à la même heure ? Peuvent-ils avoir la même destinée ? Cela est impossible. On ne peut croire en l'horoscope. Des milliers de personnes qui meurent dans une même catastrophe ont-elles des signes identiques...

Je comprends, tu écris ces passages dans l'esprit spirite et c'est très bien.

Tu as compris que le message que je t'ai transmis était bien pour compléter la révélation de l'horoscope, la carte du ciel qui avait été dictée à Râma de l'Au-delà. Il faut mettre les signes, car ce grand précurseur, ce prophète de la paix, a répandu sur l'humanité les règles de vie que Dieu lui transmettait, à l'époque de ce cycle intermédiaire du monde. Les hommes primitifs dans leurs luttes d'alors étaient des êtres qui avaient besoin de sauveurs, de génies pour évoluer. Il fallait des rédempteurs pour amener ces hommes purs vers des civilisations communes. Ils ont apporté et laissé des traces d'un passé religieux et spirite.

Cela fortifiera l'existence d'un peuple tellement bon et spirituel qui doit revenir sur votre monde. Cela a été écrit par beaucoup de romanciers pour des initiés, traduit par certains comme des lumières pour eux. Ils en ont fait leurs romans.

Ce texte est formel, aussi tu dois l'écrire en toute sincérité. Il te faut bien le saisir, tu dois le disséquer. Je suis là, tu es aidée.

KRISHNA. L'INDE, LE BRAHMANISME

« L'humanité est un tisserand qui travaille
au revers de la trame des temps. Un jour viendra
où, passant de l'autre côté de la toile,
elle contemplera le tableau magnifique
et grandiose qu'elle aura tissé pendant des siècles
de ses propres mains, sans avoir vu autre chose. »
Lamartine

« Si dans les cieux éclatait en même temps la splendeur de mille soleils, dit Krishna. Elle ressemblerait à peine à la splendeur du Tout-Puissant unique. »

Le spiritisme se perd dans la nuit des temps et on en cherche les première lueurs en même temps que l'on sent passer un souffle précurseur qui fait frissonner l'âme des peuples.

L'antique Asie nous apporte, avec ses sanctuaires, la clef des mystères où, après nos croyances, s'engouffrent nos philosophies.

Les précurseurs, dans tous les siècles, détenaient les traditions et possédaient déjà ces mystères.

Ces voix, tout au fond des âges, ont éclairé les civilisations antiques venues d'Asie, d'Egypte, puis de Grèce, d'où elles nous sont arrivées coupées de longs silences.

L'univers entier préside aux métamorphoses. Le temps ne compte pas dans l'éternité. Les lenteurs n'excluent pas la continuité, les interruptions ne sont qu'apparentes.

C'est de l'Asie que nous viennent les premières révélations. Le monde invisible n'a-t-il pas été dévoilé devant nous par des manifestations marquées du sceau divin ? Elles projettent notre âme au-dessus du monde invisible où toutes les pensées terrestres disparaissent et d'où surgit, jusqu'à l'extase, l'éblouissement de l'infini.

Tout ce que nous pensons et toutes les formes de nos pensées ont une origine en Asie.

C'est de l'Inde, terre des Aryas, que se dévoila la première et brillante civilisation.

L'Inde, l'Egypte, puis la Grèce furent les grands axes des religions. Elle eurent le secret de la doctrine et de ses mystères.

Plus tard nous entreverrons par Moïse que les temples d'Egypte possédaient déjà une tradition ancestrale de plusieurs centaines de siècles.

Entrons dans les sanctuaires, dans les traditions de l'époque indéfinie des Aryas. Nous percevons cette époque, à travers les hymnes védiques, dans une harmonie surnaturelle et une grandiose pureté, une sérénité que l'humanité n'a pas retrouvée depuis, qui projeta dans le monde une intense lumière.

Aucune poésie ne surpasse les hymnes védiques. Le sentiment du divin est dans la nature, l'invisible entoure et pénètre le tout. Leurs traditions religieuses, dans leur évolution, vont très loin et nous permettent de remonter aux premiers peuples Aryas.

C'est donc dans ces régions que nous retrouvons les premières traces du spiritisme qui nous éclaire sur la nuit des temps et que nous appelons la lumière de la vie spirituelle.

A travers la succession des siècles, l'horizon, lentement, illumine l'azur de notre ciel des lueurs prophétiques, à l'aube de l'Himalaya. Contemplons ces premières lueurs.

Nous sommes dans l'Inde, la terre de nos ancêtres, les Aryas, peuple de lumière, qui nous ont illuminé d'un long sillage.

L'aube est dans les Vedas de l'Inde.

C'est le soir délicieux où toutes les enfances, la natures, les fleuves, les arbres et les bêtes jouent ensemble et charment le cœur. C'est là que fut le Paradis terrestre. Quant au ciel, il représente le monde éternel.

C'est sur cette terre privilégiée de l'Inde, à une époque indéfinie, que furent dévoilées les premières religions exprimées par les hommes, que furent chantés les poèmes sacrés, étrange souffle de l'humanité à son berceau.

Pendant des siècles, les peuples d'Orient écoutèrent ces hymnes védiques qui ne se contentèrent pas d'invoquer le saint et glorieux Agni. S'élevant plus haut qu'un chant de reconnaissance, ils affirment, chose inouïe, la lumière même de la vie sur terre, le principe de l'immortalité de l'âme et le dogme de la réincarnation.

Voici l'hymne que chantait, il y a des milliers d'années, le poète védique, dans les forêts profondes, à la lueur du feu qui se consumait :

« Ô Agni ! Feu sacré ! Feu purifiant ! Toi qui dors dans le bois et montes en flammes brillantes sur l'autel, tu es le cœur du sacrifice, l'essor hardi de la prière, l'étincelle divine cachée en toute chose et l'âme glorieuse du soleil. »

Le feu divin, Agni, est l'âme du monde. Il est le feu terrestre, la lumière. Sa véritable patrie est le ciel invisible. Ses naissances, ses séjours sont indéfinis.

Le spiritisme entend ces voix du passé qui chantent des hymnes védiques où l'âme de l'homme est immortelle. Parmi les Esprits, il en est qui viennent vers nous et s'en retournent.

Toute la doctrine spirite, longtemps tenue secrète dans les sanctuaires des temples antiques, résume les principes fondamentaux des religions brahmanistes.

Alors apparut Krishna.

Ainsi le grand prêtre parla à Devaki :

« La volonté s'est accomplie. Tu as conçu dans la pureté de ton cœur et dans l'amour divin. Vierge et mère, un fils naîtra de toi qui sera le sauveur du monde. Il faut te retirer au pied du mont Mérou, sur les pentes de l'Himalaya. Tu mettras au monde ton fils divin. Tu l'appelleras Krishna. »

C'est au pied du mont Mérou, dans la vaste forêt de cèdres, au pied de l'Himalaya, que la vierge Devaki trouva refuge dans une grotte. Elle mit au monde son fils Krishna né, lui aussi comme le Christ, d'une vierge dans une grotte.

Personne ne sut qui elle était, d'où elle venait. Krishna adorait sa mère si merveilleuse.

Quand il sortit de l'adolescence, Devaki disparut à jamais : elle avait accompli sa mission.

Krishna, élevé par des bergers sur les pentes de l'Himalaya, fut l'inspirateur des croyances hindoues, le réformateur des doctrines védiques. Entouré de ses disciples, il allait de ville en ville révéler la doctrine sacrée.

Il enseignait :

« Le corps, enveloppe de l'âme dont il est la demeure temporaire, est périssable, mais l'âme qui l'habite est invisible et éternelle. Le sort de l'âme après la mort constitue le mystère des renaissances. Toute renaissance heureuse ou malheureuse est la conséquence des œuvres pratiquées dans les vies antérieures. »

Krishna disait :

« Pour atteindre la perfection, il faut s'élever à l'être divin qui est en chacun de nous. Tu portes en toi-même un ami sublime que tu ne connais pas. Dieu réside dans l'intérieur de tout homme, mais bien peu savent le trouver... L'homme qui trouve en lui-même son bonheur et sa lumière est Un avec Dieu. »

Il disait encore à ses disciples :

« Vous et moi, nous avons eu plusieurs naissances, les miennes ne sont connues que de moi, et vous ne connaissez pas les vôtres. Quoique je ne sois plus, par ma nature, " obligé " de renaître et de mourir, toutes les fois que la vertu décline dans le monde, succombant sous l'injustice et la perversité, alors je me rends visible et je reviens d'âge en âge, pour le salut et la justice... »

Les disciples ravis entouraient Krishna en disant : « C'est Dieu qui parle en toi. »

Krishna leur enseignait :

« Je vous ai révélé le grand secret, vous êtes mes élus, vous voyez le but. La foule ne voit qu'un bout de son chemin. »

Tels sont les mystères qui nous sont venus de l'antique Asie. L'humanité a eu des révélateurs qui ont enseigné les vérités suprêmes, des rédempteurs qui sont venus l'aider dans ses jours de défaillance, hommes eux-mêmes, créatures de Dieu comme nous, mais supérieurs aux âmes parmi lesquelles ils descendaient sur terre.

Ces êtres étaient destinés à changer le destin du monde.

Ainsi parlaient les Vedas qui entrevirent

les mystères de l'évolution de l'âme, l'existence des Esprits, l'unité de la création, la succession des vies, base de l'immortalité de l'âme.

Les Aryas nous ont apporté la lumière, aux plus hautes origines, regardant l'immense dôme d'azur qui s'étend dans les profondeurs du ciel, dans la contemplation, pour comprendre Dieu et lui parler.

Ainsi se retrouve et s'exprime le texte divin des plus vieux livres du monde qui nous ont apporté les lumières qui illuminaient l'aube de l'humanité et que, actuellement encore, dépassent l'entendement.

La religion du grand prophète Krishna, transmise après sa jeunesse, nous apparaîtra plus importante et vraiment universelle. C'est celle de l'Esprit divin révélé à l'homme conscient, l'élévation vers Dieu, que nous retrouvons comme puissance souveraine, « l'âme divine », rayonnement jaillissant jusqu'à l'infini du ciel.

C'est des Aryas que nous est venue la lumière spirituelle d'un passé si lointain, transmise bien plus tard dans les temples d'Asie avec le Bouddha.

L'Egypte grandiose eut ses mystères qui souvent sauvèrent l'âme du peuple.

La Grèce magique nous entraîne dans les mystères de de son âme passionnée.

De la Judée, à l'aube, apparaissent les mystères, les symboles.

Depuis les patriarches, depuis Adam jusqu'à Abraham, puis Moïse, les prophètes nous ont éclairés sur la doctrine spirite de l'Esprit divin au centre des religions comme un soleil.

C'est par Krishna que l'esprit messianique se révélera.

C'est par le Christ qu'elle rayonnera sur le monde.

C'est aujourd'hui et toujours par Krishna que nous entrons dans l'ère mystique.

Après Krishna, c'est toujours la même lumière, le même soleil qui nous éclairent à travers le monde, lumière spirituelle, flambeau intérieur de toutes religions et de toutes vérités philosophiques.

Oui, Krishna, ce fut lun grand prophète qui répandit au travers du monde la doctrine du spiritisme qui allait se perpétuer tout le long des siècles.

Les principaux enseignements de Krishna furent repris par les brahmanes dans leur doctrine religieuse, l'hindouisme.

C'est ce que vous retrouverez sur cette longue route des siècles, bien souvent voilé par des êtres de toutes sortes qui croyaient que Dieu avait fait ce monde pour eux, que seuls ils détenaient le pouvoir sacré. Mais

Dieu a fait ce monde pour tout être qui sait le comprendre, l'admettre et s'élever. Krishna sut traduire ce sentiment divin.
L'homme ne l'oubliera jamais.

L'ÉGYPTE ET SES MYSTÈRES

L'Egypte est considérée comme une des merveilles du monde.

« Le voile dont s'entourait Isis, la nature mystérieuse, la vie cachée de la vieille Egypte, ce voile s'est déchiré de haut en bas. Nous voyons. Nous entendons. Nous savons. Et ce sont les Esprits eux-mêmes qui nous ont révélé ces choses. »

Grandiose, austère et mystérieuse, terre des sphinx, l'Egypte a été l'une des premières civilisations à nous dévoiler les mystères d'outre-tombe. Avec ses innombrables sépultures, ses nécropoles, ses majestueuses pyramides, « montagnes de douleurs » où elle ensevelissait ses pharaons.

Mais qu'on ne se trompe pas. Ce culte de

la mort était en réalité le culte de la vie terrestre, qui n'avait d'autre but que d'assurer aux trépassés la vie suivante du défunt.

La vallée du Nil fut la terre qui traduisait ce culte, sous ce double aspect à nul autre pareil, avec ses sphinx, ses temples innombrables, pierres à inscriptions symboliques couvertes de hiéroglyphes.

L'Egypte par excellence est le pays des colosses taillés dans le dur granit. Les œuvres des sculpteurs des temps les plus reculés ont bravé les orages et la destruction. Nous les retrouvons de nos jours, intactes, aussi nettes qu'au moment où elles furent modelées.

Le Sphinx colossal couché près des pyramides est le plus vieux du monde. Il remonte à plusieurs milliers d'années de notre ère.

Le sphinx est une création allégorique de l'Egypte, et se définit ainsi : « Quand m'arrivent quelques défaillances, je m'élance dans le domaine de l'intuition, je scrute les secrets de la vie universelle et je reprends mon œuvre en silence – science, force, patience et idéalité. Voilà ce que je suis, moi le sphinx, moi l'Egypte. »

Que l'Egypte soit l'héritière des doctrines de l'Inde, ou qu'elle les possédât déjà dès la plus haute Antiquité, il est vrai que la haute

Asie a trouvé une résonnance dans la mystérieuse terre des rois.

Ce qui est certain, c’est l’ancienneté de la première civilisation égyptienne, qui remonte à l’antique race rouge [...] dont l’origine s’est perdue dans la nuit des temps.

Par sa grandeur religieuse et scientifique, l’Egypte fut longtemps l’axe où évolua la pensée religieuse de l’humanité...

C'est dans le temple d'Osiris qu'elle conserve intacts la pensée divine et tous les mystères sacrés. C'est là que fut élaborée la doctrine sacrée, l'Esprit divin, que Moïse enferma dans son Arche d'alliance... et dont le Christ deviendra plus tard la vivante incarnation.

VISION HERMÈS LE DIVIN

Un jour, Hermès s’endormit. Une lourde torpeur s’empara de tout son corps, son âme s’éleva jusqu’aux étoiles. Et cette vision, la voici :

Avant de monter vers la lumière, il conversa avec son guide invisible.

« Qui es-tu ? demanda Hermès.

– Je suis Osiris. Je puis te dévoiler toute chose. Que désires-tu ?

– Ô Divin Osiris, contempler la source des êtres et connaître Dieu.

– Tu vas l'apprendre. La lumière, que tu as vue, c'est l'intelligence divine qui contient toute chose en puissance et renferme les modèles de tout être... Les ténèbres, où tu as été plongé, c'est le monde matériel où vivent les hommes de la terre. Mais le feu, que tu as vu jaillir des profondeurs, c'est le verbe divin. Dieu est le Père, le Verbe est le Fils, leur Union est la Vie.

– Fais-moi voir la vie des mondes, le chemin des âmes. D'où vient l'homme et où retourne-t-il ?

– Qu'il soit fait selon ton désir. »

Alors Hermès vit un spectacle merveilleux. L'espace infini, le ciel étoilé l'enveloppaient de toutes parts... dans chaque sphère.

« Maître, demanda Hermès, comment s'accomplit le voyage des hommes à travers tous ces mondes ?

– Vois-tu, reprit la voix, cette semence lumineuse qui tombe des hauteurs éthérées ? Ce sont des " germes d'âme ". Elles flottent, comme des vapeurs légères, heureuses, mais ne connaissent pas leur bonheur. En tombant, de sphère en sphère, elles revêtent des enveloppes toujours plus lourdes. En chaque incarnation, à mesure qu'elles entrent en des corps plus épais, elles perdent le souvenir de leur céleste origine... »

Hermès entendit le chœur des sphères qui disaient : « Amour, Sagesse, Justice, Splendeur, Science, Immortalité. »

L'âme est fille du ciel, mais son voyage est une épreuve.

Ainsi fut la vision d'Hermès.

Cette vision renferme l'histoire du monde et de l'âme éternelle. Mais aujourd'hui, le voile est levé.

L'Egypte, depuis l'époque antique, était une véritable forteresse de pures et hautes doctrines spirites. Les temples de ces grands prophètes, longtemps voilés, nous en révèlent les mystères. Grâce à une supériorité intellectuelle et une sagesse profonde, ils sauvèrent l'âme de l'Egypte pour le bien de l'humanité.

Grâce à des fouilles immenses, nous connaissons mieux cette civilisation. Elle nous ouvre la porte de son histoire, écrite sur des pierres. Sur ses monuments, ses tombeaux, ses colonnes, ses stèles, on déchiffre des symboles, des hiéroglyphes longtemps impénétrables. Un triple voile couvrait les écrits mystérieux des livres d'Hermès.

Mais le monisme exposé dans les livres grecs d'Hermès trismégiste est unc compilation ultérieure des traductions influencées par l'Eglise catholique romaine, qui a fait un mythe des grands mystères de la vie terrestre du prophète Hermès le divin.

Les historiens et les théologiens n'ont cessé d'affirmer des révélations extravagantes et tronquées des principes fondamentaux de la doctrine hermétique.

Or Hermès le divin était un homme et non un mythe ou une légende. Il a révélé bien des secrets du monde céleste qui étaient destinés à l'évolution de votre univers. Après sa mort, cela a été détourné de la volonté de Dieu...

« Les Esprits ont parlé ». Son nom Hermès Tot se dresse aujourd'hui dans une vérité triomphante. Il fut un des premiers prophètes dépositaires des traditions et mystères sacrés.

Hermès nous a laissé un testament inestimable : de nombreux textes en écriture hiéroglyphique révélant les mystères des Esprits du monde céleste et la succession des réincarnations.

Les vérités enfouies depuis la nuit des temps, surgissent à ce jour devant les découvertes d'épigraphie égyptienne prouvant l'authenticité des livres d'Hermès. Les documents apparaissent, triomphants devant les hiéroglyphes. Les inscriptions expliquées des stèles, monuments de Memphis, confirment la véracité historique.

Les pierres antiques parlent et apportent les preuves d'un passé si lointain. Le désir de pénétrer la soif de savoir, voilà ce qui amène l'homme si loin.

Dans les sanctuaires d'Egypte, où vivaient les hiérophantes, les prêtres détenaient les secrets des mystères d'Isis et d'Osiris, et la pensée d'Hermès, antique doctrine de l'Esprit divin. Dans les tombeaux des rois brillent les papyrus du *Livre des Morts,* rouleaux mystérieux que l'on plaçait sous la tête des momies et qui révélaient le mystère d'outre-tombe de ce récit.

« Le voyage céleste de l'âme éternelle fut dévoilé. »

C'est dans cette vision que fut puisée la doctrine qui se répandit dans les diverses civilisations et qui modifia chaque peuple suivant son caractère, ses mœurs, ses coutumes et ses aptitudes.

Comme toi, il eut la vision d'être projeté dans le ciel parmi les étoiles. Dans cette vision, tu as eu la connaissance du monde des Esprits dans la lumière éternelle, leur cheminement selon leur élévation et leur évolution vers les sphères célestes.

Mais regardons le Nil. L'Egypte ressemblait à un ruban verdoyant. Elle était puissante et prospère, la paix régnait et le commerce avec les voisins était très intense.

LE PHARAON ET LA REINE NÉFERTITI INTRODUISIRENT LE MONOTHÉISME

Aménophis III était un pharaon raffiné. A la fin de son règne, son fils, Aménophis IV, avait quinze ans à peine lorsqu'il épousa Néfertiti.

Les origines de Néfertiti sont entourées de mystères, mais la fascinante beauté de la reine d'Egypte, est entrée dans la légende. C'est le visage féminin le plus célèbre de l'histoire du monde.

Dans une vision, mon guide divin me dit :

Néfertiti.

J'entends :

Ce portrait est inestimable. Plus de trois mille ans.

Cette majestueuse reine entreprit un bouleversement très important pour son peuple. Avec son mari, le pharaon, ils ont révolutionné la religion des prêtres qui était établie.

Ils lancèrent une grande réforme religieuse en introduisant le monothéisme : le soleil Aton, qui procure la lumière, l'air, la vie, devenait le dieu unique.

Or en Egypte, le monothéisme, c'est-à-dire le culte d'un seul Dieu, n'avait jamais existé. Les prêtres d'Amon furent effrayés par cette nouvelle religion qui représentait une menace pour leur pouvoir et ils s'opposèrent vigoureusement au pharaon.

Néfertiti fit construire une ville en plein désert, la cité du soleil. Le pharaon et son épouse s'y rendirent sur un char resplendissant d'or.

Néfertiti se retira dans la solitude ; elle continuera à vénérer la religion qu'elle avait établie et à lutter seule. Jusqu'à sa mort, sa conception restera la même. Lorsqu'elle disparut, la ville du dieu Aton fut abandonnée, oubliée pendant des milliers d'années.

MOÏSE

« Moïse, chez qui se rencontrent toutes les formes de médiumnité, chante, en plusieurs endroits, des cantiques inspirés de l'Eternel. »
(Deutéronome, XXXII)

Le prophète Moïse vécut longtemps en Egypte, élevé dans la connaissance des Egyptiens.

Esprit supérieur, Moïse nous a laissé une cosmogonie dont l'exactitude se justifie d'une manière admirable.

Moïse, prince héritier de l'Egypte, avait été élevé dans la sagesse de ce pays. Son peuple croyait dans le monothéisme. Qu'ils soient nés d'Abraham ou d'Osiris, tous avaient le même Dieu-Un.

C'est dans les grands espaces, à travers les montagnes pierreuses du Sinaï, que le prophète Moïse, qui connaissait le secret des mystères d'Isis, guida vers la Terre promise le peuple hébreu.

« Et quand Moïse parvint à l'endroit du feu, une voix lui cria du côté droit de la vallée, du fond d'un buisson : " Ô Moïse, je suis Dieu, Maître de l'Univers. " » (El-Koran, 28, 30)

Par Moïse, la pensée monothéiste, jusqu'alors confinée dans les mystères, bouleversa les mouvements religieux et se répandit à travers le monde.

D'origine sémite, il conserva le monothéisme en hiéroglyphes, la langue sacrée, en la modifiant afin de la mettre en harmonie avec l'alliance accordée par Dieu.

« Je viens à toi dans l'épaisse nuée, l'épais brouillard où se trouve Dieu, pour proclamer le Décalogue et dont il sera question au moment de la révélation. » (Exode, 20,18)

Moïse servit perpétuellement d'intermédiaire entre Dieu et son peuple. Il donna, au pied du mont Sinaï, le Décalogue reçu par la parole de Dieu, les Dix Commandements, puissant résumé de la loi morale et de la vérité transcendante, renfermé dans le livre hermétique de l'Arche d'or, rédigé par Moïse en hiéroglyphes égyptiens. Il contient également le Livre de l'Alliance, la Loi du Sinaï, et la législation qui allait régir les Hébreux pendant quinze siècles.

Moïse succéda au dernier patriarche, Abraham.

« Quand le Seigneur eut fini de parler avec Moïse sur le mont Sinaï, il lui remit les deux tables du témoignage, tables de pierre écrites du doigt de Dieu » (Exode, 31, 18).

Sur son long parcours, nous retrouvons Moïse, dans une terre pleine de mystères, terre promise aux Hébreux.

C'est à l'aube grandiose où le soleil allait éclairer le monde par le règne de Dieu sur Terre, Dieu Tout-Puissant, que Moïse, dans sa divine mission, révéla au monde par ses visions, ses apparitions et les voix qui l'entouraient. Il était l'élu de Dieu en son temps.

« Moïse recevait, certes, la parole divine par voix directe ; elle lui était adressée face à face, dans une claire apparition et sans énigmes. C'est l'image de Dieu même qu'il contemple. » (Nombres, 12, 8)

Moïse construisit le Tabernacle où il conservait, jour après jour, le souvenir des visions, des apparitions que Dieu lui accordait. Il écrivit l'histoire des Ages antiques et les récits d'événements prédits qui s'accomplissaient sous ses yeux. Dans une prophétie célèbre, Moïse annonça : « Le Messie, qui doit sortir un jour du peuple de Dieu, réconciliera l'humanité avec le Ciel. »

Le peuple d'Israël était le trait d'union reliant l'Orient à l'Occident, malgré ses temples secrets et leur religion. Il allait adopter ce dogme de l'unité de Dieu. Il fut étroitement associé à la fusion des peuples en une famille universelle, sous un même Dieu, sous une même loi.

« Et Moïse monta des plaines du Moab sur le mont Nébo, au sommet du Piaga en face de Jéricho, et le Seigneur lui montra tout le pays. » (Deutéronome, 34, 1)

Mais Moïse avait rempli sa mission. Depuis l'Egypte, il avait parcouru une route semée de privations. Moïse avait fait son temps, il pouvait prendre congé de la vie et contempler du haut du mont Nébo la Terre promise jusqu'à Jéricho, la ville des palmes.

Moïse, législateur, poète, historien, fut l'intermédiaire entre Dieu et son peuple.

Moïse est une des figures les plus marquantes de l'histoire. Sa renommée remplit l'Orient ; les musulmans le vénèrent autant que les Hébreux. Les vrais écrits approfondis et non une interprétation grotesque, édifieraient enfin le monde sur la connaissance des commandements de la Loi en tant que création du Seigneur.

LA PAROLE DE DIEU NE VIT QUE DANS SES PROPHÈTES

« L'Eternel dit à Moïse : " Assemble-moi soixante-dix hommes... des anciens du peuple... C'est là que je viendrai te parler, et je retirerai une partie de l'Esprit qui est sur toi pour la faire reposer sur eux : alors ils porteront avec toi la charge du peuple, et tu ne la porteras plus à toi seul. " »

(Nombres, 11, 16-17)

Le prophétisme en Israël, pendant quinze siècles consécutifs, a été un des aspects les plus importants de notre histoire.

Lors d'une grande manifestation, Moïse choisit et rassembla soixante-dix anciens, les plaça autour du Tabernacle. Dieu révéla sa présence dans une nuée. L'apparition se dessina et se précisa. Aussitôt, les puissantes facultés de Moïse se transmirent aux soixante-dix anciens. A leur tour, ils prophétisèrent. Ainsi commença le flambeau du prophétisme ou médiumnité sacrée. Elle se répandit et devint permanente.

Au cours de l'histoire d'Israël, certaines personnes étaient investies d'une mission divine, c'est-à-dire voyantes, et le plus souvent inspirées. C'est ce dernier terme que les Ecrits bibliques traduisent par le mot prophète.

Dieu communiquait avec ses prophètes de trois manières : par des paroles, par des visions, par des apparitions.

On appelait aussi prophètes des hommes attachés à la loi divine. C'est parmi ces hommes que Dieu choisit ceux à qui il confie la mission de rappeler au peuple l'observance de la loi, de leur annoncer l'avenir et l'avènement du Messie.

C'est au roi Samuel qu'échut le ministère prophétique :

« Le roi Samuel, dont la naissance, comme celle des prédestinés, fut précédée d'oracles et de signes, devint prophète dès l'enfance. Dormant dans le temple, il est réveillé souvent par des voix qui l'appellent, l'entretiennent dans la nuit et lui annoncent les choses futures » (1, Roi, 3, 1-18).

LA GRÈCE MAGIQUE ET MERVEILLEUSE

« Nombreuses sont les merveilles
de la nature, mais de toutes,
la plus grande merveille, c'est l'homme. »
Sophocle

La grandeur de la Grèce, c'est son Esprit.

C'est sous l'inspiration d'une nature incomparable que se forma le génie hellénique aux brillants artistes, dont l'imagination créatrice, enivrée de lumière, a su illuminer cette terre. Le poète, mieux que tout autre, peut évoquer le vertige de l'extase, où l'homme, merveille des merveilles, manifeste la concordance subtile de l'Esprit avec la matière.

Ce peuple raffiné au langage harmonieux, souple et clair, au génie lumineux, sut traduire les beautés, les mystères de la Grèce antique.

Le miracle, c'est que la Grèce continue de séduire, d'inspirer le monde sans autre puissance que celle de l'âme, mystique et positive. Sa sensibilité reflète un sens spirituel profond et montre la délicatesse, le goût des allégories dont Homère a marqué le début de l'épanouissement.

L'âme grecque est engendrée par l'Esprit subtil qui transforme la nature en sa propre expression. Le marbre que sculpte l'artiste devient le signe de l'idée et l'expression de l'esprit. La matière s'illumine d'étincelles mystiques et lance un défi à la maîtrise de l'homme qui a soif de couleur et d'amour.

Au temple de Delphes se trouvent deux symboles de l'âme grecque : le portrait d'Apollon et celui de Dionysos. En Hellénie, deux noms, une même divinité.

Orphée et Homère, symbolisant la musique et la poésie, chantèrent à la terre ravie des airs de l'harmonie divine dont s'enivra l'âme de la Grèce.

La lyre d'Orphée, « voix des temples inspirés », a-t-elle rendu des sons plus déchirants et plus profonds, si tendres et de si haute inspiration ?

« C'est par amour que j'ai revêtu l'habit de lin et me suis voué à la grande connaissance de la vie ascétique. C'est par amour que j'ai cherché l'Esprit divin, j'ai traversé les cavernes, les puits des pyramides et les tombeaux de l'Egypte. J'ai fouillé la mort pour y chercher la vie, et par-delà la vie j'ai vu les limbes, les sphères lumineuses. La terre m'a ouvert ses abîmes, le ciel, ses portiques flamboyants, guidé par Eros. Par lui, j'ai invoqué l'Esprit d'Hermès. »

Homère, ancêtre de la poésie, dont l'existence même s'est perdue dans une infinité de traditions fabuleuses. L'*Illiade* et l'*Odyssée,* ces monuments immortels, après vingt-six siècles, font encore l'admiration du monde et le modèle le plus parfait de l'art qui, par sa variété, enrichit sans cesse l'âme et fait succéder, tour à tour, l'admiration, la pitié, le plaisir et l'effroi.

Parmi les philosophes grecs rayonne la figure de Pythagore, maître en toutes sciences : mathématiques, médecine, philosophie, astronomie. Il dépassa son siècle et l'Antiquité elle-même par son système plus complet que ceux de Copernic et de Galilée, il anticipa les découvertes de la science moderne : la gravitation de la terre, le centre du système planétaire ; telles furent les conquêtes de ce prodigieux génie qui eut la connaissance des temples d'Egypte et de Babylone.

Pythagore sut insérer dans son système universel le mysticisme et le rationalisme, et fit la merveilleuse synthèse de la philosophie de l'âme éternelle. Par son intelligence souveraine, créatrice, mieux que tout autre, il sut comprendre l'âme de la Grèce. Sa pensée fut reprise par Socrate et Platon, ses héritiers et émules. Il élargit la sphère d'action des doctrines secrètes, coordonna les inspirations orphiques qu'il entoura de preuves scientifiques qu'il divulgua et dont il propagea les principes fondamentaux dans le monde entier.

Pythagore fonda également une institution pour jeunes. Là, sur cette merveilleuse terre d'Italie qui rappelait les splendeurs de la Grèce, la blanche demeure de ses disciples brillait sur les collines parmi les oliviers qui dominaient la ville. C'est là que le maître enseignait que l'homme a reçu de Dieu sa partie invisible et immortelle, l'âme, en même temps que sa partie visible et périssable, le corps.

Quand survient la mort, le corps retourne à la terre, tandis que l'Esprit et l'âme, indissolublement liés, s'élèvent vers les sphères divines.

Pythagore racontait à ses jeunes disciples l'histoire de la divine Psyché, nom que les Grecs donnaient à l'âme. Psyché est une parcelle individualisée de la grande âme du monde, étincelle du foyer divin.

« Psyché, c'est l'âme humaine. Et quelle prodigieuse histoire que l'évolution de l'âme, qui eut pour royaume gigantesque rien moins que l'univers... » (Pythagore).

A Passeron naquit la princesse Myrtale, fille du roi Neoptolemos. Elle fut l'épouse de Philippe de Macédoine et la mère d'Alexandre le Grand, le légendaire conquérant, dont l'idéal fut l'empire universel et la réconciliation de l'Asie et de l'Europe par l'union des religions. Ce qui glorifia Olympias, princesse Myrtale, fut sa foi ardente dans le monde céleste des Esprits. Elle avait le don de vivre et de converser avec eux. Ils lui révélaient les mystères du monde surnaturel. Sa mission reste à jamais gravée dans l'histoire de l'humanité.

« Nous étions dans des siècles passés, nous serons dans des siècles futurs et nous récolterons ce que nous avons semé. C'est en cela que résident les dogmes des mystères, l'espérance après la mort. » Telle fut la doctrine pythagoricienne dont Socrate et Platon se firent les interprètes en Grèce.

Socrate n'a laissé aucun écrit. Il est mort pour avoir mis la vertu réelle au-dessus de l'hypocrisie et pour avoir combattu les préjugés de l'hypocrisie religieuse.

Comme Jésus, accusé par les Pharisiens de corrompre le peuple par les enseignements de Dieu, Socrate fut accusé de corrompre la jeunesse en proclamant le dogme de l'unité de Dieu, l'immortalité de l'âme et les vies futures, que nous retrouvons dans les écrits de son disciple, Platon.

Après la terrible sentence des Athéniens qui condamnèrent Socrate à s'empoisonner, l'immortel penseur dit :

« Connais-toi toi-même. »

Les vérités de Socrate viennent de l'Au-delà.

Platon, au cours d'un voyage en Egypte, fut admis aux mystères, puis revint en Grèce fonder son académie. Il enseigna dans son système philosophique la grande doctrine dont il eut connaissance par les écrits orphiques et pythagoriciens.

BOUDDHA

« Mon corps est né hier, ma pensée est aussi vieille que l'humanité et remonte au berceau du monde. »

L'Asie est l'axe des grandes religions. On a voulu connaître la vie de Gautama

Bouddha, ce Grand Esprit de l'Inde. La seule chose qui soit restée est sa philosophie, devenue l'une des grandes religions du monde.

Ce grand prophète a légué au monde la religion la plus répandue en Asie. Il n'a jamais voulu être un seigneur, ni un monarque ni un maître. Son Esprit n'aspirait à aucune puissance terrestre. Il a établi sur terre le royaume de Dieu qui embrasse encore aujourd'hui des millions de fidèles qui le vénèrent.

Bouddha mendia sa nourriture dans les bazars à travers le pays. Depuis, la figure souriante du mendiant d'alors rayonne toujours, calme, sereine, malgré les remous du monde. Dans tous les temples, les volutes d'encens se lèvent devant son visage. Depuis des siècles, en méditation, on récite des prières.

En l'an 620 avant Jésus-Christ naquit au Népal un prince indien appelé Siddharta Gautama, qui était destiné à devenir le plus grand maître religieux.

Bouddha est le fils d'un prince des Sakyas-Mouni, le prince Souddhodana. Sa mère, la princesse Mahamaya, dans un songe, fut transportée près d'un lac de l'Himalaya. Son âme vit, alors qu'elle se baignait, un éléphant blanc tenant dans sa trompe une fleur de lotus, un des symboles les plus vénérés d'Asie.

Les Sages l'interprétèrent : la princesse venait de mettre au monde un fils qui serait l'envoyé de Dieu, un des rédempteurs de l'univers. Sept jours après sa naissance, Mahamaya mourut. Elle avait accompli sa mission sur terre.

Siddharta Gautama fut élevé dans le luxe et reçut une éducation princière. Il se maria et eut un fils. Mais son âme était prédestinée à une mission incommensurable. Dans la maison royale, au milieu de l'opulence, il ressentait une profonde compassion pour les souffrances de l'humanité. Dans le palais, parmi toutes ces réjouissances et ces plaisirs qui ne convenaient plus à ce prince, il comprit que la douleur était universelle.

Dans une vision lui apparut un pieux mendiant, habillé d'une tunique jaune, qui paraissait serein et heureux. Il réalisa que le moment était venu pour lui de partir. Il abandonna sa famille, son royaume, il avait 29 ans. C'est ainsi qu'il délaissa ses habits de prince et, revêtu de la robe jaune de l'ascète, seul et dépouillé de tout, il partit à la recherche de la vérité et de la paix.

Ne parvenant pas à trouver sa voie, malgré les préceptes rigoureux auxquels il se soumettait, il décida de suivre une voie indépendante, il se retira en solitaire. Gautama Bouddha trouva la philosophie par la méditation, à 35 ans. Il fit le serment de ne plus quitter l'ombre de l'arbre Bo, sous lequel il était assis, tant qu'il ne découvrirait pas le mystère des maux humains.

Un matin, en méditation, jaillit en lui la Vérité. Gautama Bouddha vit le mystère de la transmigration ou renaissance perpétuelle de l'âme, tant qu'elle n'était pas dégagée des liens de la matière. Il comprit la souffrance et les malheurs de ce monde. Il trouva le moyen de les surmonter. Il était parvenu à l'illumination. Il était possesseur de l'enseignement divin. Il était un Bouddha. Il avait trouvé le bonheur de l'éternel repos : le Nirvana.

Incarnation parfaite des vertus qu'il prêchait, il rayonnait de sagesse et de compassion. Il consacra le restant de sa précieuse vie à servir l'humanité. Il s'entoura de disciples, reprit le chemin comme moine errant et mendiant à travers le pays, dans la fraternité et convertit beaucoup de monde.

La philosophie de Bouddha rayonna. Les disciples, les moines le suivirent. Son nom, son enseignement se répandirent dans la vallée du Gange et dans le monde. Sa vie fut émaillée de miracles.

Il encouragea ses disciples à compter sur

eux-mêmes : « Vous devez vous élever vous-même. Celui qui est parvenu à la Vérité vous montre seulement le chemin, qui est celui de la libération. C'est à nous de le suivre, pour atteindre le sommet de la perfection. »

Il révéla le seul bon chemin qui y conduit. Car il n'est rien de plus noble qu'une vie pure et consacrée au service du prochain. Par son intelligence, par sa foi spirituelle et surnaturelle, ses disciples reconnurent en lui l'un des rédempteurs de l'humanité.

Il convertit ses ennemis. Les rois s'inclinèrent devant lui. Voilà ce qu'a pu faire la foi intense d'un mendiant. Le monde n'a pu saisir l'essentiel de la personnalité de ce grand prophète qui gardera toujours son mystère.

Parvenu à l'âge de 80 ans, il prépara ses fidèles à sa mort. Seul son enseignement, le dharma, devait se perpétuer. Il recommanda de ne prendre aucun maître. Malade, il s'étendit sous un arbre et rendit l'âme. Son corps fut brûlé selon la coutume hindoue.

Bien après sa mort, son enseignement fut divulgué dans le monde entier, ses paroles furent transmises avec foi et dévotion. La vénération et l'adoration du Maître rayonnent toujours sur l'existence de l'homme.

Il fut le plus grand philosophe, le plus grand sage de l'Inde, car en lui se trouvent personnifiés l'Esprit de l'Asie, les grandes vérités philosophiques et religieuses.

De son enseignement, le Maître n'a laissé aucun écrit, mais ses disciples ont tout conservé en apprenant par cœur ses préceptes et en les transmettant verbalement de génération en génération.

L'Asie est l'axe universel des grandes religions qui se perdent dans la nuit des temps. La vie de ces hommes qui marchèrent sur la trace de Dieu fut toujours entourée de mystère. Leur doctrine est immense. Leur vie doit se perdre puisqu'elle ne compte pas, elle n'est que l'enveloppe terrestre de l'âme éternelle. Ce qui reste de ces grands prophètes, c'est leur Esprit.

Une grande partie de l'humanité reste attachée à la philosophie du bouddhisme. Le grand prophète Bouddha a laissé au monde un héritage surnaturel : l'enveloppe terrestre est périssable, mais l'Esprit éternel reste, né de la foi. « L'homme renaît. »

guidée par Allan Kardec

JÉSUS FUT LE VAINQUEUR DU MONDE ET DES TEMPS

« L'avènement du Fils de l'Homme sera comme un éclair qui sort de l'Orient et va jusqu'en Occident. »
(Matthieu, 24, 27)

La naissance de Jésus est l'aboutissement de toute l'histoire du peuple de Dieu mais aussi celle de l'humanité. Le fait de la naissance surnaturelle de Jésus, c'est ce qu'exprime le mystère de l'incarnation.

Jehoshoua, que nous appelons Jésus, naquit à Nazareth. Il était le fils de Myriam, que nous appelons Marie, femme du charpentier Joseph, une Syrienne noble et affiliée aux Esséniens. Jésus vécut son enfance en Galilée. Par ses parents lui fut révélée l'étrange destinée du peuple élu. Dès son plus jeune âge, son âme curieuse cherchait, s'informait, voulait comprendre.

De sa mère, il apprit à connaître les Ecritures.

Par son élévation d'esprit prophétique et messianique, des visions merveilleuses hantaient son sommeil. La lumière mystérieuse qui jaillissait de son âme l'amenait aux espaces infinis dès l'adolescence. Son esprit intuitif, sa haute conscience furent chez lui innés.

L'instruction lui fut donnée chez les Esséniens qui professaient et conservaient les traditions, les interprétations de la Loi de Moïse et des prophètes d'une façon très rigide. Ils vivaient en famille, à Engaddi, près de la mer Morte en Palestine.

Ils étudiaient la médecine, des écrits qui traitaient des vertus des plantes et des minéraux. La mission de ces prophètes était l'enseignement de la Loi de Moïse, les principes de la réincarnation et les sciences des guérisons. Ils observaient les règles de l'ordre et le serment de garder les secrets sacrés...

Jésus fit son apprentissage parmi ces hommes austères qui lui enseignaient la vie future, les réincarnations, la préexistence de l'âme et la conséquence de son immortalité. L'âme demeure dans le corps comme dans une prison. Délivrée des liens terrestres, elle s'envole, rayonnante. Comment douter que sa divine mission était d'apporter au monde la révélation du monde des Esprits et des vies futures par la réincarnation ?

C'est pourquoi de cela, et de son passage chez les Esséniens, les Evangiles et l'Eglise ont gardé le plus grand secret, ô combien significatif de leur gêne !

Jésus possédait un mystérieux don médiumnique. Il allait dans les foules, son regard sondait les pensées, réveillant les consciences, avec un immense amour pour les humbles. Il guérissait d'un simple regard. Ô combien douces et angéliques étaient ses paroles merveilleuses, la puissance de son amour ! N'est-ce pas le véritable Evangile qu'il désirait ?

« Croyez en Dieu, croyez en moi, il y a plusieurs demeures dans la maison de mon Père.

« Heureux ceux qui ont le cœur pur, car ils verront Dieu. Aimez-vous, aimez Dieu pardessus toute chose. Vous êtes tous frères, vous êtes un, et Dieu est le père commun en qui tout s'unifie.

« Dieu est Esprit, et il faut que ceux qui l'adorent l'adorent en Esprit et en vérité. »

Le jour où il prononça cette parole, il fut bien le Fils de Dieu. Il dit pour la première fois le mot sur lequel reposera l'édifice de la religion éternelle.

Jésus était le lien entre le monde visible et invisible. Par son amour pour les humbles et les déshérités, il assuma toutes les douleurs, toutes les souffrances, alors qu'autour de lui, il voyait toutes les fourberies, les intrigues, les bassesses et les cruautés de l'égoïste nature de l'homme. Lorsque, levant vers le ciel son visage, il voyait les Esprits descendre vers lui comme le firent Moïse, Elie, et bien d'autres, il ressentait le rayonnement de la lumière divine qui le consolait et il reprenait courage.

Que de douleur en descendant parmi nous pour y accomplir sa mission, son glorieux sacrifice. Il était devenu le Fils de l'humanité, incarnant en lui les hautes pensées.

« C'est bien le prince de ce monde qui va lever toutes les forces pour défendre son empire : le Fils unique venu pour le sauver. Il est venu prendre possession de ce qui est à lui, mais les siens ne l'ont pas reçu. » (Jean, 1, 11-25)

Car Jésus parlait avec une autorité sans égale et ses actes confirmaient ses paroles. Il se mouvait au milieu des hommes avec la liberté souveraine d'un fils qui vient de mettre de l'ordre dans la maison du père, avec la charité d'un docteur qui se penche sur un monde malade dont il sait qu'il détient la guérison dans sa main. Cette grâce scandalisa les scribes et les pharisiens.

La lutte entre Jésus et les prêtres était intense. S'il n'était pas évincé, eux le seraient. Il fallait donc l'éliminer au plus vite.

Bientôt le conflit se déclara ouvertement. Jésus quitta la Galilée et se retira à l'écart, afin de préparer ses disciples à sa mort probable.

Puis, son heure venue, il se dirigea vers Jérusalem. Le procès se déroula. Par haine et par lâcheté, les autorités romaines et juives s'accordèrent pour condamner le Fils de Dieu. Lui garda devant ses accusateurs sa liberté souveraine. Jésus ne chercha point à se sauver lui-même. Il mouru.

Dieu avait mis vingt siècles pour préparer le peuple où naîtrait son fils. Il suffira de trois années pour que ce peuple se dresse contre ce Fils et le mette à mort.

« Dieu a fait seigneur ce fils que vous avez crucifié. » (Actes, 2, 36)

Mais Jésus crucifié fut le vainqueur du monde et du temps. Le mystère de la foi rayonna sur la terre par ses apparitions, les manifestations de cette apothéose où Jésus, pendant des jours, était apparu en esprit avec son corps fluidique.

« Oui, c'est bien en Esprit fluidique que Jésus apparaît aux disciples puisqu'il entre et sort toutes portes fermées. » (Jean, 20, 19-26)

Lorsque le Maître reparaît, « comme il l'avait prédit », avec lui renaissent le courage, la ferveur de ceux qui sont fortifiés par l'événement merveilleux de la Pentecôte.

Puis, « sous les yeux des apôtres, des disciples, s'élevant de terre, il a disparu dans une nuée, échappant aux regards ».

Cette ascension n'avait-elle pas, elle aussi, constitué un signe ! Car « nul n'est monté au ciel, sinon celui qui est descendu du ciel, le Fils de l'Homme » (Jean, 1, 11-13).

Mais Jésus, dans sa clairvoyance, avait stigmatisé pour des siècles l'hypocrisie de la religion. La confusion des évangiles synoptiques, la haine et l'intolérance de la fausse autorité sacerdotale, le catholicisme le plus complexe, qui seront responsables des grands déchirements, vont lancer les hommes sur les routes du monde entier qui seront pour eux les routes du martyre.

Aussi les dernières paroles du Christ furent-elles très claires :

« Le ciel et la terre passeront, mais mes paroles ne passeront point. »

Déjà, à la mort de Jésus, l'Eglise est debout.

Les prophètes savent que la main de Dieu se voit, se touche. On en ressent le vertige parmi toutes ces ruines, tous ces vertiges sacrés, sortis de la nuit des temps.

MOHAMMED

« L'âme est pour les sages d'Orient un grand livre où s'inscrivent les caractères mystérieux, toutes les réalités et toutes les lois. »

Les siècles passent. Dans le désert d'Orient, un prophète imposant se dresse. L'humble chamelier, Mohammed, devient le fondateur d'une grande religion : l'islam. Dans le silence du désert, Mohammed recevra par l'intermédiaire de l'ange Gabriel les Ecrits sacrés, les versets du Coran que Dieu lui a envoyé.

« Mohammed l'affirmera dans le livre sacré des musulmans. Le Coran est resté le plus beau monument dans la langue où il a été écrit. Je ne vois rien de pareil dans l'histoire religieuse de l'humanité. C'est ce qui explique l'influence énorme que ce livre a eue sur les Arabes. Ils sont convaincus que Mohammed, dont l'instruction était rudimentaire, ne pouvait écrire ce livre et qu'il a été dicté par un ange. » (Barthélemy de Saint-Hilaire, *Mahomet et le Coran*)

LES PROPHÉTIES

« En ces jours-là, je répandrai de mon Esprit sur mes servants et ils prophétiseront. »
(Actes, 2, 17-18)

Les textes qui suivent sont, au sens strict, des prophéties, c'est-à-dire un coin du voile levé sur le destin du monde. Rose les a reçues, sous dictée, de l'Au-delà.

Les siècles passent dans un monde perturbé, ébranlé, mais notre philosophie demeure et avance malgré les luttes atroces de religion et de classes.

Les enfants de Mahomet se tueront avec les enfants de Fatima ; cela, tu l'as prédit depuis bien des années. Tes prophéties, dans ce monde bouleversé, apportent la preuve des vérités qu'on te transmet : ces guerres affreuses de religion où des peuples entiers, dans la violence et la famine, vont disparaître par domination et haine. Le feu se répandra, allumé par des savants et des hommes cruels et matériels qui détiennent le pouvoir et la domination ; leur cœur est dur.

L'indifférence du monde libre est établie dans l'égoïsme. Il ferme les yeux pour ne pas voir la souffrance humaine dans les ténèbres, les pleurs, les appels de détresse où les vivants envieront les morts dans une souffrance sans fin.

Pourquoi l'homme dominateur et puissant est-il si cruel et pense-t-il être au-dessus de Dieu, ou même détenir les pouvoirs de Dieu ? Il tue au nom de Dieu. Certaines religions croient être élues en la réincarnation.

Dieu Tout-Puissant, Père des âmes, n'est plus le Dieu d'un seul peuple privilégié, mais le Père commun du genre humain qui dit aux hommes :

« Votre véritable patrie n'est pas en ce monde, elle est dans le royaume céleste. C'est là que les humbles de cœur seront élevés et les orgueilleux abaissés. »

Quand l'homme reviendra-t-il à la case première de toute doctrine universelle ?

PROPHÉTIES POUR LE MONDE JUSQU'EN 2060

« Or la vision du soir et matin, dont il a été question, est véridique ; mais toi, tiens cette vision secrète, car elle se rapporte à des temps éloignés. »
(Daniel, 8, 9, 15-26)

Les hommes se sont accaparé le ciel avec

toutes sortes de satellites pour frapper la terre, ils sont montés sur la lune. Les nations se dressent davantage les unes contre les autres... La haine, la terreur, le désordre d'une société détachée de son Seigneur.

L'ambition de l'homme à travers l'histoire est celle de « se faire un nom », symbole de l'orgueil : puissance politique. Il ambitionne la domination matérielle d'escalader le ciel, l'humanité se déifie elle-même. Dieu la précipite... et crée la confusion...

Il est significatif que ce commandement ait trait au respect de la vie. « Il arrivera que quiconque n'écoutera pas les paroles qu'il vous aura dites, l'Eternel lui demandera des comptes (Deutéronome, 18, 18-19) de l'âme de l'homme... celui qui a répandu le sang de l'homme... »

Soixante-dix années d'une idéologie maudite, où le peuple fut esclave, ont porté le mal et la terreur qui ont régné sur un peuple asservi. Par sa faute beaucoup de gens sont morts sans comprendre.

Cette idéologie marxiste-léniniste aura duré des décennies. Elle qui avait tant promis aura fait tant de malheurs, provoqué tant de douleurs et de guerres dans le monde ! Le communisme sera vaincu mais aura des adeptes jusqu'à la fin des temps.

Lorsque le 24 septembre 1987, tu as vu Reagan et Gorbatchev entériner leurs accords...

L'Amérique n'interviendra... pour l'Europe. L'Europe va être terriblement secouée quand, de Berlin, viendra l'unification. Beaucoup de morts et de souffrance.

Des frontières tomberont après l'unification de l'Allemagne, puis atteindront l'Europe de l'Est jusqu'aux Balkans qui seront secoués par la guerre.

Bien des pays d'URSS vont se déchirer par le feu et par le sang. On se battra sur les places publiques pour les libertés et leurs frontières.

Le monde va être secoué dans toute son étendue.

Mais les Etats d'Amérique seront libérés du communisme. Le peuple de Cuba également va retrouver la liberté. Ce sera la fin du cauchemar...

Quand l'unification de l'Europe sera circonscrite... La Russie sera partout présente.

La terre verra beaucoup de sang répandu pour assouvir les desseins d'hommes cruels qui ont répandu la terreur vers l'Oural.

Boris Eltsine représente la force et le courage, c'est un homme simple, très près de son peuple... la liberté après soixante-dix ans de communisme, de souffrance et d'esclavage.

Tu dois savoir que toutes ces organisations faites par des hommes qui se sont attribué un pouvoir au détriment des populations...

Seuls sont importants les pouvoirs assujettis aux puissances de l'argent, aux biens matériels et aux trafics qu'ils ont organisés.

Ces hommes font parti d'une idéologie subliminaire et sont conjointement alliés à la Confrérie qui donne, attribue, convoque et régit pour leurs propres intérêts au détriment des hommes, de leur pays et de leurs lois. Ils laissent massacrer des populations entières au mépris de l'humanisme. Des millions d'hommes meurent.

Cette assemblée de l'ONU actuellement ne fait rien pour rétablir la paix ni la communauté d'Europe... Leurs intérêts dominent et sont impliqués dans tous ces génocides. La preuve est là, politiquement. Aujourd'hui, les assassins sont toujours présents.

Ils ont déjà quadrillé et redécoupé une partie du monde au mépris de toute législation et toute valeur morale, d'abus subliminaires... Eux-mêmes ne sont plus à l'abri dans cette société.

Le matérialiste va voir son niveau de vie baisser. Il a déjà peur. Ceux qui ont contribué à cette situation n'ont fait que pressentir les événements qu'ils vont subir par leur orgueil et le pouvoir.

Cela n'empêchera pas les hommes de trafiquer, de continuer leurs forfaitures par la drogue, les armes nucléaires.

La pollution qui s'étend engendrera des cataclysmes qui secoueront le monde.

En Algérie, les religieux domineront. Ce sera une autre civilisation qui amènera bien des bouleversements, et le sang coulera même au-delà des frontières. Cela n'est pas bon pour la France.

Dieu va déclencher des catastrophes, des cataclysmes naturels pour arrêter le massacre des hommes. Tu dois ajouter que cela se fera dans des temps rapprochés.

Dans l'Orient déchiré, les enfants de Mahomet s'entre-tueront avec ceux de Fatima.

Un homme affabulateur sèmera la souffrance et la terreur... En Orient, ce dictateur sera tué.

La guerre des Balkans s'est enflammée. Les frontières seront usurpées en Italie par des êtres qui fuient. C'est un génocide devant un monde et des hommes politiques indifférents à la souffrance des populations.

Il existe actuellement dans votre monde un foyer terrible de compromissions qui a engendré un cataclysme de virtuelle puissance en Europe... s'est déployé avec une vitesse déferlante sur le monde.

Oui, les assassins sont en Europe et bénéficient d'égards. Ils dominent grâce à des compromis fallacieux, ce qui n'empêche pas carnages et barbaries. Ces dictateurs ont une idéologie qui est gravée. Ils veulent rester sous la bannière rouge.

Même l'ONU et les nations européennes peuvent s'associer avec ces hommes dans des palabres scandaleux pour ces pauvres peuples qu'ils massacrent, pendant que des pays d'Europe, font des transactions... avec ces assassins.

Mais la guerre de Balkans n'est pas terminée et d'autres pays vont avoir à souffrir le martyre, la famine et l'extermination des peuples. La terre ne veut plus de sang.

L'Italie va devoir supporter avec toutes ces iniquités qui éclatent au grand jour, dans la voie où ils se sont engagés, dans la corruption septénaire au nom d'un pouvoir corrompu qui risque de les amener à une révolution... Rome, trop de crimes, trop de sang. Les prisons sont pleines aussi de politiciens crapuleux.

En Italie les frontières amèneront des débordements qui sont prévisibles, par la... en guerre avec les pays limitrophes, Rome sera ensanglantée. Beaucoup de sang et de destructions et de morts par les armes... et se répandra dans certaines villes,... et dans d'autres pays européens.

L'Europe également aura à souffrir. Je vois du sang. Paris ne sera pas épargné, beaucoup de souffrances dans les pays latins. Le peuple en a assez des abus... tant de compromission et la misère, la versatilité des politiques. Car l'Europe aujourd'hui n'est encore qu'une utopie et n'a servi qu'à protéger certains politiciens usurpateurs.

Il n'y a plus de lois. Tout se traite pour le pouvoir de certains, la puissance et l'argent dont les politiciens se sont investis par des tractations fallacieuses et disproportionnées. Trop de discordances et d'intérêts politiques et matériels.

Tout est pollué par ceux qui participent, depuis le plus responsable jusqu'au consommateur. Tout se traite au coup par coup dans l'indifférence des peuples...

Egalement la France, dont le gouvernement socialo-communiste avait tant promis, sera secouée politiquement par des abus, des compromissions et des intrigues... le président ne terminera pas son septennat... et le sang coulera. Paris ne sera pas épargné...

L'Europe va être terriblement secouée.

Un homme politique, au bord du fleuve,

se tuera en Russie... Son message bouleversera, frappera et réveillera les consciences... Très près du peuple russe et de tous les pays annexés, cet humble et grand spirite orthodoxe deviendra le symbole de la révolte et touchera tous les pays communistes.

Israël lutte pour son pays, mais lors d'un affrontement dans un des pays de l'Est... comme une ville de la Tchécoslovaquie... Israël interviendra pour sauver ce peuple avec lequel un consensus ancien demeure. Il sera vainqueur...

Rome, tu as été trahie par tes faux monarques depuis des siècles... Au nom du catholicisme, dont tu t'es servi... Les guerres du moment sont liées à une spéculation pour les investissements d'un pouvoir perverti.

Dans l'ordre de l'Opus Dei, qui allie le mystique à l'initiation scolastique... un grand nombre de connaissances prophétiques que nous croyons perdues, sont dans les ordres initiatiques antiques que détient l'Eglise catholique romaine et l'islamisme. Il est temps de dévoiler toutes vérités spirituelles pour éclairer toutes les consciences humaines...

EN VISION

Du haut des marches, se tient un homme habillé d'une robe blanche. Je vois alors le pape, le visage défait.

Au milieu des escaliers, un prélat habillé de noir, coiffé d'un chapeau noir, monte vers lui. D'autres ecclésiastiques le suivent. De là où il se trouve, le pape n'a aucune issue pour sortir. Je suis très angoissée car je le scns en danger.

Le 15 juillet 1992, on annoncera que le pape est opéré d'un cancer... Mais la canonisation de Mgr Escrivà, fondateur de l'Opus Dei, a jeté un trouble et divisé le Vatican, et le pape est contesté...

Un pape étranger voyagera dans des pays lointains... il sera enterré là même où il est né. Avant sa mort... un autre pape sera déjà élu.

Alors le schisme se produira à l'intérieur de l'Eglise. Eclateront alors des dissensions, ils ont tué déjà des papes qui avaient eu connaissance... ce qu'ils ont toujours caché... des écrits qui allaient être dévoilés.

Dans des caches secrètes du Vatican, des parchemins antiques seront trouvés. Ce que l'Eglise romaine, depuis des siècles, avait usurpé, que le monde ignore.

Sur une colline nommé Vaticanus, venant de *vatis* qui signifie « devin », qui n'était qu'un cimetière de martyrs chrétiens, où fut érigée la basilique Saint-Pierre du Vatican... dans les sous-sols des urnes ouvertes de ces lieux secrets sous le trésor sera découvert les restes du corps terrestre du plus grand des martyrs : le Fils du Seigneur...

Un dernier triomphe de l'empereur Constantin :

Le Christ dans sa cathédrale entre Pierre et l'empereur lui-même... Un distique latin exprime l'intention de l'empereur Constantin :

« Par reconnaissance...

« Puisque, sous ta conduite, le monde s'est élevé triomphant vers les astres. C'est pour Toi que, vainqueur, Constantin a fondé ce palais. »

Dans les sous-sols de la basilique, se trouve également une croix en or massif de la taille d'un homme, offert par Constantin... sa mère.

La plus grande découverte du monde fera trembler le Vatican.

Des urnes ouvertes sortiront des secrets, des écrits, des mystères. Les textes révéleront les antiques vérités. Le scandale... et bouleversera le monde qui enfin connaîtra les vérités et saura qu'il a toujours été trahi... ce que l'Eglise a étouffé et qu'elle s'est appropriée.

Des murs détruits du Vatican... ses biens partiront en fumée et seront dispersés.

La louve est morte. Rome ne veut plus de sang. Il ne restera que souvenir du Vatican, des palais. Tout n'est que cendres... De Rome ensanglantée... on ne trouve que des ruines. Du fond des ténèbres, se font entendre des pleurs.

Celui qui viendra après sera un homme simple et humble.

Son nom commencera : A... Cet humble prophète viendra des campagnes, sa vie sera en danger... Dans Rome détruite... son nom restera gravé.

En Amérique du Nord, une arme sera trouvée. Cette découverte rendra inefficace l'arme nucléaire... et toutes les armes les plus performantes.

En Afrique du Sud, un dictateur sanguinaire apportera le malheur et le carnage dans toute l'Afrique noire, où les peuples souffriront de famine, d'autres mourront. Les Européens ont fui. Le monde aura peur.

Il sera reconnu et tué...

En Orient, un homme à la peau noire, au turban... puissant, fait régner la terreur dans toute l'Afrique jusqu'au fond du désert et anéantira tout sur son passage. Ce sera un massacre, jusqu'en Asie qui sera en feu.

Ce sera un conflit religieux... impliquera : l'Afrique jusqu'en Asie en feu.

Dans le Bangladesh, des sectes Thugs

islamiques très secrètes adorent la déesse indienne Kali, sont des musulmans. Ils ont assimilé Fatima, fille du Prophète, à Kali.

Le Bangladesh est puni de la profanation de Fatima.

Les enfants de Mohamed vaincront.

Le tyran au turban sera tué...

Fatima, fille du prophète, sera sanctifiée.

Alors les musulmans vénéreront le nom de Fatima.

Alors arrive le jour de l'Europe.

Je vois une île en Méditerranée... je vois de nombreux bateaux à l'arrêt dans la baie...

La Méditerranée sera impliquée dans un conflit éclair. De nombreux pays seront concernés et on se battra, et nombreux seront les bateaux au faux pavillon qui seront coulés...

Alors je vois apparaître... la création de la grande nation européenne avec une éthique politique démocratique commune à toute l'Europe réunie qui sera enfin construite... Car les nations européennes entre elles n'ont cessé de vivre en état de guerre ou de paix armée...

... le président Bill sera dans l'obligation de se retirer de la présidence des Etats-Unis qui sera déjà dans la corruption bilatérale, mais qui rejaillira sur le pays. Et les valeurs morales qui devront revenir. Le peuple se retournera, il n'aura retrouvé rien de positif sur le plan social après...1994.

Après une révolte populaire avec l'Amérique latine, il y aura des luttes à cause de la chute de leur économie, une guerre... Mais elles se feront sans armes. L'Amérique apportera son soutien par des actions intellectuelles des masses populaires qui ont laissé des traces indélébiles.

Une femme sera élue présidente des Etas-Unis d'Amérique et réunira les continents américains. Elle prêtera serment sur une Bible des antiques vérités.

C'est là la force qui émane de Dieu... Les textes bibliques prophétiseront et triompheront... longue sera la paix sur terre.

Cette présidente aura un rôle très important, et rassemblera une grande partie de tous les Etats d'Amérique dans la philosophie spirite chrétienne.

Une Bible des antiques vérités viendra d'Amérique latine. Un prophète prêchera et fera rayonner un grand mouvement populaire. Les armes se sont tues et la paix régnera.

En Grèce. Les rouleaux de parchemins retrouvés.

Les paroles du Christ rayonneront sur terre.

« Prêchées par le Christ. » Que le monde adoptera.

... parleront des civilisations antiques et enseigneront aux hommes les vérités des religions ancestrales. Elles révéleront à l'homme que la vie ne s'arrête jamais.

Une vie s'arrête, une autre revient. Nous avons des frères vivants et des frères morts. Tu retrouveras et le Père et la Mère.

Les scientifiques seront bouleversés : les civilisations ancestrales étaient plus avancées. Ils comprendront que cette science qui va vers un humanisme enseignera à vaincre la maladie et allongera la vie. Le départ sera moins douloureux puisque l'homme sait que la vie est éternelle.

Ce sera le règne de Dieu sur terre pour ceux qui ne l'ont pas voulu, la fin des fausses églises et faux monarques... Italie d'où depuis le premier concile de Jérusalem les malheurs ont été engendrés.

Le royaume de Dieu arrive sur terre. Des temples, des cathédrales seront construits et élevés. La maison de Dieu se dressera majestueusement.

Elle aura des prophètes parmi nous et tous les hommes seront tous frères devant Dieu. Ce sera le triomphe de la spiritualité et les hommes vivront avec une foi authentique dans la vérité et dans l'amour.

Un grand rassemblement des foules de spirites du monde entier se fera dans le pays d'Osiris. Le monde se recueillera sur cette terre du prophète Hermès.

Ses écrits seront révélés à l'homme, les vérités retrouvées qui annoncent la vie de l'Esprit éternel contre l'Eglise qui l'a toujours refusée.

Et la lumière venant du ciel, rapide,... de plusieurs couleurs... des OVNI atteignent la terre.

Déjà ils sont venus et des transmissions sont échangées. Des rencontres ont eu lieu. Mais elles ont été tenues secrètes dans certains pays. Tous se taisent...

En Extrême-Orient, dans des temps la Chine qui aura trouvé des preuves d'un grand empereur qui a laissé des traces de leur philosophie ancestrale... le peuple reviendra vers la vérité spirituelle lorsqu'ils traverseront le fleuve Amour, des chants s'élèveront. Beaucoup de Chinois libérés marcheront vers la liberté... Ils traverseront le fleuve. Ce sera leur triomphe. Là, nous serons vers 2060...

Enfin la fraternisation.

Le réveil des hommes effacera les malheurs des siècles passés que l'humanité a portés. Longue sera la paix. La lumière arrive. Le flambeau de la nuit des temps, cette voix des temples inspirés, nous rappelle Psyché et l'âme éternelle.

Depuis Krishna, c'est toujours la même lumière, le même soleil qui nous éclaire à travers le monde, lumière spirituelle, flambeau intérieur de toutes religions et de toutes vérités philosophiques.

Les êtres peuvent mourir et se succéder, mais il restera toujours quelque chose d'unique, une attitude fondamentale, la vie spirituelle, l'âme des peuples.

Aujourd'hui, c'est grâce à Krishna que nous rentrons dans l'ère mystique.

« Et Jésus dit : " Un prophète n'est méprisé que dans sa patrie, dans sa maison et dans sa famille. Et ce jour-là il ne put faire de miracle. " » (Marc, 6, 4-5)

LES VISIONS

« *Fils d'homme, lorsque tu entendras une parole de ma bouche, tu les avertiras de ma part.* »
(Ezéchiel, 3,17)

Ces événements, Rose les a prédit bien avant qu'ils ne se réalisent.

Tu dois continuer à transcrire nos vérités pour les médias. Tu dois être disponible.

Tes prières et tes invocations m'arrivent. Il me faut descendre des sphères célestes et ma disponibilité n'est pas toujours évidente.

Tu dois transmettre nos révélations, nos vérités profondes, nos avertissements, tu dois faire entendre par ta voix les échos divins des Esprits supérieurs.

Je t'ai tracé la route du flambeau spirite. Tu dois répandre à travers ce livre tout ce que le monde des Esprits a toujours contribué à apporter à votre monde. Tu dois savoir que si je t'ai choisie par la miséricorde de Dieu, c'est que ta voie était tracée. Ta mission altruiste t'a apporté un grand bonheur. Mais souvent tu as dû passer par des chemins ingrats.

Tu as pu apercevoir également, toujours guidée, une infime partie du plan divin où sont inscrites, dans la lumière, les destinées du monde terrestre.

Tous les événements de l'histoire sont prévus dans la lumière. Il faut les distinguer dans les visions que tu dois faire connaître.

Tu dois savoir à chaque vision où ton âme a été projetée dans notre monde céleste que rien n'a été fait au hasard. Ces visions captées doivent être révélées, c'était notre but. Si tu as pu apercevoir, puiser, entendre et voir tant d'événements graves et prévoir des catastrophes, c'est que cela était très important pour le monde des Esprits.

Nous t'avons donné le flambeau le plus précieux.

Alors que ton corps sommeille, ton âme libérée s'élève à la vitesse de la pensée vers les splendeurs de l'infini, où elle est admise, jusqu'à la source des divinités où peu de privilégiés sont admis.

Là, toujours guidée par mon Maître Allan Kardec, messager des Esprits divins, je peux apercevoir une infime partie où j'entends, je vois des choses extraordinaires qui sont prévues et régies, dans des endroits bien précis, dans des temps prévisibles, où impuissante j'assiste à des catastrophes qui vont avoir lieu, des événements graves pour le monde terrestre.

Dans ces voyages astraux, je peux constater que le monde céleste dicte les destinées du monde et que Dieu Tout-Puissant prévoit les destinées futures.

C'est pourquoi nous te donnons ces possibilités, ce don merveilleux, ces visions qui te transportent dans notre monde divin pour apporter la preuve éclatante que le monde des Esprits régit les destinées, les événements de l'humanité. Les preuves sont inattaquables.

Tu dois savoir que le flambeau que nous

t'avons transmis, qui a éclairé le monde, a toujours été le flambeau du divin monde des Esprits messagers de Dieu qui descendent des sphères célestes vers les âmes prédestinées dans votre monde.

Ce don précieux implique bien des vicissitudes et le concours d'un Grand Esprit supérieur.

∞

« Ceux de votre peuple qu'on avait
fait mourir vivront de nouveau. »
(Esaïe, 26, 19)

Tu as ébranlé beaucoup de monde dans tous les milieux par les révélations de tes visions qui arrivent bien des jours, des mois, des années avant qu'ils n'aient lieu.

Les faits se sont produits exactement comme tu l'avais prédit. C'est notre message que nous voulions faire entendre et qui s'est répandu.

Comment douter de choses aussi tangibles et éclatantes de vérité. Même les plus incrédules ont compris que Dieu détient les destinées du monde.

Ta mission est d'apporter aux hommes les preuves de ce que tu captes, entends et perçois.

Toujours guidée par le grand Esprit Allan Kardec, mon âme, projetée, rayonne dans cette ascension prodigieuse. Mes visions sont définies dans le plan divin où tout est transcrit et prédit avant que cela n'arrive.

Là j'assiste à ce qui va se passer, des épreuves souvent graves pour l'humanité.

∞

ÉLECTIONS AUX PHILIPPINES

Le 11 janvier 1986, à l'aube, dans une vision, mon âme est projetée dans une ville, je vois un chien passer entre les pieds d'une femme, il porte dans sa gueule un journal.

Je vois écrit en gros titre : « Les Philippines. Des changements importants vont avoir lieu. »

Je vois des photos et une foule clamer son enthousiasme. Je suis à côté d'un policier et je lui dis avec colère : « Dites toute la vérité ! »

Le 26 février 1986, Mme Corazon Aquino est élue présidente dans la joie populaire, après le départ houleux du président Marcos.

∞

TYPHON AUX PHILIPPINES

Le 17 novembre 1987, en vision, j'entends le nom de Mme Aquino. Je vois de nombreuses personnes voltiger dans les airs et d'autres violemment renversées, des arbres arrachés, des toits volent, des maisons d'effondrent.

Mon Guide me dit :

> Catastrophe aux Philippines. De nombreux morts.

Il me faut un long moment pour reprendre mon équilibre.

Le 22 novembre 1987, le passage du typhon Nina sur les Philippines fait plus de trois cents tués.

∞

> *« La révolte fondamentale de l'homme consiste à douter de la bonté de Dieu et à se sortir de ses limites de création en s'érigeant lui-même en arbitre du bien et du mal. »*
> (Genèse, 3, 1-5 ; 3, 14-19)

RAID DES ÉTATS-UNIS CONTRE LA LIBYE

Souvent mon âme va vers des régions où des catastrophes doivent se passer. Et là, j'assiste aux luttes et aux souffrances des hommes. J'implore alors l'assistance et l'aide de mon Guide, et la bénédiction de Dieu.

Il me serait impossible de pouvoir accomplir des missions importantes sans leur soutien.

Dans les missions qu'il me confie, je ne choisis ni l'heure ni le lieu qui me sont assignés.

Le 1er février, ce matin-là, mon âme est projetée dans un endroit que je ne connais pas. Je vois un homme très brun, assis par terre, la tête est entourée d'un turban. Autour de lui, des hommes armés. Celui qui est assis lance des menaces de guerre contre les Etats-Unis et tous brandissent leurs armes.

En février, les USA rompent leurs relations avec la Libye.

Le 4 février 1986, nouvelle vision. Je vois trois femmes, deux d'origine arabe et une Noire africaine. Elles tiennent des propos hostiles contre les Etats-Unis.

Je suis dans une rue très fréquentée. Adossée à un parapet, je vois passer à grande vitesse des ambulances rouges et des camions militaires. J'entends des tirs de canons et de mitrailleuses. Au loin, sur la mer, de nombreux bateaux arrivent près des côtes.

Le 24 mars 1986, la marine américaine manœuvre dans le golfe de Syrte. De nombreux morts.

guidée par Allan Kardec

Le 14 avril 1986, à l'aube, m'apparaît le visage de mon Guide Allan Kardec.

Il m'annonce :

> Une chose extraordinaire à laquelle tu vas assister. La Libye.

Puis mon âme est projetée au-dessus de la mer. Je vois de nombreux bateaux et avions jeter des bombes sur un endroit bien précis, où sont rassemblés des soldats armés.

J'entends des tirs. Je vois le visage d'un enfant mort parmi d'autres hommes aux yeux grands ouverts. Tous viennent d'être tués au cours de ce bombardement. J'ai peur. Leur expression est horrible.

Je suis effrayée. Je supplie mon Seigneur : « Si ce sont de Mauvais Esprits, faites qu'ils s'en aillent ! » Puis m'apparaît un très beau visage son rayonnement m'illumine, je viens de voir… : « Le Christ. »

Je me réveille très tôt, angoissée. Habituellement, les êtres qui m'apparaissent au moment de leur décès ont des visages calmes, sereins.

J'appelle mon amie, Mme Guglielmo, journaliste. Je lui raconte ce que je viens de voir.

Dans la journée, Mme Guglielmo me rappelle et m'apprend que j'ai vu en direct le bombardement des Etats-Unis contre la Libye.

Ce drame s'est passé le 15 avril 1986 à Tripoli. Il y eut de nombreux morts dont la fille de Kadhafi.

∞

SOMMET DE TOKYO

Le 19 avril 1986, en vision, je vois une réunion de personnes autour d'une table. Elles discutent.

Mon Guide me dit :

> Ils sont enfin tous d'accord contre Kadhafi et le terrorisme.

J'entends, dans la rue, des tirs de mitraillettes. Les gens courent partout. On avertit la population de s'éloigner des fenêtres et de s'adosser aux murs.

Je vois mon fils Dominique. Il assiste à cette réunion. Il me demande du pain, je lui en tends deux morceaux, il les partage avec tout le monde, chacun part satisfait.

Le 16 mai 1986. Attentat au Japon où cinq roquettes ont été tirées sur le palais d'Akasaka, où se trouvait réuni le sommet de Tokyo sur le terrorisme. Cet attentat n'a causé aucun dégât.

∞

DÉCÈS DE COLUCHE

Le 15 juin 1986, dans l'après-midi, en vision, j'aperçois une moto sur la route. Soudain je vois un homme couché en travers de la chaussée. Il est ensanglanté.

J'entends :

> Tu ne peux plus rien faire pour lui, il est mort. Il s'agit d'une personne très connue.

Le 19 juin 1986, Coluche se tue dans un accident de moto. Il ne portait pas de casque et avait heurté un camion de chantier.

Mme Guglielmo
Journaliste
Le 15 janvier 1987

Je connais Mme Rose Gribel depuis de nombreuses années et j'ai pu vérifier à différentes reprises ses dons exceptionnels de voyance et de médium.

Incrédule par tempérament, j'aborde toujours avec une prudente réserve les manifestations surnaturelles. Je suis donc difficile à convaincre sur certains points particuliers, mais j'ai acquis la conviction que Rose Gribel possède des dons mystérieux et fascinants.

Elle dit s'inspirer du grand spirite Allan Kardec, devenu son maître à penser, et qui lui dicte sa théorie philosophique.

Par une sorte d'inspiration non raisonnée, elle possède le don de connaître à l'avance des événements futurs. Elle reçoit des visions qui contiennent un message.

Je peux témoigner de l'exactitude de ses prédictions non seulement sur les plans professionnel et privé, mais aussi à l'échelle mondiale.

C'est ainsi qu'elle a prévu l'explosion de la navette Challenger, le bombardement de la Libye par les Américains, des catastrophes telles que les attentats terroristes de Paris.

La mort de Thierry Le Luron, dès l'annonce faite par le Pr Schwartzenberg.

Le 15 juin 1986, elle avait eu la vision du décès d'une personnalité sur une route de notre région. Coluche se tuait près de Grasse le 19 juin.

Une semaine avant la naissance de Charlotte, deuxième enfant de la princesse Caroline de Monaco, elle avait vu le jour, l'heure et le sexe du bébé.

Bien avant que la nouvelle ne fasse la une des journaux, elle avait annoncé les fiançailles du prince Andrew et de Sarah Ferguson.

Sur le plan personnel, elle m'avait avertie de l'heureuse issue d'une démarche en instance. Ses visions ont été pleinement démontrées par les faits...

∞

ATTENTATS À PARIS

Le 15 mars 1986, dans une vision, je vois une foule de

promeneurs et j'entends le bruit d'une violente explosion. Plusieurs personnes sont projetées à terre, ensanglantées. L'une d'elles est assise sur une chaise, les jambes déchirées...

Le 20 mars 1986, un attentat a lieu à la galerie Point-Show, sur les Champs-Elysées. Deux morts et vingt-huit blessés.

Le 4 septembre 1986, dans une vision, mon Maître me dit :

> Paris. Il y aura d'autres attentats.

Je vois un escalier. Sur un palier, il y a un homme de petite taille qui cache quelque chose.

Le 8 septembre, une bombe explose à la Mairie de Paris, comme je l'avais prédit. Un mort et dix-huit blessés.

Le 14 septembre 1986 est un dimanche, il est environ 15 heures. Absorbée dans la contemplation de la mer, je m'assoupis.

Dans une vision, apparaît devant moi un homme brun, le visage plutôt jeune, barré d'une moustache. Il tient une grenade dans les mains. Celle-ci explose. L'homme porte les mains vers son cou. Son visage se couvre de sang, il tombe. Il est mort.

Mon maître me dit :

> Il y a des morts, de nombreux blessés, mais il aurait dû y en avoir encore davantage.

Je reviens à moi. Je me lève, je sors sur la terrasse et,, angoissée, je raconte cette vision horrible à des amis présents.

Le soir même, on apprend que, précisément à 15 heures, un agent de la sécurité du Pub Renault, sur les Champs-Elysées à Paris, est tué par une bombe qu'il déplaçait. Il y eut deux morts et de nombreux blessés. Une catastrophe plus importante a été évitée grâce au courage de cet homme.

Quelques heures auparavant, j'avais vécu ce drame affreux en direct.

Le 15 septembre 1986, ce matin-là, je vois, dans une rue très fréquentée, des gens courir, j'entends des sirènes d'ambulance, des voitures de police.

Mon Guide me dit :

Encore un attentat à Paris.

J'aperçois deux Arabes, dont un avec une moustache, qui se sauvent. Je reviens à moi, bouleversée, et demeure longtemps oppressée.

Le 17 septembre, une bombe explose devant le magasin Tati, rue de Rennes, à Paris, faisant sept morts et cinquante et un blessés.

Mme Dominique Abertini
Le 5 août 1987

Chère Madame Gribel,

Je devais me rendre à Paris pour mon travail. Deux jours avant mon départ vous m'avez téléphoné pour me mettre en garde de ne pas me rendre dans des magasins à grande concentration humaine, car vous aviez vu un poseur de bombes, des cadavres, dans une vision. L'après-midi de mon arrivée, il y eut l'attentat au magasin Tati.

Vous m'aviez parlé d'un bateau, de corps d'enfants, de femmes et d'hommes flottant dans la mer, un véritable cauchemar. Quelques jours après on apprenait le drame du bateau anglais.

Je pourrais continuer ainsi : l'attentat contre l'ancien ministre Peyrefitte et l'attentat au Mexique...

∞

DÉCÈS DE MICHEL SEURAT

Le 3 mars 1986, en voyage astral, à l'aube, mon âme est projetée dans un pays arabe. Je descends quelques marches et me retrouve dans un couloir obscur. Je vois une porte de bois entrouverte. Je m'approche. De l'autre côté, je vois une pièce sale et des Arabes armés qui discutent violemment. Au milieu d'eux, il y a un Européen allongé par terre. Mort. Je sais que quelque chose de très grave vient de se passer.

Mon Guide me dit :

Michel Seurat.

Les Arabes verrouillent brusquement la porte. J'ai peur, je m'enfuis.

A mon réveil, j'ai beaucoup de mal à retrouver mon équilibre. Je sais qu'un drame affreux vient de se produire.

Au Liban, Michel Seurat, otage français, vient de mourir.

M. André Neyroud
Pharmacien
Nice, le 13 novembre 1987

Chère amie,

J'atteste par cette présente que je connais Mme Gribel depuis de très nombreuses années. Mme Gribel m'a surpris de nombreuses fois par ses dons de voyance.

La première fois, c'est lorsque, atteinte d'un cancer, elle me l'annonce avant tout examen médical.

Parmi de nombreux messages, certains m'on vraiment marqué.

Le 11 janvier 1986, elle prédit les événements des Philippines et le changement de gouvernement.

Le 3 mars 1986, l'otage du Liban.

Le 10 avril 1986, le bombardement des Etats-Unis sur la Libye.

Le 25 juillet 1986, le feu sur Monaco.

Le 14 septembre 1986, elle se lève subitement en déclarant qu'une bombe va éclater sur les Champs-Elysées au Pub Renault.

Le 15 décembre 1986, même chose. Il va se passer des choses importantes en France, notamment la direction du gouvernement par M. Chirac, et qui mettra pratiquement et très rapidement fin aux attentats sanglants que la France a et va encore subir.

Je ne peux pas terminer sans spécifier le réconfort moral qu'elle apporte chaque jour à de nombreuses personnes.

∞

INCENDIE À NICE

Le 25 juillet 1986, en vision, je suis à l'entrée de mon immeuble. Au loin, le ciel est bleu, limpide, magnifique. Soudain, je vois apparaître de gros nuages. Le ciel se noircit de fumée en direction de Monaco.

J'éprouve une sensation de vertige. Mon cœur bat très fort et tout tourne autour de moi.

Lorsque je reviens enfin à moi, il me faut un temps très long pour retrouver mon équilibre.

Le 26 juillet 1986, un très important incendie se déclare autour de Nice et de Monaco. De ma terrasse je vois les mêmes nuages de fumée tourbillonner à l'endroit même où je les avais vus dans ma vision.

∞

ATTENTAT À LA TWA

Le 1er avril 1986, au matin, mon âme est projetée à l'intérieur d'une maison. Je vois deux femmes arabes discuter, je sens qu'elles fomentent un complot. L'une d'elles remet un paquet à l'autre. Puis je vois la femme en possession du paquet, elle monte à bord d'un avion.

Mon Guide me dit :

> Une bombe va exploser dans cet avion. Il y aura des morts.

Je vois l'avion exploser en vol et tomber.

Le 29 novembre 1986, une bombe explose dans un avion de la TWA à l'approche des côtes grecques. Il se pose à Athènes. L'attentat a été perpétré par une femme arabe qui a déposé la bombe.

∞

CASSE DE MARSEILLE

Le 30 janvier 1987, à l'aube, dans une vision, le téléphone sonne. J'entends une conversation entre plusieurs personnes sur fond sonore de perceuses et marteaux-piqueurs. Je décèle une grande agitation. Ils parlent d'argent, de beaucoup d'argent qu'il faut ramasser.

Dans une tension extrême, je les entends dire : « Dépêchez-vous, il faut faire vite ! » Puis une autre voix ajoute : « Il faut partir, vite ! C'est terminé. »

Et brusquement la communication a été coupée.

J'entends :

Marseille.

Je me réveille en sursaut.

Le 30 janvier 1987, j'apprends qu'a eu lieu un « casse » à Marseille. Je l'avais vécu en direct. Pour cette opération, les voleurs avaient installé un téléphone dans les égouts.

∞

P-DG DE LA FNAC

Le 31 janvier 1987, dans un voyage astral, mon âme

est projetée au-dessus d'un petit aéroport africain. Je vois des Noirs remplir une caisse de viande sous cellophane. Ils la montent dans la soute d'un avion qu'il referme.

Je vois des personnalités embarquer. Arrivés sur la passerelle de l'avion, ils font des signes de la main aux personnes restées à terre.

Mon Guide me dit :

> A l'intérieur, il y a une bombe qui va exploser. Des morts.

Un avion est tombé au-dessus du Cameroun à la suite de l'explosion d'une bombe installée à bord. Tous les passagers sont morts, dont le P-DG de la FNAC.

∞

LE PAPE

Le 31 mars 1987, je suis dans une ville, sur une grande esplanade.

Mon Guide me dit :

> Le Chili.

Je vois une grande porte par laquelle on accède à un lieu saint. Je me trouve dans une grande salle. Au centre de la pièce, il y a une table ronde. Assises autour, des femmes cousent des habits de deuil.

Mon Guide me dit :

> Il y aura des morts au cours d'une messe prononcée par le pape.

Sur une grande place, un autel est dressé. Le pape célèbre la messe. Soudain j'entends une fusillade.

Le 3 avril 1987, au cours d'une messe dite par le pape, à Santiago du Chili, une fusillade éclate qui fait un mort et des centaines de blessés.

Le 5 septembre 1988, à l'aube, dans une vision, je suis dans une rue. Un autocar roule. Des hommes armés surgissent, arrêtent l'autocar et prennent les passagers en otage.

Puis je me trouve à l'avant d'une voiture en marche. Je vois, face à moi, une prélat habillé de blanc, soulevé dans les airs et disparaître.

Mon Guide me dit :

> Le pape sera enlevé. Il y aura des morts. Mais rien de grave ne lui arrivera.

Le 8 septembre 1988, l'avion du pape, en voyage dans plusieurs pays africains, doit atterrir au Lesotho. Il est détourné vers Johannesburg.

Pendant ce temps, au Lesotho, des pèlerins ont été pris en otages. Il y aura quatre morts.

∞

BATEAU AMÉRICAIN ATTAQUÉ PAR L'IRAN

Le 20 avril 1987, dans une vision, je vois en mer, près du rivage, un bateau de guerre très endommagé. Autour de ce bateau, de nombreux cadavres flottent sur l'eau.

J'entends mon Guide :

Un bateau américain attaqué par l'Iran.

Le 17 mai 1987, la frégate américaine *Stark* est attaquée par l'Iran.

∞

DALIDA

Le 2 mai 1987, dans une vision, je vois une femme assise dans un fauteuil, la bouche ouverte. Deux hommes se penchent sur son visage.

J'entends :

Il s'agit d'une artiste. Elle vient de mourir.

La chanteuse Dalida venait effectivement de mourir au moment même de ma vision.

∞

PATROUILLE DE FRANCE

Dans un voyage astral, à l'aube, mon âme est projetée au sommet d'une montagne. J'aperçois au-dessous de moi trois superbes chevaux* noirs qui évoluent puis je les vois tomber et s'écraser contre des rochers.

Le 20 mai 1987, trois mirages de la patrouille de France heurtent la montagne au cours de leur entraînement. Les pilotes sont tués.

∞

HAÏTI

Le 21 mai 1987, en vision, je suis dans un pays où la population est noire. Autour de moi, il y a une grande agitation, proche de l'émeute. Des gens se battent. Un homme en poignarde un autre dans le dos. De nombreux cadavres sont ramassés, puis brûlés.

Mon Guide me dit :

> Haïti. Révolution sanguinaire. Il y aura beaucoup de morts.

* Dans mes visions, les chevaux représentent la force de propulsion des machines et symbolisent donc les moteurs. Les chevaux noirs signifient la mort.

Le 29 juin. Le régime Duvallier s'écroule et des troubles graves font beaucoup de morts.

∞

TIBET

Le 24 juillet 1987, en voyage astral, mon âme est projetée dans un lieu très ancien au Tibet. Des hommes y sont assis, d'autres debout. Ces hommes sont accusés de vol dans un lieu saint. Ils sont condamnés, puis exécutés. Après quoi, tout est saccagé.

Mon Guide me dit :

Tribunal. Jugements horribles.

Le 25 juillet 1987, à nouveau, mon âme est projetée au-dessus de plusieurs bâtiments. Ce sont des lieux saints. Il y a de grosses cloches de bronze. A l'intérieur des salles, je vois des couples entourés de serpents.

Le 2 octobre 1987, à l'aube, je vois des enfants gravir des escaliers et j'aperçois les mêmes cloches de bronze. Elles sont entourées de serpents.

A mon réveil, je suis angoissée pour toutes les souffrances de ce peuple d'une haute élévation spirituelle.

En 1987, violentes répressions au Tibet par les Chinois qui exécutent des Tibétains dans des lieux saints.

∞

LOS ANGELES

Le 12 février 1988, dans un voyage astral, mon âme est projetée au-dessus d'une ville. Des maisons sont secouées. La tête me tourne. J'ai un vertige.

Mon Guide me dit :

L'Amérique.

J'ai vécu en direct ce drame affreux : le tremblement de terre en Californie, dans la région de Los Angeles.

∞

PLATES-FORMES PÉTROLIÈRES

Le 24 février 1988, en vision, mon âme est au-dessus de la mer.

Je vois un très grand rocher. Lorsque je m'approche, de nombreuses personnes y sont rassemblées. Leurs vêtements sont de couleurs très brillantes. La mer s'agite. Soudain, une grosse vague vient frapper le rocher et de grandes flammes surgissent puis tout prend feu.

Mon Guide me dit :

Beaucoup de morts.

Le 1er juin 1988, dans un voyage astral, à nouveau, mon âme est projetée au-dessus d'une mer calme.

Au loin, j'aperçois une plate-forme sur laquelle il y a beaucoup de monde. Soudain, j'entends un bruit effroyable. Des flammes jaillissent et embrasent la plate-forme. L'acier se transforme en bombe. Des nappes de pétrole en flammes dérivent. C'est l'enfer sur la mer. Des personnes se jettent à l'eau. De nombreux cadavres flottent.

Mon Guide me dit :

Catastrophe en mer du Nord.

Le 6 juillet 1988, la plate-forme pétrolière Piper Alpha, au large de l'Ecosse, explose, provoquant un gigantesque incendie. Il y aura près de deux cents morts et beaucoup de dégâts.

∞

DISPARITION DU PETIT RAPHAËL

Le 3 avril 1988, dans l'après-midi-là, en vision, je vois dans une campagne une colline boisée où s'affairent des hommes en uniforme, des gendarmes. Ils semblent chercher quelque chose, ou plutôt quelqu'un. Ils grimpent sur un mur, puis redescendent dans une allée. Là, je vois un vieux mur de pierre. En contre-bas, un monticule de gravats, recouvert d'herbes. Les gendarmes se tiennent sur ce mur, puis ils partent.

Mon Guide me dit :

> L'enfant qu'ils cherchent est juste là, mais ils ne le verront pas et il va mourir d'épuisement.

Quand je reviens à moi, je suis bouleversée. Je sais qu'un drame terrible va se produire.

Le 10 mai 1988, on retrouve le corps du petit Raphaël au milieu d'un sentier de montagne près d'un vieux mur entouré d'herbes. Les gendarmes étaient passés à proximité, mais les herbes trop touffues avait dissimulé l'enfant qui était mort d'épuisement.

J'ai averti bien des personnes qui témoignent.

Mme Franchessec
Nice, le 9 avril 1988

Lors d'un passage de Mme Rose Gribel dans mon magasin, où j'ai eu le grand plaisir de faire sa connaissance, nous avons pu bavarder longuement, notamment sur la voyance et l'astrologie. A ce sujet, ma connaissance de la voyance étant très limitée, je peux témoigner fermement que la voyance de Mme Gribel a été nette et précise au sujet de la disparition du petit Raphaël. En effet, Mme Gribel voyait l'enfant disparu, inanimé, mort près d'un mur de pierre, me disant que les équipes de recherche étaient passées près de lui et reparties sans l'avoir vu. Les pierres et l'herbe cachaient l'enfant, c'est pourquoi ils n'ont pu le voir, me dit Mme Gribel.

Lorsque les médias ont parlé de la découverte du corps du petit Raphaël, j'ai téléphoné à Mme Gribel pour lui dire que sa vision s'était, hélas, révélée exacte, puisque malheureusement on avait enfin retrouvé l'enfant mort à l'endroit qu'elle m'avait décrit.

Dr Eliane Donzela
Nice, le 9 septembre 1988

Il y a dix ans que Rose est passée dans ma vie puis il y eut un long silence et une nouvelle rencontre aussi fortuite et inattendue que la première.

Ce n'est qu'à l'occasion de notre deuxième rencontre que j'ai eu connaissance de ses dons et pour être honnête à l'époque j'étais totalement hermétique à ce genre de phénomènes para-normaux. Je n'ai pas accordé à ses visions le crédit qu'elles auraient mérité mais ma formation scientifique ne me prédispose pas à accréditer ce genre de perceptions.

J'étais donc quelqu'un de difficile à convaincre pourtant j'étais déjà fort étonnée par le nombre de témoignages et de personnalités que Rose arrivait à rassembler autour d'elle. [...]

Un autre fait troublant quand l'enfant Raphaël a dis-

paru, elle me dit : “ Il est mort, personne ne l’a enlevé, personne ne demandera de rançon, personne ne l’a battu ou maltraité, il est mort d’épuisement pas très loin de chez lui. Je vois des militaires qui cherchent, l’enfant est caché par des pierres dans la colline. ”

C’est moi qui le lendemain lui ai téléphoné pour lui dire que la radio venait d’annoncer que l’enfant avait été retrouvé mort d’épuisement. [...] Etonnant !

Je dois remercier Rose de m’avoir aidée dans une période difficile de la vie et plus encore de m’avoir permis de percevoir l’existence d’un autre monde.

∞

ATTENTAT À LA MECQUE

Le 30 juillet 1987, à l’aube, tandis que mon corps se repose, mon âme est projetée au-dessus d’une ville. J’aperçois une très grande cour entourée d’une enceinte. Je vois le sommet d’une mosquée, les toits et les minarets.

Je me trouve devant une immense porte fermée, sculptée en style arabe. De nombreuses femmes sont là, leurs têtes sont recouvertes d’un grand voile noir. Elles hurlent, crient et pleurent.

Mon Guide me dit :

Des morts, beaucoup de morts.

Deux jours plus tard, on annonce qu'une fusillade avait eu lieu dans l'enceinte même de La Mecque, qui a fait des centaines de morts. Les femmes étaient assemblées à l'extérieur devant la porte fermée… comme je l'avais vu et prédit.

Le 2 août, par un temps superbe, nous sommes sur le bateau de nos amis, M. et Mme Goujon, me confient : « Vous savez, Rose, la vision que vous avez eue au sujet d'un massacre à La Mecque a malheureusement bien eu lieu. Par la radio, nous avons appris qu'une très importante fusillade à l'intérieur de l'enceinte de La Mecque avait eu lieu. La porte était bien fermée et les femmes se trouvaient à l'extérieur, comme vous l'aviez prévu et décrit. »

∞

M. Steiger
Conseiller juridique
Le 20 novembre 1987

C'est très volontiers que je porte témoignage, par la présente, de vos visions et des explications que vous en donnez et qui se révèlent exactes.

Ainsi des graves incidents de La Mecque, de la catastrophe de Zeebrugge, de la rencontre Reagan-Gorbatchev, de la guerre du Golfe persique et d'autres voyances plus personnelles et qui se sont vérifiées dans les faits.

J'ai rencontré chez vous des gens qui n'avaient qu'à se louer de vos prédictions et de vos conseils éclairés...

P.-S. : Merci de m'avoir prévenu de la chute de la Bourse.

∞

CRASH DE LA PATROUILLE ITALIENNE EN RFA

Le 27 août 1988, en vision, dans l'après-midi, alors que je me repose, je vois des avions évoluer en deux endroits du ciel et se diriger vers une foule de spectateurs. Soudain, un avion en flammes tombe sur la foule.

La panique est immense. Beaucoup de personnes sont allongées sur le sol. Nombreux sont les morts et les blessés.

Mon Guide me dit :

> Catastrophe. Il y aura beaucoup de morts en Allemagne.

Le 28 août 1988, le lendemain, je vois à nouveau un avion surgir, il exécute des voltiges. Puis il s'enflamme et s'écrase sur la foule des spectateurs. Je me sens mal, tout tourne autour de moi.

Le soir même, les médias annonce qu'en Allemagne, au cours d'un meeting, un avion de la patrouille italienne s'est écrasé sur la foule des spectateurs. Il y eut cinquante morts.

Françoise B.
Guadeloupe

Passant quelques jours chez M. et Mme Gribel, j'ai pu apprécier l'importance de la mission de Mme Gribel. Elle reçoit des visions au moment même où il se passe quelque chose d'important, quelque part.

En effet, le jour, au moment même de la catastrophe du meeting aérien en RFA, nous étions allongés tous les trois sur le balcon, quand tout à coup elle nous dit : « Je vois un avion tomber dans la foule, mon Guide me dit : des morts en Allemagne ». Elle avait les larmes aux yeux et disait dans un murmure : « C'est une catastrophe », tout en ressentant les effets de celle-ci.

Le lendemain, nous assistons à la télévision au drame qui s'est passé au moment même de sa vision, ce devait être en principe un spectacle féerique pour le public venu nombreux assister au meeting, mais il s'est terminé en cauchemar.

∞

ÉVÉNEMENTS EN ALGÉRIE

Le 30 août 1988, dans une vision, à l'aube, je vois des militaires arabes monter dans une jeep. Au cours d'une bousculade, un homme saute hors de la voiture et s'échappe. Je vois une femme debout sur la jeep, encadrée de deux militaires. Elle tient un couteau à la main et crie. Puis je vois des personnes discuter, une femme saisir un grand drapeau avec le croissant et le déployer en l'air. Des militaires l'entourent.

Le 28 septembre 1988, dans une vision, mon âme est transportée en Algérie. Les rues sont envahies par la foule. Des camions sont en feu. Deux camions-grues se percutent avec violence. Je vois du sable au bord de l'eau. Un camion est arrêté. Je m'enfuis. Des coups de feu partent de tous côtés.

Je vois une jeep arrêtée, des militaires à l'intérieur, accompagnés d'un chien-loup.

A partir du 5 octobre 1988 des manifestations graves se produisent en Algérie, l'état de siège est décrété.

Le 11 octobre, dans une autre vision, je suis au-dessus d'un quartier d'Alger dans lequel circulent de nombreux véhicules militaires et des ambulances.

Mon Guide me dit :

Des morts.

Le 21 octobre 1988, des soulèvements ont eu lieu à Alger. L'armée réprime les manifestants, faisant plus de cent cinquante morts.

Le 27 mars 1990, je me trouve en Algérie, dans une maison. Dans une pièce, des personnes discutent très fort en arabe. Au-dehors, il y a des cris. Il s'agit d'une manifestation. Pour empêcher les gens d'entrer, je place deux barres de fer en travers de la porte. Une croix m'apparaît. Je vois un document couvert de caractères arabes, c'est un livre sacré semblable à la Bible. A côté est posé un morceau de pain noir.

Mon Maître me dit :

> Les religieux domineront. Ce ne sera pas bon pour la France. Ce sera une autre civilisation, elle amènera des bouleversements, le sang coulera au-delà des frontières.

Le 20 avril 1990, importante manifestation à Alger du FIS majoritaire aux élections.

Le 5 mai 1991, en vision, je suis projetée en Algérie. Je vois une foule défiler. Une femme arabe est assise à même le sol. Elle souffre. Elle est vêtue d'une djellaba. Elle cache quelque chose sur son ventre. Elle est enceinte.

Mon Maître, Allan Kardec, me dit :

> Des événements importants vont avoir lieu dans ce pays. Les armes vont parler, rien n'est terminé.

Le 15 janvier 1992, en vision, je suis au téléphone avec une femme en Algérie. Elle est très inquiète et me dit : « Ils ont été dans un endroit… » Elle est si angoissée que je ne comprends pas.

Le vendredi 17 janvier, c'est le jour du rassemblement devant les mosquées. La police est partout et procède à des arrestations. La tension est grande.

Le 2 février 1992, je vois dans une rue une foule considérable, j'entends des gens prier, puis des tirs, on mitraille la foule, des chars circulent, je vois de grandes lettres en arabe dans une rue. Tous les magasins sont fermés, les rideaux tirés.

Mon Guide me dit :

> Ce sera très dur pour le peuple, beaucoup de violence et du sang sera répand, beaucoup de monde arrêté. Mais rien ne pourra anéantir la foi qui est ancrée dans un peuple.

1er août 1992, en vision, je vois une voiture descendre sur une route très étroite. A un virage stationnent des camions de pompiers. Un immeuble, dans un angle, est en partie détruit. Je pense qu'il doit y avoir du monde à l'intérieur.

Mon Guide me dit :

> C'est une bombe. En Algérie, il y aura des morts.

Le 26 août 1992, une bombe explose dans l'aéroport d'Alger, faisant neuf morts et de nombreux blessés.

Le 12 octobre 1992, en vision, je vois la façade d'un grand bâtiment avec d'immenses escaliers. Plusieurs personnes courent le long de ces escaliers. J'entends des tirs de pistolets, des personnes tombent mortes, un petit garçon tente de s'échapper. Je me dis : « Ils ne vont pas tirer sur cet enfant. » L'enfant est déchiqueté. Puis j'entends des chants religieux en arabe.

Le samedi 17 octobre 1992, un commissaire, son épouse, un enfant et un policier sont assassinés sur les hauteurs de Notre-Dame d'Afrique. Dans cette vision, j'ai vu la basilique de la Vierge noire et son parvis.

Steeve Krieff
Nice, le 5 juillet 1992

Bravo à Mme Gribel, d'avoir prévu...

Qu'il s'agisse de la guerre du Golfe, bien avant les événements...

Pour reprendre ses termes : " Les enfants de Mahomet s'entre-tueront avec ceux de Fatima "...

Les Israéliens en sortiront vainqueur, etc.

La mort de Gandhi... Mme Gribel, nous faisait part de sa vision terrible de la mort d'un grand homme d'Etat. Quelques semaines après, le président indien mourait assassiné.

---

guidée par Allan Kardec

Une terrible guerre dans les Balkans devait s'ensuivre...

L'Algérie : la vision d'une femme enroulée dans une gandoura, cachant quelque chose, ceci accompagné d'une phrase : « Les armes vont parler ».

S'il est des événements prévisibles, de telles prophéties d'ordre international dépassent toute logique, englobent et anéantissent le temps, l'espace...

∞

TREMBLEMENT DE TERRE EN ARMÉNIE

Le 3 novembre 1988, en vision, je vois deux bateaux blancs contre un quai. Le long de ce quai se trouve une barrière de grillage recouverte de drapeaux rouges, marqués de la faucille et du marteau.

Mon Guide me dit :

> Il va y avoir un terrible désastre. Et ces bateaux n'y sont pas étrangers.

Je vois des femmes, et en pleurs des hommes, qui cherchent des cadavres, surtout d'enfants. Ils sont hagards et grattent la terre avec leurs mains. Ils ne trouvent pas. Je vois la terre s'ouvrir, les maisons s'écroulent.

Le 5 novembre 1988, je suis sous une nef entourée

d'une foule habillée de gris. Nous prions. Quelle tristesse autour de moi, tout est dévasté, les maisons sont détruites. Des gens courent, crient, pleurent. Tous cherchent des morts. Quelle détresse !

Mon Guide me dit :

L'Arménie est déchirée.

Quand je reviens à moi, j'ai le cœur serré. Je pleure et je prie.

Le 7 novembre 1988, à 11 h 41, une secousse sismique détruit plusieurs villes en Arménie, faisant plus de cent mille morts et des milliers de sans-abri.

Mme Anne Philip
Orthophoniste
Nice

Un jour que je trouvais auprès de Mme Gribel, celle-ci me décrivit une vision qu'elle avait eue la nuit précédente. Son récit m'a tellement frappée qu'il est resté gravé dans ma mémoire et peu de temps après j'en compris tout le sens tragique.

Voici ce qu'elle me raconta : « J'ai vu deux bateaux dans une baie près du rivage et un peu plus loin une grande barrière avec des drapeaux rouges marqués de la faucille et du marteau. De l'autre côté de la barrière beaucoup de gens pleuraient et cherchaient des morts dans une ville en ruine. Ensuite je me retrouvais dans une nef, au milieu de tous ces gens qui pleuraient leurs morts, leurs vêtements en lambeaux. Ils étaient rassemblés là pour prier. » Puis Mme Gribel ajouta : « je suis sûre qu'une grande catastrophe va avoir lieu du côté de la Russie. » Cette vision m'a angoissée.

Quelque jours plus tard, l'Arménie était frappée et je repensai alors à tout ce que m'avait confié Mme Gribel.

∞

INONDATIONS AU BANGLADESH

Le 16 novembre 1988, dans une vision, mon Guide me parle :

> Une grande catastrophe par l'eau, comme un tremblement de terre, au Bangladesh. Beaucoup de morts par des morsures de serpents.

Je vois des gens affolés courir dans l'eau.

Mon Guide me dit :

> Bangladesh. Encore des serpents.

Le 20 septembre 1988, à nouveau, je vois des maisons abandonnées, d'autres détruites, entourées d'eau.

Mon Guide me dit :

> Catastrophe par l'eau. Encore des serpents qui feront beaucoup de morts.

Le 29 novembre 1988, un cyclone provoque des inondations au Bangladesh. Les eaux étant infestées de serpents et de nombreuses personnes sont victimes des morsures de reptiles. On dénombre plus de sept cents morts.

Mme Anne Philip
Orthophoniste,
Nice, le 18 décembre 1988

Etant une amie de longue date de Mme Rose Gribel, je peux certifier de l'exactitude de ses prédictions et, en particulier, des dernières qui ont marqué d'une façon tragique l'actualité récente du monde.

A propos des inondations au Bangladesh, deux jours avant de l'apprendre par les médias, Mme Gribel me disait : « Je vois dans ce pays de l'eau, beaucoup d'eau et aussi des serpents. »

C'était le dimanche et le mardi nous apprenions les terribles inondations qui ont ravagé ce pays déjà si éprouvé il y a peu de temps.

Aujourd'hui encore Mme Gribel m'annonçait ceci : « Hier samedi 17 décembre 1988, une voix de l'Au-delà m'a dit : " L'Europe va bientôt, d'un bout à l'autre, être unifiée ". »

Tout ceci m'amène à croire que Mme Gribel est en communication avec Allan Kardec, et qu'elle est une messagère du destin du monde. De plus, certaines de ses visions m'ont troublée de par leur vérité.

Je me souviens avoir vu Mme Gribel lors de son retour du Brésil. Elle m'a aussitôt parlé d'une vision où elle voyait de l'eau, beaucoup d'eau et une catastrophe. Quelques jours plus tard, nous apprenions par la presse et la télévision les terribles inondations que subissait le Brésil.

Plus récemment, elle nous parlait de ce petit garçon qui avait disparu du jardin de ses grands-parents, nous annonçant sa mort dans une forêt. Le lendemain, nous apprenions la triste nouvelle.

A travers ces quelques exemples, mais ils sont nombreux, j'aimerais montrer et prouver combien sont grands les dons de Mme Gribel : don de voyance, don de communication avec l'Au-delà, mais aussi pour l'humanité.

Mme Valentine Penneau
Hyères, le 20 décembre 1998

Très chère Rose,

C'est avec beaucoup de ferveur que je vous porte témoignage pour ce don merveilleux qui vous permet de répandre tant de bonheur autour de vous. Je puis vous affirmer que, pour mon mari et moi-même qui sommes des personnes âgées de 86 ans, vos appels téléphoniques, même de très loin où vous vous trouvez, nous arrivent toujours au moment où nous en avons le plus besoin.

Je me souviens de vos appels, à plusieurs reprises, alors qu'on transportait, chaque fois, mon mari à l'hôpital pour des interventions chirurgicales graves. Nous savions que votre pensée était avec nous et votre aide nous a tant aidés dans les moments difficiles.

... C'est ainsi que vous avez appelé chez moi et on vous a dit que j'étais dans le coma, très mal. Vous avez alors appelé le cardiologue, le Dr Younes, et vous êtes immédiatement arrivée. Je vous remercie de tout cœur de m'avoir sauvé la vie ce jour-là. Lorsque le cardiologue est venu, lui-même l'a confirmé.

Je pourrais citer les nombreuses fois où votre aide nous a été si précieuse.

Ces prédictions concernaient des événements internationaux, politiques, catastrophes et faits divers importants.

Je regrette de ne pas les avoir toutes notées au fur et à mesure, car aujourd'hui, j'aurais pu en dresser une longue liste. Je me souviens toutefois que nous m'aviez prédit :

– la catastrophe nucléaire de Tchernobyl et ses graves conséquences en Russie et au-delà,

– la rencontre Reagan-Gorbatchev et la négociation de l'Europe,

– la disparition du Mur de Berlin et l'unification de l'Europe,

– l'inondation au Bangladesh où les gens périssaient par des morsures de serpents.

Que Dieu vous aide dans votre vaste et sainte mission.

∞

ÉLECTION ET MORT DE SAKHAROV

Le 7 novembre 1988, en vision, je suis transportée dans une immense salle, où des personnes sont assises. Je reconnais à la tribune Sakharov. Il fait un discours sur les droits de l'homme.

J'entends la voix de mon Guide :

Sakharov sera élu.

Sakharov reçoit le prix Nobel.

Le 2 mars 1989, Allan Kardec m'annonce :

Le 15 décembre, il y aura des événements graves dans les pays de l'Est.

Le 14 décembre 1989, pendant que je sommeille, j'entends très fort :

Sakharov mort. Révolution en Roumanie.

Le lendemain, 15 décembre 1989, m'apparaît le visage de Sakharov. Puis il s'estompe.

Quand je me réveille, je sais que Sakharov est mort.

Comme Allan Kardec me l'avait prédit, le 15 décembre 1989, Sakharov meurt et la révolution éclate en Roumanie.

Mon Guide me dit :

> Pour la Russie, Sakharov représentait la force du peuple.
>
> Pour la Roumanie, ce sera très dur, car la mort organisée de Ceaucescu ne changera pas l'idéologie communiste ancrée chez des êtres durs. Le sang coulera pour arriver à la liberté nouvelle.

Ma prédiction s'est révélée malheureusement exacte. Tout est prévu et prédit dans le plan divin.

Danielle Perrin
Le 10 septembre 1990

Ma très chère Rose,

Cela fait longtemps que nous nous connaissons. Je suis en admiration devant tout ton dévouement.

Il faut que j'arrive à exprimer toutes les révélations que tu nous as faites et qui se sont révélées exactes.

Déjà en ce qui concerne le tremblement de terre en

Arménie, tu nous l'avais annoncé bien des jours avant.

Et aussi les prophéties concernant les événements mondiaux que Rose m'avait prédits.

La vision de Reagan-Gorbatchev que Rose m'avait dépeinte. Puis les événements prédits se sont réalisés. Nous avons été stupéfaits des années après quand il y a eu la réunion de Reagan-Gorbatchev, puis le Mur de Berlin, l'unification de l'Allemagne, et les événements graves qui sont survenus dans les pays de l'Est, dans le Golfe et dans les Balkans que nous avons aujourd'hui avec ce que tout cela implique de grave et que Rose prédisait déjà bien avant.

Rose nous avait prédit que le 15 décembre serait grave d'événements. Encore une fois ses prédictions se sont réalisées : le décès de Sakharov et les événements de Roumanie, aussi les élections de Bush, et ensuite les événements de la Chine.

Encore bien d'autres que nous avons vécus avec toi à l'avance, des mois bien avant et qui me reviennent à l'esprit dès qu'un fait grave survient.

Nous t'admirons et te respectons et nous essayons d'être présents à tes côtés car nous avons la chance de pouvoir évoluer avec un être exceptionnel.

∞

ÉLECTIONS EN ROUMANIE

Le 3 décembre 1989, dans l'après-midi, en vision, je vois beaucoup de monde défiler dans la rue.

Mon Guide me dit :

> Démission. Roumanie, très grave : falsification, trucages, morts.

Christine Goujon
Box-le-Hend, le 18 juin 1990

De nombreuses fois au cours de nos conversations privées, Mme Gribel me faisait part de ses visions sur l'avenir de notre planète, et à chaque fois que l'événement annoncé se produisait, je ne pouvais que me souvenir des paroles de Rose... Comme la chute du Mur de Berlin, l'unification des deux Allemagne ou la guerre du Golfe.

Des dates me resteront marquées comme celle du 15 décembre 1989. Rose m'avait dit qu'il allait se passer quelque chose de très important. En effet, ce jour fut celui de la mort de Sakharov, mais aussi du début des événements en Roumanie.

Je pourrais citer d'autres visions au sujet de catastrophes naturelles comme les inondations du Brésil, le tremblement de terre en Arménie ou l'ouragan Hugo à la Guadeloupe.

∞

RÉVOLUTION EN CHINE

Le 29 mars 1989, en voyage astral, mon âme est projetée dans un pays.

J'entends :

La Chine.

Beaucoup de monde est assemblé sur une grande place. Une femme s'approche de moi. Elle semble effrayée. Je sens qu'il va se passer quelque chose de très grave.

Le 2 avril 1989, en vision, je vois un jeune Chinois assis sur un trottoir. Il tient à la main la moitié d'une baguette de pain et me dit : « Le pain manquera dans quatorze jours. »

Le 3 avril 1989, en vision, je vois des paquets ficelés. Ce sont des morts ; ils sont terriblement nombreux. Une Chinoise s'approche de moi. Elle pleure, me parle. Je ne comprends pas ce qu'elle me dit. Des gens courent dans tous les sens. Je suis oppressée.

Mon Guide me dit :

Répression, mort, famine.

Le 4 avril 1989, en vision, je vois des jeunes Chinois assis par terre. Ils parlent entre eux et ont l'air bouleversé. Un homme, plutôt grand, arrive, soutenu de chaque côté par un militaire.

Mon Maître me parle :

> On va le tuer. Il ne s'agit encore que d'une personne, mais il y en aura beaucoup d'autres. La situation est très grave et elle va se retourner contre eux. C'est le commencement des effusions de sang. Il y aura beaucoup de morts.

Le 15 avril 1989, en Chine, les troubles se poursuivent et le pouvoir réagit contre la révolte des étudiants. L'armée tire. Les revendications démocratiques sont noyées dans un bain de sang.

Mme Colette Cohen
Sanary-sur-Mer

Je connais Mme Gribel depuis plusieurs années. Je peux témoigner, car j'ai pu le vérifier ; ses prédictions se sont toujours révélées exactes, tant sur le plan international, politique et personnel, que pour moi-même.

Parmi ses nombreuses prédictions, celles que je me rappelle sont :

La chute de la navette Challenger.

L'élection de Mme Aquino aux Philippines le 11 janvier 1986.

Le bombardement américain sur la Libye le 10 avril 1986.

Le massacre de La Mecque.

Le naufrage de Zeebrugge.

Les graves événements en Chine.

Nous nous sommes revues au Brésil en janvier 1988 où elle a reçu un accueil chaleureux, car les Brésiliens avaient reconnu en elle l'Esprit de son Maître, le grand spirite Allan Kardec.

C'est grâce à ses précieux conseils, à la clairvoyance avec laquelle elle m'a aidée dans des moments difficiles que j'ai pu résoudre des problèmes très importants [...]

∞

L'OURAGAN HUGO SUR LA GUADELOUPE

Le 10 septembre 1989, à l'aube, mon âme, détachée de mon corps, est projetée au-dessus d'une île secouée par une tempête. Des maisons basculent, des arbres se rompent, arrachés, ils voltigent dans les airs.

Mon Guide me dit :

> Ce sera un terrible ouragan sur la Guadeloupe. Par l'eau des morts. Il continuera sa route.

Dès mon réveil, je téléphone à plusieurs de mes amis qui habitent à la Guadeloupe. Je les avertis de ma vision, afin qu'ils prennent des mesures de précaution. L'ouragan frappera très fort. Je leur dis : « Ne vous inquiétez pas je serai auprès de vous. »

Le 16 septembre, quand l'ouragan s'abat sur la Guadeloupe, au moment même, en voyage astral, je vois des trombes d'eau déferler, les maisons basculer, les toitures s'arracher, des arbres propulsés emportés par l'eau. Je vois mes amis, mon âme est au-dessus d'eux, je prie et invoque Allan Kardec de les protéger.

A mon réveil, j'ai un terrible vertige, il me faudra un long moment pour retrouver mes esprits.

Tout fléau est terrible, mais il en résulte un bien. Et ce bien est souvent ressenti par les générations futures. La solidarité est grande. L'homme doit se résigner à être soumis à la volonté de Dieu, la mettre à profit, dominer son égoïsme et déployer ses sentiments de charité envers son prochain, apporter aide, amour et désintéressement à ceux qui l'entourent.

Les témoignages apportent bien la preuve que tous les grands événements du monde sont prévus et prédits.

Françoise et Eric Prost
Guadeloupe

Chère Rose,

Le 15 septembre, veille du passage du cyclone Hugo sur la Guadeloupe, vous nous aviez fait part de la vision que vous aviez eue. Voici quelles étaient vos paroles : « On me dit un typhon sur la Guadeloupe ; ce sera terrible ; mais il continuera, mais que de toute façon vos vies (celles de nos familles) et vos maisons seraient épargnées d'autant plus que vous serez près de nous tout au long du cyclone et que vous prierez constamment pour nous. »

En effet, aucune de nos vies et de nos maisons n'ont été atteintes par cette catastrophe, d'autant qu'autour de nous ne règnent que désolation et débris de toutes sortes. La belle Guadeloupe que vous aviez eu le bonheur de connaître le Noël dernier n'est aujourd'hui qu'un vaste bidonville délabré et sans vie.

Tout ceci confirme vos dires concernant la vision du cyclone sur la Guadeloupe.

Merci et encore bravo pour l'accomplissement de votre mission, si grande et si difficile soit-elle.

Il est bien évident que le temps et l'espace n'existe pas dans cette autre dimension où vous vous trouvez, car les 8 000 km qui nous séparent n'ont pas empêché la réalisation des intentions formulées dans vos prières.

Je remercie tous les jours Dieu d'avoir permis ma rencontre avec vous et Allan Kardec. Vous nous avez ouvert les yeux sur bien des réalités.

Les mots humains ne suffiront pas pour vous remercier pour toutes vos bontés. [...]

Daniel et Maryelle B.
Guadeloupe

Bien chère Rose,

Lors de notre dernière causerie téléphonique, vous nous confirmiez l'arrivée d'un ouragan pour le samedi 16 septembre 1989. Votre vision s'est révélée une fois de plus exacte, aussi recevez nos chaleureux remerciements pour vos bonnes prières qui ont été efficaces, car ce Hugo a détruit notre belle île. Grâce à vous, nous ne connaissons pas la douleur de dormir à la belle étoile ! Tant d'autres sont obligés de se réfugier dans des lieux publics. […]

Encore merci… Tous réunis nous vous embrassons très très fort sans oublier Jean.

Claude Boulogne
Guadeloupe
Paris, le 27 janvier 1990

Chère Rose,

Quelques jours avant le passage du cyclone Hugo qui éprouva considérablement la Guadeloupe le 16 septembre 1989, nous avions eu un entretien au téléphone et vous m'avez confirmé que vous en aviez eu la vision, et voilà vos propres paroles dont je viens témoigner dans ce courrier : « J'ai vu beaucoup de poussière blanche sur le toit des maisons et vous serez victimes d'une catastrophe naturelle. » En effet l'île a été fortement éprouvée mais vous ajoutiez ces mots : « Les demeures de votre famille seront préservées », et je dois confirmer l'authenticité des faits. ma propre mère qui réside dans un chalet en bois a été stupéfaite, même pas une tôle, un volet arrachés. Je témoigne une fois de plus que vos visions se sont révélées exactes.

Un gros merci à Rose Gribel que j'admire.

∞

GÉNÉRAL AOUN

Le 25 novembre 1989, en vision, je vois dans une pièce fermée un militaire, je reconnais le général Aoun. il semble très fatigué. Je vois une bouteille d'eau.

J'entends mon Guide :

> Ce sera un génocide. Les grands conquérants se sont mis d'accord même avec l'Eglise romaine. On s'est livré à des spéculations de mauvaise foi.

Le 13 octobre 1990, je vois un camion arrêté, des militaires en arme font monter un homme à l'intérieur.

J'entends :

> Liban. Ils vont le tuer, ainsi que sa famille.

Puis j'entends des tirs. Je vois des personnes courir dans tous les sens en pleurant.

On me dit :

> Génocide, tant de morts dans l'indifférence du monde.

∞

PANAMA, FIN DE NORIEGA

Le 3 janvier 1990, en vision astrale, mon âme est projetée au-dessus d'une ville.

Mon Guide me dit :

> Panama. Les Américains gagneront. Noriega sera arrêté.

Je vois des militaires armés, des véhicules, des chars. J'entends des tirs de mitraillettes. De nombreuses personnes courent.

Mon Guide me dit :

> Beaucoup de morts.

Le 4 janvier 1990, après une très dure bataille, Noriega se rend. Les Américains ont gagné, mais il y eut plus de trois cents morts.

J'avertis mes amis, M. Martin, directeur de banque à Panama, et sa femme, en leur faisant part de ma vision.

M. Martin
Directeur de banque
Panama, le 20 octobre 1988

Quel paradoxe, je me rends compte que je suis en train de confier ce peu banal état de choses... A vous, chère Mme Gribel, qui avez ce don de Dieu de voir, de voir ce que le commun des mortels est à mille lieues seulement d'apercevoir. En vous disant ceci, je revis les moments vieux de trois ans à peine, au cours desquels vous me parliez « déjà » de mon séjour à Panama, lorsque je ne pensais nullement quitter Buenos Aires, pour les raisons que vous connaissiez.

En remontant un peu plus dans le temps, en janvier-février 1984, lors de votre trop court séjour en Argentine, je me souviens aussi. Certes, et non sans plaisir, de cette « tardecita » au cours de laquelle, dans les salons du Sheraton, vous me décoriez avec « cette simple autorité » qui vous caractérise et vous vaut d'avoir tant d'amis ! Là aussi, en me parlant de ce que j'allais vivre, découvrir (et aujourd'hui avec le recul du temps, cela s'est révélé juste).

Comment pourrais-je l'oublier puisqu'il s'agissait d'un bonheur intime qui n'attendait que des vues telles que celles que vous lui apportiez alors pour s'en réjouir et s'en réconforter à la fois.

J'ai été, et de façon agréable, conduit à revenir sur un passé pour me souvenir qu'à ce moment-là, Mme

Gribel avait, elle, eu déjà connaissance de mon futur...

Alicia et moi vous embrassons bien fort et n'oubliez pas, en regardant de votre terrasse, appareiller les blancs navires à destination de l'île de Beauté qu'à Panama « centro del mondo y corazon del universo » on pense et on parle de vous souvent.

M. Martin
Panama, le 13 août 1990

Je, soussigné, Roger Martin, demeurant actuellement à Panama où je suis directeur B.N.P., certifie que j'ai connu Mme Gribel Rose, qui, accompagnée de son époux, effectuait un voyage au Brésil en début d'année 1984. J'étais alors directeur B.N.P. à Buenos Aires où mon épouse et moi-même avons eu le plaisir de les recevoir. Par la suite au cours de mes séjours en France, je l'ai maintes fois visitée dans son appartement de Nice, immeuble La Perle.

Que ce soit ma femme ou moi-même, nous avons toujours confié à Mme Gribel nos peines, les avatars de la vie. Non seulement au titre de l'amitié, mais aussi et surtout parce que sa générosité d'esprit s'accompagne de compréhension et qu'elle est capable de voir certaines choses telles qu'elles vont se passer dans le futur. L'apaisement qu'elle sait procurer dans certains cas difficiles de l'existence m'a paru, et il en

est de même pour ma femme, des plus appréciables.
Dès fin 1985, Mme Gribel m'avait annoncé ma nomination à Panama, par la suite, certains événements politiques tels que la chute de Noriega ont été également annoncés par elle.

∞

TREMBLEMENT DE TERRE EN CHINE

Le 3 avril 1990, dans une vision, je vois une ville où les immeubles bougent, des arbres se renversent.
Mon Guide me dit :

Tremblement de terre en Chine.

J'ai un vertige, la tête me tourne. Je me sens très mal.
Le vendredi 27 avril 1991, à 8 heures, Mme Lipsky, me téléphone pour me dire : « Mme Gribel, le tremblement de terre que vous m'aviez annoncé en Chine vient d'avoir lieu, comme vous me l'aviez bien prédit. »

∞

CHAPOUR BAKTIAR

Le 14 août 1991, en vision, je vois un homme assez

grand, habillé en bleu marine, portant des épaulettes argentées. Il tient un couteau à la main.

Mon Guide me dit :

> Cet homme vient de tuer un ministre musulman.

Assassinat du ministre Chapour Baktiar.

∞

ACCIDENT D'AVION

Le 20 janvier 1992, vers 16 heures, en vision, je suis dans un avion en vol, devant moi, on soulève à bout de bras un bébé de quelques mois. Son visage m'apparaît de plus en plus nettement, ses yeux sont bleus. Autour de lui des visages s'estompent. L'avion chute.

Le soir, aux informations, on annonce qu'un avion est tombé à Strasbourg. Parmi les survivants se trouvent un bébé de 8 mois.

∞

BOSNIE

Le 3 mars 1992, en vision, je vois dans une boucherie

des cadavres d'animaux* et de la viande pendue, puis dans un appartement un grand nombre de personnes rassemblées, dont des enfants. Je leur demande de partir de cet endroit, car on tire sur eux. Je pousse des enfants plus loin. J'entends le claquement des armes. Je me sens mal, j'ai le vertige.

Mon Guide me dit :

> C'est la guerre en Bosnie-Herzégovine. Beaucoup de gens ont été tués par les bombardements.

Mme Michèle Samoun
Nice

Ma chère Rose,

A nouveau vous m'avez troublée par vos prophéties qui se sont toutes révélées exactes au cours de l'année 1992.

Je peux donc témoigner que toutes vos visions après plusieurs jours ont été connues du grand public par tous les médias.

J'insiste surout sur la véracité de vos visions concernant les événements de l'Est et des Balkans (janvier 1990).

* Les cadavres d'animaux représentent dans mes visions une annonce de mort.

Vos visions sur la Croatie (mai 1991) et sur la Bosnie (juillet 1992) votre Guide vous parlant d'un génocide.

Les troubles sanglants et la mort brutale d'un chef d'Etat en Algérie : la mort de Mohamed Boudiak (juin 1992) qui m'a profondément bouleversée.

Votre vision sur le pape (mai 1992) le voyant en danger et gravement malade.

Le 11 octobre 1992 vous m'avez dit que votre Maître Allan Kardec vous prévenait que Bush était dans un carcan.

Tout mon entourage et moi-même pouvons certifier que vos prédictions s'avèrent exactes.

Votre livre se termine mais votre mission se poursuit à travers vos prophéties.

Avec toute mon admiration et ma gratitude.

∞

FURIANI

Le 6 avril 1992, en voyage astral, mon âme voit, sur une vaste esplanade, mes défunts frère et sœur. Ils sont au milieu de débris de ferrailles et semblent désolés. Mon frère pousse un objet carré en fer.

Mon Guide m'annonce une catastrophe et des morts. Tout tourne autour de moi. Des lettres m'apparaissent que je ne parviens pas à lire.

guidée par Allan Kardec

Le 5 mai 1992, en Corse, la tribune du stade de Furiani s'effondre faisant une vingtaine de morts et mille deux cents blessés.

Roger Schoukroun
Directeur de société
Nice

Mme Rose Gribel nous a, à maintes occasions, fait part d'événements que son don de voyance lui permettait d'anticiper et qui nous ont toujours étonnés par leur réalisation dans les jours ou les semaines qui suivaient.

Il y a eu, entre autres, les catastrophes naturelles comme les inondations graves dans le monde, le feu sur la côte d'Azur...

Les accidents d'avion comme celui d'Air India que les Temouls ont fait sauter. Celui du bateau de Zeebrugge. L'accident terrible de Tchernobyl. La fusillade dans une église à Santiago du Chili pendant une messe officiée par le pape. Une plate-forme en feu en mer du Nord.

Quant aux guerres qui agitent le monde, ses visions sur le déroulement de la guerre du Liban, la guerre Iran-Irak, les problèmes du Golfe persique avec les bateaux de diverses nationalités battant pavillon américain, les bateaux à fausses bannières pour leur sécurité, tout cela s'est révélé exact... grâce à la perception des événements.

∞

SARAJEVO

Le 1er juillet 1992, en vision, je vois une rue. J'entends des tirs. Des bombes sont dirigées sur des bâtiments qui s'effondrent. Des gens courent de tous côtés. On leur tire dessus. Je les vois tomber, blessés ou morts, des enfants sont parmi eux. J'entends des cris de gens affolés…

Mon Guide me dit :

> C'est l'horreur et la folie des hommes et des gouvernements dans un monde égoïste et indifférent à tant de sang et de souffrances.

En août 1992, horreur : bombardement à Sarajevo en Bosnie. Des femmes et des enfants ont été massacrés par des tirs d'obus alors qu'ils faisaient la queue devant un magasin d'alimentation.

∞

VAISON-LA-ROMAINE

Le 7 août 1992, en vision, je vois un pont submergé par les eaux, ainsi que des maisons. Le courant d'eau emporte voitures, ferrailles, arbres. Des personnes s'enfoncent en partie dans la boue. Plus loin, je vois encore de la boue, beaucoup de boue, de l'eau croupie. Des rapaces y cherchent leur proie.

Mon Guide me dit :

> Catastrophe naturelle importante en France. Il y aura beaucoup de destruction et de morts par les inondations dans plusieurs régions.

Le 22 septembre 1992, inondations dans le sud de la France à Vaison-la-Romaine et dans les environs.

∞

BOSNIE

Le 29 septembre 1992, en vision, je vois des maisons en feu. Au loin, j'entends des bombardements effroyables. Dans une pièce sombre et triste, beaucoup d'enfants sont rassemblés, effrayés. Ils regardent dehors par une fenêtre. Ils me disent être très malheureux. Ils ont très peur. Certains sont blessés.

Je suis très mal. Tout tourne, j'ai un vertige.

Mon Maître me dit :

> L'horreur d'un tel génocide devant un monde indifférent à tant de souffrance humaine.

Vision relative aux massacres en Bosnie par les Serbes.

∞

ACCIDENT D'AVION

Le 1er octobre 1992, en vision, je vois ce matin-là des maisons en feu, de nombreuses victimes, et parmi elles des cadavres calcinés. Un avion, long courrier, vole à basse altitude, puis s'abat sur un immeuble d'où jaillissent des flammes.

Mon Guide me dit :

> C'est une catastrophe. Cet avion va faire de nombreuses victimes.

Le 4 octobre 1992, à Amsterdam, un crash survient sur les immeubles, faisant beaucoup de morts et de blessés.

Geneviève Moll
Journaliste

[...] Depuis, Rose et moi nous sommes liées de cette amitié qui abolit toutes les distances.

Souvent, elle m'appelle et me dit : « Je viens d'avoir une vision. Terrible. Regarde dans les dépêches. Il n'y a rien ? »

Et au moment où elle appelle il n'y a rien dans les dépêches. Cela se passe quelques minutes, quelques heures, plus tard.

Ainsi de l'avion qui s'est abattu sur une barre d'immeubles, à Amsterdam. Il devait être 9 heures du matin. Rose est bouleversée au téléphone : « Un avion. Il coupe un immeuble en deux. Je vois des morts, beaucoup de morts. Tu n'as rien ? » Toujours rien. La première dépêche est tombée un peu avant 20 heures : un avion cargo israélien venait de s'écraser sur un immeuble de la banlieue de Chipol. Premier bilan :soixante-dix morts.

C'est ainsi avec Rose. Elle voit, elle ressent, elle dit. Parfois, je me demande comment, malgré tout, elle reste disponible, toujours ouverte aux autres et tellement généreuse. [...]

∞

IRAK

Le 7 octobre 1992, en vision, je vois une mer agitée et deux énormes bateaux de guerre américains qui naviguent côte à côte.

Mon Guide me dit :

> Ils vont vers le Golfe. Ils vont à nouveau attaquer. Comme je te l'avais dit, rien n'est terminé dans cette région.

En effet le 17 janvier 1993, l'aviation américaine et anglaise attaquent les bases en Irak et deux bateaux américains tirent sur des bases stratégiques occasionnant de gros dégâts.

∞

PALESTINIENS

Le 7 décembre 1992, je vois un attroupement de musulmans, certains sont malades. Au milieu d'eux je vois des chameaux, ils sont assis par terre ou allongés dans une plaine isolée et sèche. Les musulmans parlent très fort et sont à bout de souffle. Ils menacent. Je pressens quelque chose de grave.

Le 7 janvier 1993, toujours en vision, je vois à nouveau cette plaine aride et froide. Je revois le même attroupement d'hommes, plus loin certains coupent un peu d'herbe. Tout est blanc.

Mon Guide me dit :

Ils vont rester là jusqu'à épuisement.

Depuis le 17 décembre, plus de quatre cents Palestiniens, bannis par les autorités israéliennes, ont été expulsés vers le no mans' land au sud du Liban.

∞

BOSNIE

Le 12 décembre 1992, je vois une fosse dans laquelle on jette des cadavres de petits enfants. Des femmes pleurent et se couvrent la tête avec un grand voile. J'entends des cris. Mon Guide me dit :

> Ces enfants sont morts. On les a laissés mourir. Ce sont les enfants des femmes musulmanes qui ont été violées en Bosnie par les Serbes. C'est la barbarie de ce peuple.

∞

PAYS DE L'EST

Le 19 janvier 1990, je vois des personnes courir, des chars circulent partout.

Mon Guide me dit :

> Beaucoup de morts dans les pays de l'Est. Mais des bouleversements auront lieu. Le sang coulera en Russie, et ce, pour la liberté des peuples et leurs frontières.

∞

LE CYCLONE COLINA SUR L'ÎLE DE LA RÉUNION

Le 19 janvier 1993, en vision, mon âme est dans un avion qui vole très haut. Beaucoup de passagers, tout est calme. Il arrive au-dessus d'une île, perd son équilibre et se met à descendre à une vitesse vertigineuse. Tout le monde est très secoué. Certains crient. Nous arrivons à la hauteur des maisons, l'avion longe une route, il atterrit avec beaucoup de difficultés. Je dis : « Vous pouvez applaudir, nous avons eu beaucoup de chance, car nous avons été protégés. »

Au moment même de ma vision, l'île de la Réunion est touchée par le cyclone Colina, avec des vents en rafales allant jusqu'à 180 km/h. Le cyclone n'a pas fait de victimes, mais beaucoup de dégâts.

∞

SAMUEL

Le 11 août 1990, j'ai une vision, je vois Jackie Samuel, une amie, arriver dans mon couloir tout habillée de noir. Je lui demande : « Pourquoi tu pleures ? » Elle me répond : « J'ai passé un bon week-end. » Et elle se met à rire. Elle me dit que son mari est parti en reportage dans les territoires occupés d'Israël et me demande de mettre sa photo en protection.

Le samedi 15 août 1990, pendant que je suis assoupie dans l'après-midi, je vois une route pierreuse. Puis m'apparaît M. Yvon Samuel. Il est allongé, vêtu d'une chemise blanche. Son œil est entouré d'une marque bleue.

Mon Guide me rassure :

Cela aurait pu être plus grave, mais...

Je me lève angoissée. Je pressens que quelque chose de grave est arrivée au mari de Jackie.

Je me rends chez elle, qui habite le même immeuble, et lui demande des nouvelles de son mari. Elle me répond : « Rose, dis-moi, il est arrivé quelque chose ? » Je la rassure que son mari est protégé, et tout en la rassurant, je lui fais part de ma vision.

Un appel téléphonique, peu de temps après, confirme les faits : Son mari venait d'être victime d'une embuscade lors d'un reportage en Israël.

Mon Maître, Allan Kardec, dans cette vision m'accordait sa protection, ce qui a permis de sauver Yvon Samuel.

Jackie Samuel
Paris

Rose Gribel détient ce pouvoir incontestable. Ses visions sont innombrables aussi bien sur les événements du monde que sur les êtres.

[...] Et encore merci, ma très chère Rose, d'avoir sauvé mon mari Yvon Samuel, tombé dans une embuscade lors d'un reportage en Israël. Aucun mot n'est assez fort pour te dire ma gratitude...

LES TÉMOIGNAGES

« Les répétitions sont dues au fait que l'écriture tient à mettre la réalité exacte des visions annoncées à l'avance. »
Torah

Guy Goujon
Journaliste
Le 18 janvier 1990

Rose !

Je l'ai connue alors que sa vie venait d'être bouleversée par un terrible drame : l'accident survenu à sa petite-fille, Roseline.

A ce moment-là Rose puisait dans toute son énergie. Elle devait se battre. Non seulement pour que sa petite-fille vive, mais aussi pour qu'elle redevienne une enfant comme les autres.

Combien il était admirable de voir cette grand-mère, ne laissant jamais paraître son chagrin, lutter jour après jour !

De la peine, de l'angoisse, elle en éprouvait pourtant. Ce voyage à Venise pour implorer la protection divine n'en était-il pas la preuve ?

Mais c'est à Venise que le destin veillait.

C'est là, dans une église, qu'elle devait faire la rencontre spirituelle qui allait illuminer sa vie : celle d'Allan Kardec.

Généreuse, Rose l'a toujours été mais, aujourd'hui, transcendée par la pensée d'Allan Kardec, elle est devenue plus généreuse encore. Elle considère comme « sa mission » de redonner courage aux désespérés, aux « manqués » de la vie.

Par ses dons, par sa voyance, combien d'êtres ont repris goût à leur propre existence et, parfois, ont été sauvés – le mot n'est pas trop fort.

Mon métier – journaliste – me conduit presque toujours à ne pas seulement me satisfaire de déclarations de personnes qui proclament posséder tel ou tel don.

Il me faut, autant que faire se peut, en obtenir la preuve.

Dans le cas de Rose, j'ai pu recueillir un certain

nombre de témoignages de ceux qui ont bénéficié de ses « voyances ». Et c'est saisissant !

La discrétion me contraint à ne pas citer le nom des personnes – voire des personnalités – que Rose a guidées et à qui elle a redonné l'espoir.

J'ai, pour ma part, reçu des « voyances » de Rose, concernant des grands événements mondiaux !

Rose m'avait prédit :

– La tragédie de La Mecque où, à la suite d'une révolte religieuse, des dizaines de musulmans ont été tués.

– L'explosion de la fusée Challenger !

– L'écroulement du Mur de Berlin.

Et puis d'autres événements encore qui, ces années passées, ont marqué l'actualité.

Mais ce qui m'a le plus étonné, c'est « l'œuvre » de Rose.

Etre simple – elle l'avoue elle-même – elle a pu écrire, chaque nuit, pendant des mois, sous la dictée, reconnaît-elle, de son Maître.

Comme moi, une fois que vous les aurez lues, vous vous poserez beaucoup de questions !

Albert Samoun
Nice, le 5 avril 1993

Le samedi 3 avril 1993, je suis venu avec mon épouse rendre visite à Rose Gribel, une amie très chère.

Nous avons trouvé Rose très angoissée, oppressée, ne retrouvant pas la photo de Jacques Chirac en compagnie de sa fille qu'elle avait mis en protection depuis de nombreuses années. Car elle pressentait qu'un enfant de Jacques Chirac était en danger, qu'un drame allait avoir lieu.

Aujourd'hui 5 avril, aux informations de 19 heures, nous avons appris le décès du gendre de Jacques Chirac.

Nous sommes stupéfaits. Toute notre famille est encore sous le choc que Rose Gribel ait pu pressentir ce drame.

Les dons de Rose dépassent l'entendement.

Avec toute notre admiration.

Paul Steiger
Directeur juridique
Nice

Je tiens à vous apporter par la présente mon témoignage sur les visions dont vous m'avez fait part et qui se sont révélées exactes, notamment :

En janvier 1988, vous m'avez confié avoir vu le président Reagan dans une chambre de clinique. Il était opéré d'un cancer. Vous m'avez dit : « Mon Guide me dit : “ Cela aurait été fatal pour lui, mais je t'ai transmis les fluides vivifiants que tu as transmis par ta pensée pour qu'il puisse continuer son mandat. L'Amérique jouera un grand rôle pour le monde. ” »

Au début de juillet 1990, alors que nous étions, avec des amis en votre compagnie, à la piscine de votre résidence, et que nous nous inquiétions d'une guerre possible dans le Golfe, vous nous avez répondu : « Vous voyez la guerre dans le Golfe, mais elle va éclater dans les Balkans et ce sera un génocide terrible. »

Nous avons alors ri mettant en doute vos connaissances sur la géographie.

La suite vous a cependant, une fois encore, donné raison. Soyez assurée de mes amitiés sincères.

François Bracq
Notaire
Paris, le 11 décembre 1990

Chère Rose,

Toutes les semaines je me réjouis d'avoir eu la chance de vous rencontrer. En effet, vous m'avez accueilli et pressenti mes problèmes et soucis actuels.

Votre justesse de vue m'a subjugué. Vous m'avez dévoilé des détails et faits extrêmement précis de mon regretté père (détails de vie, passions, maladie qui l'a frappé).

Vous m'avez en outre prédit divers événements... contre toute attente, à ma plus grande stupéfaction. Ceux-ci viennent de se produire... A croire que vous lisez avec précision dans l'avenir !

Avec le recul, je comprends combien les témoignages du monde entier, que vous recevez, vous touchent et vous aident aussi dans cette lourde mission que vous a confiée Allan Kardec.

De tout cœur, je vous remercie et implore Allan Kardec pour qu'il vous rende tout le bonheur que vous prodiguez autour de vous.

Jean-Michel Brunetti
Marseille, le 3 février 1993

Venu chez Mme Gribel pour raison professionnelle n'ai-je pas été attiré, alors que j'allais prendre congé, par ce grand portrait d'Allan Kardec trônant dans l'entrée de l'appartement.

J'ai alors compris que je n'étais pas en pays étranger, mon grand-père, lui-même, adepte du spiritisme, m'ayant même légué un grand nombre de numéros de la revue spirite du début du siècle.

Tout ce que vous m'avez alors dit m'a laissé perplexe, et c'est maintenant au fur et à mesure de la réalisation de toutes tes prédictions, que le grand Allan Kardec vous a choisie pour être son porte-parole dans les temps difficiles que nous traversons.

Les événements d'URSS et des pays de l'Est, la guerre des Balkans, du sang en Italie, un changement à la tête des Etats-Unis, un changement de majorité en France, la guerre du Golfe, que n'avez-vous prédit ? Les conseils, concernant mon orientation professionnelle, se sont révélés des plus sages. [...]

Depuis que tu m'as mis sous la protection d'Allan Kardec, je me sens beaucoup plus fort, la vie me paraît plus facile.

Il en est de même pour toutes les personnes de mon entourage dont les photos voisinent maintenant avec celle de notre grand Allan Kardec.

L'ami, dont je vous avais parlé, qui créait de nombreux soucis à son entourage car il se droguait, vient de se remettre dans le droit chemin.

Guérison morale si merveilleuse parmi toutes les guérisons physiques. [...]

Vraiment, je crois à la detinée et je dis merci à Allan Kardec de m'avoir permis de vous connaître, et donner la possibilité d'être de tes amis. [...]

Dr Philippe Parodi
Nice

[...] Spiritisme, « nouvelle religion ».

Rose, une de ses « prêtresses ».

Mme Gribel, par ses voyances et son enseignement, m'a fait connaître un domaine inconnu et la perception du monde où beaucoup d'actions ont une explication et où le mot charité n'est pas exclu.

En physique, rien ne se perd, en spiritisme aussi, et n'oublions pas qu'il nous faudra être riche de l'autre côté, mais les valeurs de richesse ne sont pas les mêmes.

[…] Je viens souvent écouter Rose, surtout pour me rassurer et m'informer quand un événement se passe. Je demande à Mme Gribel, comment cela va se terminer, et toujours, elle me donne la réponse. Ainsi, je rentre à la maison rassuré sur la suite des événements, car je sais.

Le Mur de Berlin, la navette spatiale, je savais, et le reste !

De plus, il faut parler de Rose et de la volonté et de la force qu'elle trouve à réaliser ce qu'elle doit accomplir.

Et cette force, elle la trouve dans la certitude qui est en elle.

Elle arrive à faire changer les événements.

Je ne dirai pas ce qu'elle a fait changer, les personnes concernées pourraient être blessées.

Mais elle et moi savons…

M. Martin
Le 17 janvier 1990

Bien chère Madame Gribel,

Nous voici sur le point de quitter la France et nous ne pourrions le faire sans vous témoigner toute notre amitié et notre sympathie. D'abord, sachez que nous vous attendons à Panama comme convenu.

Hier nous étions à Saint-Cyr pour une courte visite au Père Jean, toujours aussi... bon. Ce que vous m'aviez annoncé sur le sort de Panama s'est révélé exact. Les Etats-Unis ont la situation en main... Laissons venir.

Que de choses aussi, qui ont fait l'objet de nos conversations téléphoniques avant mes vacances en France, se sont précipitées comme vous l'aviez dit au cours de ces dernières semaines et font l'actualité d'aujourd'hui : Pologne, Roumanie, URSS.

Vos vues ne sont pas restées vaines...

Dominique Boulogne
Guadeloupe

Il n'y aura jamais de mots assez forts et de temps assez long pour exprimer toute la reconnaissance et l'affection que j'éprouve pour Mme Rose Gribel, servante de Dieu. Je Le loue et Le remercie du plus profond de mon cœur d'avoir mis sur ma route cette mère spirituelle qui m'a permis d'accéder à la vérité, en un mot, à la confiance totale en Dieu, en son pouvoir, en ses lois et plans divins.

Grâce à Mme Gribel, j'ai compris définitivement la voie et le sens à donner à ma vie. Son exemple même prouve l'existence de Dieu et nous garantit que tout reste possible, si nous avons foi et confiance.

Par l'intermédiaire d'Allan Kardec, son Guide spiri-

tuel, Dieu confère à Mme Gribel des dons et des pouvoirs qui lui permettent de venir en aide à l'humanité, et par là l'amène à découvrir la sagesse divine.

Je peux témoigner d'une guérison obtenue par l'intermédiaire de Mme Gribel à un membre de ma famille. Un cas sérieux, pour ne pas dire désespéré, et pourtant la médecine reste perplexe, troublée, et le premier diagnostic n'est plus à reconsidérer, le virus stoppé, un cas bien sûr parmi bien d'autres, et bien des problèmes résolus grâce à son intervention et ses conseils.

Ma famille et moi nous fûmes témoins de prédictions troublantes venant d'elle, et qui se vérifient de nos jours : le renversement du Mur de Berlin, l'unification de l'Alle-magne, les troubles graves dans le Golfe persique, etc.

Les faits sont multiples et extraordinaires dans leur réalité et leur finalité.

La mission de Mme Gribel est de venir en aide aux hommes, dans leur vie professionnelle, sentimentale, afin qu'ils puissent comprendre à terme qu'il faut réussir également leur vie spirituelle pour accéder à une vie harmonieuse, équilibrée, dans la paix divine.

Rose Gribel est le symbole d'une vie totalement consacrée au bonheur des autres, toujours disponible, toujours réceptive quand il s'agit de guérir, d'aider son prochain. Son dévouement sans limites fait d'elle un exemple vivant de la foi en Dieu et bien sûr de la reconnaissance.

Elle ne parle jamais sans dire : « Merci Mon Dieu ! Merci Jésus ! Merci Allan Kardec ! »

Le message venant d'elle est le suivant :

« Mettez Dieu avant tout dans vos vies, dans vos décisions, dans vos aspirations, dans vos guérisons et le reste vous sera donné par surcroît. »

Merci mon Dieu ! Merci Jésus ! Merci Allan Kardec ! Merci Rose !

Jackie et Yvon Samuel
Nice, le 22 août 1990

Ma très chère Rose,

Ces deux dernières années, bien peu de politiciens, de financiers ou d'experts en économie peuvent encore prévoir les événements de notre histoire. Nous vivons une époque imprévisible où les événements se bousculent à une rapidité déconcertante.

Et pourtant... Grâce à la grande amitié qui me lie à Rose Gribel, je vis régulièrement les visions qu'elle projette sur le monde.

Depuis plus d'un an, Rose n'a cessé de me dire et de me répéter les événements extrêmement graves qui ont lieu dans le Golfe persique : les enfants de Mohamed et ceux de Fatima s'entre-tueront, un conflit mondial éclatera, il sera rapide et meurtrier.

Auparavant, Rose avait prédit l'écroulement du Mur

de Berlin, la guerre civile sanglante à Pékin, le conflit actuel qui ressemble malheureusement à une troisième guerre mondiale, de tout cela, Rose en a parlé et bien avant que quiconque puisse s'en douter.

Rose Gribel détient ce pouvoir incontestable. Ses visions sont innombrables, aussi bien sur les événements du monde que sur les êtres. Ce pouvoir transmis par son Maître, Allan Kardec, Rose le met au service des autres pour aider l'humanité. Elle donne tout de son être pour aider son prochain et au péril de sa santé...

Rose, c'est l'authenticité, la générosité, la force, le désintéressement, l'humilité, la simplicité.

Rose Gribel : une grande dame. Que Dieu et Allan Kardec te donnent la force pour accomplir la lourde mission qui t'a été donnée. [...]

Sarah Valentini
Antibes, le 10 mai 1989

Chère Mme Gribel,

Je suis très heureuse de vous dire que, grâce à vous et à l'aide d'Allan Kardec que vous avez demandée pour moi, j'ai pu sortir de la situation dramatique où je me trouvais.

Durant la longue maladie de mon mari j'étais très inquiète pour mon avenir. En effet ses enfants d'un premier lit menaçaient de me laisser repartir « nue et crue » ! Or je pensais que mon mari avait laissé des volontés pour moi.

Vous m'avez dit au téléphone que vous m'aviez vue lire une lettre et qu'il fallait chercher ce papier. En cherchant de quoi prendre des notes dans un meuble où j'étais pourtant allée plus de dix fois, je trouvais une lettre écrite de la main de mon mari. C'était un brouillon qui confirmait que l'original était chez un notaire avec sa donation qu'il m'avait faite.

C'est ainsi que j'appris que j'avais droit à des meubles, objets d'art, les bijoux qu'il m'avait offerts, ma belle-fille conservant ceux de sa mère, ce qui est normal. Grâce à cette « trouvaille » mes beaux-enfants se sentirent obligés d'écouter les volontés de leur père et depuis, notre entente s'est beaucoup améliorée. Enfin grâce à vos prières, mon mari a pu s'en aller apaisé et il a eu une mort douce. Je vous remercie très vivement pour toute l'aide que vous m'avez apportée.

Je vous embrasse très fort.

Mme Francine G.
Le 3 novembre 1987

Chère Madame,

J'ai le plaisir d'apporter mon témoignage personnel en ce qui concerne les nombreuses prédictions internationales dont vous m'avez fait part au cours de nos conversations, en particulier une toute récente d'un accident d'avion survenu cet été avec une mère brûlée portant son enfant hors des flammes. Cette vision, vous me l'avez annoncée deux ou trois jours plus tôt.

Plus proche de moi, l'année dernière, cette vision concernant notre amie commune, Mme Valentine Penneau, que vous avez appelée téléphoniquement, sachant qu'elle était en danger de mort (crise cardiaque) pour lui prodiguer... qui lui étaient nécessaires.

Et encore plus proche de moi, tout au long de la maladie de ma mère, Mme Fernande Burel, décédée en octobre 1987. Vous m'avez exactement décrit le processus de son opération, de son amélioration, et enfin de sa disparition. Tout ceci s'étant déroulé exactement comme vous me l'aviez annoncé.

Et, chose extraordinaire, votre appel téléphonique de Nice, à la clinique de Draguignan à la minute même où ma mère mourait, pour m'annoncer que c'était la fin, pour elle, comme l'Au-delà vous le signalait.

Personne, à part moi-même et les infirmières, ne pouvait le savoir. Pas même ma famille absente des lieux. Bien d'autres détails encore très précis et très troublants qu'il ne m'est pas permis de traduire ici, étant d'ordre trop intime et trop personnel.

Je témoigne donc, chère madame, de votre justesse dans l'intuition des événements et de votre générosité dans l'aide que vous apportez à votre prochain lorsqu'il vous sollicite.

Recevez tous mes remerciements... et croyez à ma gratitude.

Dr Paul Oziel
Beaulieu-sur-Mer

Rose Gribel s'intègre parfaitement dans cet univers privilégié des penseurs et des visionnaires aux vocations universelles.

[...] C'est dans cette atmosphère chaleureuse de sécurité et de bonheur tranquille que j'ai appris à écouter à travers Rose Gribel et son courant émotionnel du monde des Esprits en relation étroite avec Allan Kardec. Elle s'intègre parfaitement dans cet univers privilégié des penseurs et des visionnaires aux vocations universelles.

Rose Gribel fait partager les visions qu'elle offre comme un message ; expression spontanée de cette écriture ce message de l'Esprit divin qui lui vient de l'Au-delà, sans que n'interviennent ni l'espace ni le temps.

Rose Gribel nous éclaire comme un phare dans la nuit noire le chemin de la vérité, et redonne leur vrai sens aux valeurs morales... puisque c'est là sa mission sur cette terre aujourd'hui.

Béni soit Dieu et la Providence de l'avoir rencontrée. [...]

Mme Sonia Chakhof
Attachée d'administration de la recherche au CNRS
Antibes, le 18 décembre 1992

Très chère Rose,

Je voudrai, avant tout, vous témoigner mon étonnement pour ce que vous m'avez dit sur mon passé, sur les indications précises que vous m'avez données sur ma mère en particulier et que personne ne pouvait connaître. En cinquante ans, je n'ai jamais eu de relation avec le milieu de voyance sous aucne forme que ce soit, et je dois dire que cela m'a vraiment troublée et m'a apporté beaucoup de joie. En ce qui concerne mon avenir, vous m'avez donné, au moment où ma situation professionnelle changeait, le chemin que je devais prendre et vous ne vous êtes pas trompée. Je peux me féliciter tous les jours de vous avoir écoutée.

Il y a un autre aspect de votre don, celui de prévenir des événements nationaux ou internationaux qui vont arriver, ce qui est extrêmement troublant : vous m'avez annoncé la mort de Gandhi, la guerre du Golfe, la guerre des Balkans, les boats peoples *en Italie, des changements en Union Soviétique, la réconciliation de l'armée et du peuple et aussi le suicide du ministre des Armées, des événements locaux, et tous, hélas, se sont révélés exacts.*

Une relation à moi s'est fait voler sa voiture. Affaire fort grave, car il y avait dedans le travail de plusieurs années. Je vous ai téléphoné et vous m'avez dit : " lundi la voiture sera retrouvée et aussi ses papiers "... et cela est arrivé ! La voiture et les papiers ont été retrouvés.

Enfin, il y a tous ces gens qui vous demandent de les mettre sous la protection d'Allan Kardec et que vous avez autour de sa photo et pour qui vous priez et demandez cette protection.

Rose, je suis persuadée que vous avez été choisie par Dieu, Alléliua... Merci à Lui de m'avoir donné la joie de vous connaître.

Catherine et Bertrand Prat
Paris, le 14 novembre 1988

Le personnage Rose...

Un être merveilleux, fortement attachée à la vie, au parler chaleureux hérité de la terre d'Algérie.

Une femme dont je fis la connaissance, un beau jour, sur la plage de notre résidence de Nice et qui me fit bondir quand, avec humilité et pudeur, elle me laissa entendre qu'elle était en train d'écrire un livre sous inspiration médiumnique.

Confrontée pour la seconde fois de ma vie à un tel phénomène (la tante de mon mari, Marcelle de Jouvenel, fut sauvée du désespoir à la mort de son fils, Roland, par la réception de messages sous écriture automatique qui racontent l'Au-delà dans sa lumineuse plénitude), je me retrouvai le soir même devant un verre sympathique et surtout devant les premières lignes, reçues d'une écriture cursive, allongée, illisible souvent, et réceptionnées dans une semi-obscurité devant le portrait d'Allan Kardec.

Quelle joie ce fut tous les matins de prendre connaissance des nouvelles révélations faites pendant la soirée et d'en expliquer le contenu ensemble, Mme Gribel n'étant pas du tout familiarisée avec un tel langage, spirituel, philosophique et même théologique.

Que dire de plus devant une telle mission : qu'elle est surhumaine, supra-naturelle ; qu'elle dépasse l'homme par la justesse de ses révélations, par le don de guérir dont dispose Mme Gribel ; qu'elle apporte enfin au monde une explication cohérente de notre destinée, ce monde si pauvre spirituellement qu'il en oublie le but de sa pauvre vie.

Que Rose reçoive ici l'assurance de notre aide dans sa tâche ainsi que toute notre amitié pour elle et son mari.

TABLE

guidée par Allan Kardec

guidée par Allan Kardec

guidée par Allan Kardec

CET OUVRAGE A ÉTÉ CONÇU ET RÉALISÉ
PAR GWENHAELLE LE ROY
ET ACHEVÉ D'IMPRIMER EN MAI 1993
PAR LA SEPC À SAINT-AMAND-MONTROND.

N° d'impression : 1269.
Dépôt légal : mai 1993.

7571